Für

Matthias Horx

mit großem Respekt

v.

Friedbert Pflüger

Berlin, Mai 2000

Friedbert Pflüger
Ehrenwort

Friedbert Pflüger

EHRENWORT

Das System Kohl
und der Neubeginn

Deutsche Verlags-Anstalt
Stuttgart München

Die Deutsche Bibliothek – CIP-Einheitsaufnahme

Ein Titeldatensatz für diese Publikation ist bei der
Deutschen Bibliothek erhältlich.

Typographische Gestaltung: Brigitte Müller
Satz: Sabon und Frutiger (QuarkXPress) im Verlag
Druck und Bindearbeit: Friedrich Pustet, Regensburg
Diese Ausgabe wurde auf chlor- und säurefrei gebleichtem,
alterungsbeständigem Papier gedruckt.
Printed in Germany
ISBN 3-421-05323-5

Für die Mitglieder der Jungen Union und des RCDS

Inhalt

Aufklärung und Aufbruch

In meinem Büro in der Berliner Mauerstraße hängen drei Porträts aus der Feder des Malers Ernst-Günter Hansing: Konrad Adenauer, Willy Brandt – und Helmut Kohl. Er wird dort auch hängen bleiben. Ungeachtet der Ereignisse im deutschen Winter 1999/2000 bleibt er für mich einer der großen Staatsmänner unserer Zeit. Die Verbindung von deutscher Wiedervereinigung und europäischer Einheit, die Vertiefung der europäischen Integration, die Festigung der Freundschaft mit Amerika, die Weichenstellungen für die Erweiterung von NATO und Europäischer Union nach Mittel- und Osteuropa sowie die Schaffung eines partnerschaftlichen Verhältnisses zu Rußland – das alles bleibt. Überall auf der Welt schlug Kohl Vertrauen entgegen. Er vertrat deutsche Interessen ohne Belehrungen anderer und ohne Muskelspiele. Vor einem Deutschland unter der Führung Helmut Kohls brauchte sich niemand zu ängstigen. Würden wir dies alles vergessen und die Kanzlerschaft Kohls verdammen, dann würden wir Europa zugunsten nationaler Interessen schwächen. Kohls Erbe, die unauflösliche Verbindung von Deutschland und Europa, muß unsere Leitschnur bleiben.

Aber Kohls Stärke nach außen barg ungeahnte Schattenseiten im Inneren. Da sind die schwarzen Konten und anonym gespendeten Millionenbeiträge, der Bruch des Parteiengesetzes und schließlich die schwere Entgleisung, das gegebene Ehrenwort über Recht und Gesetz zu stellen. Kohl hat damit die CDU, der er 25 Jahre lang vorsaß, in die tiefste Krise ihrer Geschichte gestürzt. Auch wenn es jetzt den Anschein hat, als würde sich die Partei langsam wieder erholen, so werden allein die finanziellen

Auswirkungen durch staatlich verordnete Strafgelder der Union noch lange Zeit größte Probleme bereiten.

Helmut Kohl hat am 9. März 2000 angekündigt, daß er etwa sechs Millionen DM von bekannten Spendern eingesammelt hat, um sie der CDU als Ausgleich für den materiellen Schaden zu übergeben, für den er im engeren Sinne verantwortlich ist. Unternehmer, Weggefährten, Nutznießer und Freunde schickten dem ehemaligen Parteivorsitzenden Geld – das System Kohl funktionierte einmal mehr. Allerdings wahrscheinlich zum letzten Mal: Die Aktion brachte Kohl kaum Entlastung. Diesmal nannten die Spender ihren Namen. Das spitzte die alte Frage neu zu, warum die früheren Spender nach wie vor anonym bleiben wollen.

Viel schwerwiegender als die finanziellen Probleme aber wiegt der »moralische Ruin«, von dem ein früherer Mitarbeiter Kohls, Michael Mertes, gegenüber der englischen Monatszeitschrift *Prospect* (März-Ausgabe) spricht. Wenn die anonymen Spender es wirklich mit der CDU so gut meinen, warum entbinden sie den Altkanzler nicht von seinem Wort? Es wird dauern, bis die CDU wieder die Partei ist, die am glaubwürdigsten für Rechtstaatlichkeit, Bekämpfung organisierter Kriminalität und wertbetonte Erziehung eintreten kann. Helmut Kohl hat große Verdienste um Deutschland, aber er hinterläßt eine krisengeschüttelte Partei und Tausende enttäuschter Mitglieder. Noch besteht die Chance, daß die ganze Spendenaffäre in der geschichtlichen Bewertung der Ära Kohl nicht mehr als eine häßliche Fußnote darstellen wird. Die Voraussetzung dafür aber ist, daß bald die Wahrheit, die ganze Wahrheit, ans Licht kommt und Helmut Kohl dafür gerade steht.

Unabhängig vom parteipolitischen Standort räumen die meisten Bürger in unserem Land ein, daß eine starke CDU für die politische Statik in Deutschland und die Stabilität der Demokratie von großer Bedeutung ist. Die CDU muß, die CDU wird sich erholen. Aber der vielbeschworene Aufbruch erfordert zunächst eine ehrliche Aufarbeitung. Dabei geht es nicht nur um schwarze Konten und Schwarzgelder. Vielmehr geht es um das Herrschaftssystem Helmut Kohls, den Verlust an innerparteilicher Demokratie, in dessen Folge die Union Kompetenz und

Kreativität verlor und schließlich zur Oppositionspartei wurde. Das in 25 Jahren als Parteivorsitzender und 16 Jahren als Kanzler aufgebaute Netzwerk von persönlichen Loyalitäten in der Wirtschaft, den Medien, den Bundesländern und vor allem in der Partei – das »System Kohl« – hielt dem Kanzler den Rücken frei, schuf Spielräume für seine europa- und außenpolitischen Erfolge.

Der Preis dafür war hoch: die Verdrängung unabhängig denkender Köpfe an die Peripherie, die Reduktion der Partei auf eine weitgehend willenlose Wahlkampfmaschine, die Verlagerung der Macht von staatlichen Institutionen in »Koalitionsrunden«. All das bedarf der Klärung und Aufarbeitung. Wie konnte es dazu kommen? War es wirklich nur die Schuld eines machthungrigen Politikers? Oder war die Unmündigkeit, in der sich fast die ganze Partei in den letzten Jahren der Kohl-Ära befand, nicht zu einem großen Teil auch selbstverschuldet?

Diesen Fragen will das vorliegende Buch nachspüren. Im ersten Kapitel geht es mir um die Schilderung meiner persönlichen Erlebnisse mit dem Parteivorsitzenden und Bundeskanzler Helmut Kohl, mit dem ich das erste Mal vor 25 Jahren zusammentraf. Daraus habe ich versucht, bestimmte »Lehrsätze« über die Funktionsweise des Kohlschen Herrschaftssystems zu formulieren.

Im zweiten Kapitel zeichne ich die Ereignisse des deutschen Winters 1999/2000 nach, von jenem Novembertag, als die Übergabe eines Geldkoffers an den CDU-Schatzmeister Walther Leisler Kiep bekannt wurde, bis zum Rücktritt Wolfgang Schäubles und der Neuwahl von Friedrich Merz zum Vorsitzenden der CDU/CSU-Bundestagsfraktion. Schock, Verdrängungsversuche, Abnabelung – das waren quälende Wochen. Sie geben einen Einblick in das Ringen einer an sich großartigen Partei, die sich allerdings erst wieder daran gewöhnen muß, kontrovers zu diskutieren, unterschiedliche Meinungen zu respektieren und nicht hinter jeder Auffassung eine persönliche Illoyalität zu vermuten.

Schließlich setze ich mich mit der allgemeinen Kritik an der Politik auseinander, die ich im einzelnen oft für berechtigt, aber nicht selten auch für überzogen und pauschal halte. Für mich ist Politik Beruf, aber vor allem auch Berufung. Ich schildere persönliche Erfahrungen in der politischen Arbeit, mit dem Ziel, die Politik dem Leser ein wenig näher zu bringen. Vielleicht versteht er es, wenn ich trotz der Affären des Winters 1999/2000 sage: Politik bereitet mir Freude.

Im vierten Kapitel schließlich versuche ich grundsätzliche und konkrete Vorschläge für eine Reform der parlamentarischen Demokratie und der Parteien, die sich in einer tiefen Vertrauenskrise befinden. Mir geht es dabei um die Wiederbelebung eines demokratischen Ethos, eines geordneten Rückzugs der Parteien aus Wirtschaft, Medien und Gesellschaft sowie um Transparenz bei Spenden bzw. persönliche Haftung bei Verstößen gegen das Parteiengesetz. Vor allem geht es um mehr innerparteiliche Demokratie, um die Stärkung derjenigen, die eigenständig urteilen, abweichende Meinungen vortragen und Sachdiskussionen erzwingen. Ich verwahre mich andererseits dagegen, aufgrund von Rechtsbrüchen und Lügen einzelner Politiker die gesamte politische Ordnung der Bundesrepublik Deutschland zu verdammen. Manche mir vordergründig und modisch erscheinenden Reformvorhaben führen nach meiner Einschätzung auf einen gefährlichen Weg.

Dieses Buch ist in wenigen Wochen entstanden und hat viel Kraft gekostet. Zunächst hatte ich versucht, die Skandale in meiner Partei zu verdrängen und mich ganz auf mein Sachgebiet, die Außen- und Europapolitik, zu konzentrieren. Aber dann habe ich mehr und mehr verstanden, daß man das jetzt nicht kann. Ich fühle mich der Verfassung, dem Staat und auch meiner Partei zutiefst verpflichtet. Aus diesem Grunde wuchs in mir das Bedürfnis, im Zusammenhang darzustellen, was ich empfinde und denke. Nur wer die Vergangenheit versteht und verarbeitet, kann die Zukunft mitgestalten.

Dieses Buch wäre ohne ausgezeichnete Zuarbeit nicht möglich gewesen. Besonders danke ich Anna Viefhues, Barbara von Ow, Katharina von Schnurbein sowie Sven Jacob für originelle Ideen, gründliche Recherchen und kompetente Anregungen.

Berlin/Hannover, den 10. März 2000 *Friedbert Pflüger*

Das System Kohl

Innenansichten

Ein Foto aus den Zeiten der Macht: Der damalige Bundeskanzler und CDU-Vorsitzende Helmut Kohl begrüßt am 21. Oktober 1997 die Parlamentarische Geschäftsführerin der CDU/CSU-Fraktion und CDU-Schatzmeisterin Brigitte Baumeister.

Für Kohl durchs Feuer!

Mainz, Staatskanzlei, 23. Mai 1975
»Kommt, gönnt euch noch ein zweites Eis. Im Gegensatz zu mir könnt ihr es euch leisten«, sagt der Schwarze Riese und strahlt über das ganze Gesicht. Weil er unser Einverständnis merkt, bestellt er uns einen weiteren Eisbecher, nach einigem Zögern auch noch einen für sich.

Der Bundesvorsitzende des Rings Christlich-Demokratischer Studenten (RCDS), Hans Reckers, 22, und ich, sein zwei Jahre jüngerer Stellvertreter, sind beim Ministerpräsidenten von Rheinland-Pfalz und CDU-Bundesvorsitzenden, Dr. Helmut Kohl, zum Mittagessen eingeladen. Wir sind vor einigen Wochen in unsere Funktionen im CDU-Studentenverband gewählt worden und nun brandstolz, mit einem der wichtigsten deutschen Politiker, der – da sind wir uns sicher – einmal Kanzler werden wird, im berühmten Keller der Staatskanzlei in Mainz speisen und diskutieren zu dürfen.

Kohl läßt uns vortragen: von unseren Auseinandersetzungen mit oft gewaltbereiten kommunistischen Gruppen an den Hochschulen, von der Notwendigkeit einer Bafög-Reform und unserem Konzept einer RCDS-Studienplatz-Tauschbörse. Kohl hört zu, gibt uns das Gefühl, ernst genommen zu werden, ermutigt uns für die Arbeit an der »Front« gegen die Linksextremisten und sagt seine Unterstützung zu. CDU-Politiker müßten sich nun, sieben Jahre nach der Studentenrevolte, wieder in die Universitäten trauen, wir sollten Flagge zeigen. Zuständig für uns seien seine Bonner Mitarbeiter Wolfgang Bergsdorf und Helmuth Pütz. Sie würden den Kontakt halten und unsere Ansprechpartner im

Erste Begegnung mit Helmut Kohl im Mai 1975 in der Mainzer Staatskanzlei: Der rheinland-pfälzische Ministerpräsident und CDU-Bundesvorsitzende empfängt den Vorsitzenden des Rings Christlich-Demokratischer Studenten, Hans Reckers, und dessen Stellvertreter Friedbert Pflüger (rechts).

Alltag sein. Klar sei ferner, daß der RCDS-Vorsitzende Reckers, heute übrigens Präsident der hessischen Landeszentralbank, in den Bundesvorstand der CDU kooptiert werden würde.

Eineinhalb Stunden dauert diese Begegnung mit Helmut Kohl. Als wir wenig später in unserem VW-Käfer die Rückfahrt nach Bonn antreten, sind wir hellauf begeistert. Für den werden wir durchs Feuer gehen!

Warum berichte ich von dieser Begegnung? Weil daraus, so meine ich, allgemeine Schlüsse, gleichsam Lehrsätze für die Machtpolitik Helmut Kohls zu gewinnen sind:

1 Triff dich mit jedem neugewählten Vorstand einer CDU-Vereinigung – von der Frauen-Union über die Sozialausschüsse bis zur Jungen Union und dem RCDS – und jedem neuen Landesvorstand der Partei mit dem Ziel, die neuen Leute persönlich kennenzulernen und »einzubinden«. Der frühe Kontakt erspart später viel Zeit, verhindert Mißverständnisse und schafft dir in der Regel treue Gefolgschaft.

2 Nimm die »Neuen« ernst, motiviere sie für ihre Arbeit und vermittle ihnen das Gefühl, daß sie bei guter und loyaler Mitarbeit von höchster Stelle alle mögliche Unterstützung erhalten.

Juliane Weber

Mainz, Staatskanzlei, 14. Oktober 1975

Das erste Versprechen hinsichtlich einer Unterstützung wird eingelöst. Helmut Kohl gewährt uns, der Chefredaktion der Studentenzeitung Demokratische Blätter (Auflage 100 000), ein Interview. Hauptthema sind die Menschenrechtsverletzungen in Chile unter Pinochet. Kohl betont, daß sich die CDU gegen Willkür und Folter dort genauso entschieden ausspreche wie gegen die Unterdrückung der Menschen in der Sowjetunion oder der DDR: »Wir sind auf keinem Auge blind.«

Das kurze Interview findet um 15 Uhr statt. Kohl begrüßt uns mit der Bemerkung, er wundere sich, daß wir schon aufgestanden seien. Wieder ist er nett, zieht an seiner Pfeife, es gibt keine Störungen, keine Hektik und eine attraktive und kameradschaftlich-herzliche Sekretärin, die uns Kaffee bringt und alle sofort duzt: Juliane Weber. Ich mag sie vom ersten Augenblick an, und daran hat sich nie etwas geändert. Wie oft hat sie mir und vielen anderen Kollegen im Alltag geholfen: wenn man für einen verdienten Parteifreund zum 60. Geburtstag ein Kohl-Buch signiert haben wollte, eine Unterschrift auf einem Fußball für eine Wohltätigkeits-Tombola benötigte (der Ball trägt im Wahlkreis natürlich Punkte ein!), oder wenn man Kohl bei einem Termin in der hannoverschen Heimat, etwa einer Messeeröffnung, begleiten wollte.

Frau Weber stieß schon 1964 zu Helmut Kohl, dem damaligen Chef der CDU-Fraktion im Landtag von Rheinland-Pfalz. Tochter eines Werkdirektors im niedersächsischen Northeim und Verwaltungsangestellte im Mainzer Innenministerium, hatte sie gerade den Finanzchef des Zweiten Deutschen Fernsehens, Bernhard Weber, geheiratet. Sie begleitete von nun an Helmut Kohl auf allen Stationen seiner Karriere. Sie wurde, so der Kohl-Biograph Klaus Dreher, zur »perfekten Vollstreckerin der ungeschriebenen Gesetze, die das Leben und Treiben in Kohls inneren Gemächern bestimmten, eine Hofdame neueren Zuschnitts, die nach Maßstäben funktionierte, die so altmodisch waren wie die ihres Chefs«.

Man sagt »Juliane«, nicht etwa »die Weber«. Fast alle mögen sie. Sie ist ein Kommunikationsgenie, kennt unzählige CDU-Größen auf allen Ebenen, erhält Informationen von ihnen und gibt jedem das Gefühl, daß er oder sie einen direkten Draht zum Parteivorsitzenden und Kanzler haben kann. Frau Weber ist bei allen internen Runden dabei, weiß wie niemand sonst, was er denkt und was er will, wen er mag oder wem er mißtraut. Keine Frage, daß sie auch erheblichen Einfluß auf die Einschätzungen Kohls von Personen nimmt, was wiederum jeder weiß und weswegen sich jeder bei ihr besonders anstrengt. Seit ich sie kennengelernt habe, hat sie mich nicht einmal enttäuscht. Sie ist ungeheuer zuverlässig, ruft stets zurück und hat immer ein aufmunterndes Wort parat. Besonders gern habe ich sie vielleicht deshalb, weil sie auch in den Jahren, in denen ich bei ihrem Chef schlechte Karten hatte, immer zu mir gehalten hat, mir zumindest dieses Gefühl gab. Sie versuche immer wieder, so versicherte sie, dem Kanzler deutlich zu machen, daß ich gar kein so schlechter Kerl sei, wie er immer meine. Sollte das etwa nur dazu beitragen, meine Anstrengungen in diese Richtung zu ermutigen?

Wie dem auch sei: Juliane Weber halte ich für eine großartige Frau, eine Schlüsselfigur im »System« Kohl. Ein kurzer Anruf bei einem CDU-Politiker in Baden-Württemberg: »Der Kanzler hat gelesen, was du heute morgen zur Steuerreform in der *Stuttgarter Zeitung* erklärt hast und läßt dir ausrichten, daß er sich darüber sehr gefreut hat.« Oder aber: »Der Kanzler hat sich heute morgen in der Lagebesprechung über dein *Bild*-Interview zu den Euro-Kriterien wahnsinnig geärgert. Du erschwerst uns damit das Geschäft. Gerade jetzt, so kurz vor der Landtagswahl, können wir uns doch hier keine innerparteiliche Kontroverse leisten.« Es ist fast so, als habe der Bundeskanzler persönlich angerufen, man strahlt oder geht in sich. In jedem Fall hat man das Gefühl: Offenbar wird man zur Kenntnis genommen. Und dankbar ist man, daß Juliane es so offen sagt.

Aber Juliane Weber ist nicht nur herzlich und fröhlich, sie kann auch resolut, hart und biestig sein. Ein guter Freund von mir, der frühere Geschäftsführende Vorsitzende der Konrad-Adenauer-Stiftung, Gerd Langguth, war bei Kohl nach langen Jahren der Wegbegleitung in Ungnade gefallen. Langguth war einer meiner Vorgänger als RCDS-Bundesvorsitzender gewesen (1970-1974) und hatte Kohl schon 1971 bei seiner verlorenen Kampfkandidatur gegen Rainer Barzel unterstützt. Seit damals galt er als einer der verläßlichsten Freunde von Kohl, auch in den schwachen Phasen stets treu an seiner Seite. In seinem Amt in der Konrad-Adenauer-Stiftung weigerte er sich dann jedoch, lediglich Erfüllungsgehilfe Kohls zu sein und ging eigene Wege. Als der Kanzler dann den schleswig-holsteinischen CDU-Vorsitzenden Ottfried Hennig nach zwei verlorenen Landtagswahlen »versorgen« wollte, mußte Langguth weichen. Kohl ließ seinen Vertrag einfach auslaufen. Da Langguth sich wehrte, fiel er schließlich gänzlich in Ungnade. Es ehrt ihn, daß er fast bis zur Selbstaufgabe treu und loyal war, sich aber niemals das Rückgrat brechen ließ. Juliane Weber, mit der er seit fast drei Jahrzehnten ein freundschaftliches Verhältnis zu haben geglaubt hatte, exekutierte kühl den Willen ihres Herrn. Langguth wurde auf der Liste der Kanzlertermine immer weiter nach hinten geschoben. Er merkte schnell, daß er nicht mehr willkommen war.

Die Lehrsätze für die Kohlsche Machtpolitik:

3 Erweise Politikern auf allen Ebenen kleine Gefallen, die wenig Zeit kosten, aber nachhaltig Freude bereiten. So schafft man sich Dankbarkeit und Loyalität.

4 Suche dir für deine engste Umgebung eine absolut treu ergebene Mitarbeiterin, die dich auf deinem politischen Lebensweg nach oben begleitet. Im Laufe der Zeit weiß sie genau, was du willst, kennt jeden, den du auch kennst, und kann dir die im politischen Geschäft so wichtige Pflege persönlicher Beziehungen erheblich erleichtern. Diese Mitarbeiterin (es kann natürlich auch ein Mitarbeiter sein!) muß dich notfalls abschirmen, darf über deine Schwächen, Fehler und gelegentlichen Flüche nicht reden, muß deine Stärken und Erfolge dagegen bei jeder Gelegenheit lobpreisen, vor allem aber möglichst allen das Gefühl geben, daß sie jederzeit beobachtet werden – mit allen positiven und negativen Konsequenzen. Außerdem sollte dir diese Person unbequeme Angelegenheiten abnehmen und unpopuläre Entscheidungen sowie Fehler auf ihre Kappe nehmen.

Mit Kohl gegen die Kommunisten

Glaube niemand, daß sich die Unterstützung Kohls auf kleine und oberflächliche Gesten beschränkte. Im Gegenteil, sie war von ihm ganz bewußt als langfristige Vereinbarung gedacht. Das Ausmaß der Unterstützung, das ich von dem Parteivorsitzenden Kohl erfuhr, nachdem ich 1977 zum Bundesvorsitzenden des RCDS gewählt worden war, war einfach großartig. In dieser Zeit

Unterstützung für den RCDS-Vorsitzenden: Vor der Bundespressekonferenz stellen Helmut Kohl und Friedbert Pflüger im Juni 1977 die Dokumentation »Volksfront an deutschen Hochschulen« vor.

hatten wir es besonders schwer. Die Terroristen der Baader-Meinhof-Gruppe mordeten wie nie zuvor, und an den Hochschulen bildeten sich Sympathisantengruppen, die demokratische Studenten nicht selten auch physisch bedrohten. Vorlesungen wurden »gesprengt«, politische Veranstaltungen mit brutaler Gewalt beendet. Unsere Leute an der RCDS-Basis bezogen immer wieder Prügel, ich selbst bin einmal von militanten Linken gewaltsam aus der Universität Bremen hinausgetragen worden. Haß und Intoleranz beherrschten unseren Hochschulalltag. In dieser Situation erklärte sich Helmut Kohl bereit, mit mir am 28. Juni 1977 vor die Bundespressekonferenz zu gehen, um dort eine RCDS-Dokumentation über Bündnisse von Jusos mit Kommunisten an den Hochschulen vorzustellen. Vor allem aber sagte er zu, im Herbst eine Veranstaltung im Auditorium maximum der TU Berlin durchzuführen.

West-Berlin, Technische Universität, 29. November 1977
Ohrenbetäubender Lärm dringt uns aus dem mit mehr als zweitausend Studenten restlos überfüllten Audimax entgegen. Schon Stunden vor der Veranstaltung haben linksextreme Studentengruppen den Hörsaal besetzt, um den CDU-Vorsitzenden mit Konfetti, Luftschlangen, Karnevalströten und Streikliedern zu begrüßen. An den Eingängen sind entsprechende Utensilien verteilt worden, auf dem Rednerpult liegen zwei Kohlköpfe, einige Vermummte halten faule Eier und Tomaten bereit. Das Angebot zum demokratischen Dialog wird hier als »gezielte Provokation« empfunden; hier an der TU Berlin sollen andere Gesetze gelten, hier haben bürgerliche Politiker nichts zu suchen. Als wir erkennen, daß die Studenten nicht gewillt sind, den Eingang freizugeben, und der Präsident der Universität sich weigert, von seinem Hausrecht Gebrauch zu machen, um die Veranstaltung mit dem Bundesvorsitzenden der CDU ordnungsgemäß durchzuführen, entschließen wir uns kurzfristig, die Veranstaltung in das gegenüberliegende Ernst-Reuter-Haus zu verlegen. Wenig später ist auch dieser Saal mit etwa 900 Zuhörern gefüllt. Auf dem Weg dorthin werden Tomaten und Eier geworfen, es kommt zu Rangeleien zwischen Studenten und Polizisten.

Helmut Kohl, für den eine solche Konfrontation sicher nicht zum Alltag gehört, bleibt völlig gelassen. Als ich ihn aufgeregt frage, ob wir nicht über einen Seiteneingang in das Haus wollten, legt er mir seine riesige Pranke auf die Schulter: »Beruhig' dich, Pflüger. Wir gehen durch den Haupteingang oder gar nicht.«

Wenige Sekunden später wird er von einer Tomate getroffen, die er in aller Seelenruhe abwischt, der Schutzschild aus Sicherheitsbeamten, Polizisten und RCDS-Ordnern wird immer dichter. Im Saal schließlich ist die Atmosphäre ebenfalls polarisiert, aber trotz der Sprechchöre linker Studenten können wir uns Gehör verschaffen, nach einiger Zeit werden die Krakeeler heiser, und schließlich trauen sich immer mehr Studenten, auch Beifall zu klatschen. Plötzlich stellt sich heraus, daß mindestens die Hälfte im Saal entweder für Kohl ist oder ihn zumindest ausreden lassen möchte.

Wie ein Fels in der Brandung kam er mir damals vor. Diese Haltung habe ich bei Helmut Kohl immer wieder gefunden: bei der Entscheidung über die Stationierung amerikanischer Mittelstreckenraketen, bei der deutschen und europäischen Einigung, beim Euro. Kohl ist wie jeder andere Politiker auch Taktierer und Zauderer, der nach Mehrheiten schielt und die Verkündung schlechter Nachrichten lieber anderen überläßt. Aber er zeigte eben immer wieder auch seinen Einsatz für politische Grundsätze und Werte. Vielleicht sind sie ihm im Laufe der Jahre so wichtig geworden, daß er meinte, sie auch mit unlauteren Mitteln schützen zu dürfen.

Nach der Veranstaltung hat sich Kohl zum Abendessen mit einigen politischen Freunden verabredet. Meiner Erinnerung nach war Anton Pfeifer, der bildungspolitische Sprecher der CDU und spätere Staatsminister im Kanzleramt, dabei, ebenso Gerhard Kunz, sein Parlamentarischer Geschäftsführer und spätere Berliner Finanzsenator, sowie der Berliner CDU-Vorsitzende Peter Lorenz, der zwei Jahre zuvor von der »Rote-Armee-Fraktion« entführt worden war. Kohl lädt auch mich ein, an diesem Essen teilzunehmen, was ich natürlich als Auszeichnung empfinde. Ich werde hier Zeuge hochvertraulicher Gespräche und fühle mich in hohem Maße »gebauchpinselt«, daß man mir offenbar Vertrauen schenkt. Man fühlt sich auf einmal als Mitglied einer »Truppe«, für deren Wohl und Wehe man mitverantwortlich ist.

Kohl erklärt hier am Abend, daß nun auch andere CDU-Politiker an den Hochschulen auftreten und seinem Beispiel folgend »Flagge zeigen« müßten. Die Hochschulen dürften kein rechtsfreier Raum werden, die Union müsse mit Hilfe des RCDS den deutlich erkennbaren Anspruch erheben, das Recht auf Rede- und Versammlungsfreiheit in jedem Winkel unserer Gesellschaft durchzusetzen. Das sei wichtig für die Partei, aber noch viel mehr für den Staat. Wenn wir jetzt nicht klare Signale setzen würden, ginge eine ganze Generation verloren. Die Studenten von heute kämen schließlich in einigen Jahren in führende Positionen in der Gesellschaft. Nie zuvor in meinem Leben bin ich mir wichtiger vorgekommen. Gerade 22 Jahre alt und schon Teilnehmer an einer staatspolitischen Aufgabe! Bis heute habe ich nicht den geringsten Zweifel daran, daß Kohl mit seinem Instinkt genau den Nagel auf den Kopf traf. Hätte sich die Union in der damaligen Lage an den Hochschulen ängstlich versteckt, dann wäre eine tiefgreifende Veränderung des politischen Koordinatensystems die Folge gewesen. Nur durch die Schaffung eines Gegengewichts zu gewaltbereiten Linksextremen konnte die bekennende Minderheit demokratischer Studenten bei der Stange gehalten und schließlich das demokratische *roll back* in der akademischen Welt begonnen werden.

Kohl hält sein Versprechen vom Abend und fordert in einem Brief von allen führenden CDU-Politikern entsprechende Einsätze. So gewinne ich den damaligen CDU-Generalsekretär Heiner Geißler für die Universität Bremen, den rheinland-pfälzischen Ministerpräsidenten Bernhard Vogel für die Universität Göttingen, den stellvertretenden CDU-Vorsitzenden Kurt Biedenkopf für die Universität Bielefeld, Rainer Barzel für das Audimax in Bonn, Walther Leisler Kiep für die Universität Kiel und Richard von Weizsäcker für die Universität Münster. Insgesamt finden zwölf solcher Großveranstaltungen unter dem Motto »Demokratischer Dialog« statt. Am Ende des Semesters, am 27. Februar 1978, berichtet Kohl im CDU-Bundesvorstand von dieser Kampagne und spricht mir vor der gesamten CDU-Führungsspitze Lob und Anerkennung aus. Man fühlt sich so wie der Geselle, der vom Vorstand im Beisein aller leitenden Angestellten für erste Verdienste ausgezeichnet wird. Zu diesem Zeitpunkt bin ich hundertprozentiger Kohlianer.

Die Lehrsätze aus dieser Episode:

5 Suche dir ein öffentlichkeitswirksames und symbolträchtiges Gebiet, auf dem du klarmachen kannst, für welche Prinzipien du stehst und welche Grundsätze du niemals, auch nicht unter größtem Druck, preisgibst. Überlaß die eher unbequeme Arbeit nicht anderen, sondern setze dich vielmehr selbst als »Leuchtturm« an die Spitze einer solchen Bewegung, gib ein Beispiel, geh voran und verbreite Zuversicht.

6 Lade ab und zu politische Mitstreiter zu Essensrunden in den kleinen Kreis deiner Vertrauten ein. Damit bindest du sie in besondere Weise an dich und schaffst eine Vertrautheit, die die anderen verpflichtet. Außerdem hast du mit dem Instrument der Einladung auch ein Disziplinierungs- und Differenzierungsmittel in der Hand: Wer wann, wohin und wie häufig zu Kohl-Runden eingeladen wurde, hat für alle den jeweiligen Rang in der Parteihierarchie wesentlich mitbestimmt. Die höchste Form der Auszeichnung war es, spät abends im Kanzlerbungalow dabei sein zu dürfen. Jeder, dem dieser Vorstoß ins Zentrum der Macht gelang, blieb fortan bedacht, das gewährte Vertrauen nicht durch Indiskretion oder abweichende Meinung zu verspielen. Jeder, der es noch nicht so weit gebracht hatte, fühlte sich besonders angespornt, die ersehnte Ehre doch noch zu erlangen.

Kohls Spion?

Auch wenn ich Helmut Kohl schätzte, so gab es doch einen anderen CDU-Politiker, der mir von seinem Charakter und seiner politischen Ausrichtung eindeutig näher stand: Richard von Weizsäcker. Während der Sitzungen des CDU-Bundesvorstandes hatte ich ein paar Mal neben ihm gesessen und vor allem über die

Arbeit am CDU-Grundsatzprogramm von Ludwigshafen (1978) einen engeren Kontakt entwickelt. Nach der Zeit im RCDS konzentrierte ich mich nun ganz auf Studium und Promotion und nahm dann im Juli 1981 ein Angebot Weizsäckers an, für ihn, den neugewählten Regierenden Bürgermeister von Berlin, als Redenschreiber zu arbeiten. Meine erste Reise mit Richard von Weizsäcker führte am 2. November 1981 zum CDU-Bundesparteitag nach Hamburg. Weizsäcker sollte dort eine Grundsatzrede zur Auseinandersetzung mit der Friedensbewegung und zu den deutsch-amerikanischen Beziehungen halten, die ich mit vorbereitet hatte.

Am ersten Tag in Hamburg treffen wir auf Helmut Kohl, der meinen neuen Chef anflachst: »Gell, Richard, wenn du nachher redest, verfall' nicht wieder zu sehr ins Predigen!« Weizsäcker schluckt, zeigt dann auf mich und erklärt Kohl, daß ich seit September in der Berliner Senatskanzlei für ihn arbeite. Kohl hält einen Moment inne und entgegnet: »Den Pflüger kenn ich, der ist ein guter Mann, hat aber einen Nachteil.« Ich stutze, bin auf das Schlimmste gefaßt: »Er arbeitet für dich und nicht für mich.«

Es ist natürlich furchtbar nett von Kohl, mich auf diese Weise vor meinem neuen Chef zu loben. Auf diese Weise schafft er es aber auch, mich irgendwie an ihn zu binden. Jedenfalls halten wir in der Zeit, in der ich bei Weizsäcker in Berlin arbeite, immer wieder auf verschiedene Weise Kontakt. Am 31. Januar 1983 hält Kohl im Berliner Reichstagsgebäude die Rede zum 50. Jahrestag der Machtergreifung Hitlers. Inzwischen ist er Kanzler und mit einem Flugzeug der amerikanischen Luftwaffe in die geteilte Hauptstadt geflogen. Ich habe am folgenden Tag einige Termine in Bonn und frage Juliane Weber, ob ich mit dem Kanzler zurückfliegen dürfe.

Kohl nimmt mich sogar vom Reichstag zum militärischen Teil des Tegeler Flughafens in seinem Auto mit, wir steigen in die Maschine, und er läßt mich ihm gegenüber an dem Tisch im vorderen Teil des Flugzeuges sitzen, während seine Sicherheitsbeamten weiter hinten Platz nehmen. Wie immer zieht Kohl sein Jackett aus und seine legendäre schwarze Strickjacke an und beginnt eine angeregte Plauderei. Am 6. März 1983, also in fünf Wochen, werden Bundestagswahlen sein. Der durch ein konstruktives Mißtrauensvotum gegen Helmut Schmidt am 1. Oktober 1982 im Bundestag zum Kanzler gewählte Kohl ist sich hundertprozentig sicher, daß er diesen Test in der Bevölkerung klar gewinnen wird. Er ist völlig entspannt, lästert über alle möglichen Zeitgenossen und strotzt nur so von Kraft und Zuversicht. Man habe ihm geraten, in der Frage der Stationierung amerikanischer Mittelstreckenraketen bis zu den Wahlen zu taktieren. Er aber habe sich für den geraden Weg entschieden, die Leute sollten wissen, woran sie mit ihm seien. Er vermittelt den Eindruck eines Mannes, der ganz genau weiß, was er will, und überzeugt ist, daß er es besser kann als jeder andere. Kein Zweifel kommt auf, bei ihm nicht und auch nicht bei mir.

Kohl beginnt nun, mich nach der Arbeit des Berliner Senats zu fragen. Ob Weizsäcker sich auch um die Details der Stadtpolitik kümmere? (Ja, aber in Maßen.) Wie er sich mit Senator Rupert Scholz verstünde? (Es geht, nur eine erträgliche Arbeitsbeziehung.) Ob Elmar Pieroth einen guten Job mache? (Durchaus.) Wie die Beziehungen zwischen CDU und F.D.P. in Berlin seien? (Immer besser.) So geht es weiter. Ich fühle mich geschmeichelt, daß ich gefragt werde, und antworte ehrlich und offen. Man könnte es mit einiger Distanz auch naiv nennen, denn natürlich hat mich Kohl in dieser Situation von vorne bis hinten ausgefragt. Ich habe vorbehaltlos geantwortet, denn schließlich handelte es sich um den Parteivorsitzenden und Bundeskanzler. Aber war ich nicht in diesem Moment auch ein kleiner Spion? Beim Abschied deutet der Bundeskanzler an, daß er sich nach der Bundestagswahl freuen würde, wenn ich irgendwo bei ihm »mitmachen« würde. Wieder einmal bin ich maßlos stolz.

Der Lehrsatz aus dieser Erfahrung:

7 Schaffe dir in jeder Landesregierung, in jedem Landesvorstand, in jeder Parteivereinigung, in jedem Ministerium, in jeder Rundfunkanstalt usw. einen oder mehrere persönliche Vertraute neben den jeweiligen Chefs. Von diesen Vertrauten erhält man von Zeit zu Zeit ungeschminkte Lagebilder, erfährt den Klatsch und Tratsch, wird über Spannungen informiert, die die jeweiligen Vorsitzenden aus Eigeninteresse verschweigen. Nicht selten erhält man so auch Informationen über Schwächen und Fehler der jeweiligen »Nummer eins«, die man damit bei Gelegenheit unter Druck setzen und klein halten kann. Es reicht schon, wenn der jeweilige Vorsitzende eines CDU-Landesverbandes, der Minister eines Ministeriums, der Intendant einer Rundfunkanstalt oder der Vorstandssprecher eines großen Unternehmens spürt, daß du über eigene persönliche Kontakte in ihren Bereich hinein verfügst. Dann kannst du ihn plötzlich mit einer indiskreten Geschichte aus seinem Umfeld konfrontieren, ihm deine alte Freundschaft zu einem seiner Untergebenen unter die Nase reiben und ihm so das Gefühl vermitteln, daß du alles weißt, jeden kennst und im Konfliktfall viel Ärger bereiten kannst. In der Regel wird der jeweilige Vorsitzende, Intendant oder Vorstandssprecher sich dann alle Mühe geben, dich von sich aus umfassend zu informieren. Er wird seinerseits die eigenen Stellvertreter anschwärzen und sich mit schönen Worten einschmeicheln. So erhält man Spannungen in den einzelnen Untergliederungen, niemand wird zu mächtig, und jeder fürchtet, daß vertrauliche Informationen ganz nach oben weitergegeben werden. Diese Methode ist selbst noch keine Politik, aber sie erleichtert die Durchsetzung politischer Vorstellungen.

Kohl hat diese Taktik vielleicht gar nicht mit bewußter Berechnung angewandt, vielmehr entsprang sie seinem natürlichen Machtinstinkt. Wahrscheinlich glaubt er subjektiv, daß dieses System der *checks and balances* und der persönlichen Kontaktpflege in die einzelnen Verbände hinein und sogar das Ausfragen von redseligen Vertrauenspersonen im wohlverstandenen Interesse »des Ganzen« sind. Und bis zu einem gewissen Grad stimmt es ja auch.

Ein Angebot Kohls

Bonn, Bundeskanzleramt, 27. August 1983
Ich sitze im Vorzimmer des Kanzlerbüros und trinke einen Kaffee bei Juliane Weber. Sie hatte mich bereits am 14. Juli in meinem Berliner Büro angerufen und zum Bundeskanzler durchgestellt. Dieser hatte mich dann in einem kurzen Telefongespräch eingeladen, ihn in den nächsten Wochen in Bonn aufzusuchen: »Den Termin machst du mit Juliane.«

Es ist kurz nach 15 Uhr, die Tür geht auf, und Helmut Kohl erscheint, in Strümpfen und in Strickjacke. Er strahlt über das ganze Gesicht und bittet mich einzutreten. Wir setzen uns an den Tisch unweit des berühmten Aquariums. Kohl fragt mich, ob ich einen Wein mittrinke. Natürlich sage ich nicht nein. So bringt Juliane Weber einen trockenen Rheingauer.

Kohl hält sich nicht lange bei der Vorrede auf. Er habe meine Arbeit seit längerer Zeit beobachtet und freute sich, wenn ich für ihn tätig werden würde. Den »Präsidenten-Job« drüben in der Villa Hammerschmidt könne er mir nicht anbieten, das müsse »Richard« machen. Aber in der CDU-Zentrale, dem Konrad-Adenauer-Haus, sei die Stelle des Hauptabteilungsleiters Politik neu zu besetzen. Nach dem Generalsekretär und dem Bundesgeschäftsführer sei das die drittwichtigste Position. Ich solle hier direkt ihm als Parteivorsitzenden zuarbeiten und die inhaltliche Arbeit des Hauses führen.

Ein tolles Angebot, schießt es mir durch den Kopf. Die Vorgänger im Amt, Ulf Fink, Meinhard Ade und Warnfried Dettling, waren politische Schwergewichte gewesen. Allerdings war keiner von ihnen ein »Kohl-Mann«, im Gegenteil, sie standen Generalsekretär Heiner Geißler nahe, der sich schon damals in einer deutlichen Distanz zu Kohl bewegte und immer wieder versuchte, die Partei gegenüber der Regierung unabhängig zu positionieren. So hatte er im vergangenen Jahr verhindert, daß Kohl seinen alten Freund Hans Terlinden zum Bundesgeschäftsführer der Partei machte und statt dessen nach monatelangem Streit »seinen Mann«, Peter Radunski, durchgesetzt.

Mehr oder weniger deutlich gab Kohl zu verstehen, daß es mit

Geißlers Herrschaft in der Parteizentrale nun ein Ende haben müsse. Der Generalsekretär, der Bundesgeschäftsführer und der Leiter der Planungsgruppe, Wulf Schönbohm, seien alles kluge Leute, aber er könne sich auf sie nicht verlassen. Meine Aufgabe war klar: Ich sollte sein Mann in der Spitze des Konrad-Adenauer-Hauses werden.

Was Kohl nicht wußte und was ich ihm verschwieg, war die Tatsache, daß mir Heiner Geißler das bevorstehende Angebot des Parteivorsitzenden bereits am 12. Juli in einem Gespräch in seinem Büro im Adenauer-Haus angekündigt hatte, seine Mitwirkung an diesem Vorschlag unterstrich und mit mir ganz eindeutig dasselbe vorhatte wie Kohl, nur umgekehrt. Ich sollte sein Mann beim Kanzler werden. Ja, so rauh waren die Sitten zwischen Vorsitzendem und General! Ich hatte für beide Sympathien, aber sollte ich mich in dieses Schlangennest begeben? Würde man lange überleben, wenn beide Seiten an einem herumzerrten? Früher oder später würde ich in Konflikte hineingezogen werden. Wollte ich das? Mir gefiel meine Aufgabe bei Richard von Weizsäcker, und mir war es lieber, im Staatsdienst als für die Partei zu arbeiten.

Zunächst aber bedanke ich mich für die große Ehre und bezeichne die Aufgabe als sehr attraktiv. Ich erlaube mir jedoch den Hinweis, daß ich auch gerne bei Weizsäcker arbeite und den Eindruck hätte, dort viel zu lernen. Weizsäcker fordere mich, nehme mich überallhin mit und sei ein ausgezeichneter Chef. Ob es nicht undankbar sei, ihn nach nur zweijähriger Mitarbeit zu verlassen?

Kohl reagiert gelassen, aber entschieden: Dankbar bräuchte ich Weizsäcker nicht zu sein, denn der habe mich natürlich nicht aus Nächstenliebe eingestellt, sondern weil er sich davon einen Vorteil verspräche. Im übrigen würde er doch jetzt bald Präsident, und jemand wie ich sei zu schade für »die Gruft«. Das war es also, was Kohl vom Bundespräsidialamt hielt!

Ich bedanke mich noch einmal in aller Form für das Vertrauen und sage zu, mich in Kürze mit einer Antwort zu melden. Ich füge allerdings auch an, daß ich umgehend Richard von Weizsäcker von seiner Offerte informieren müsse; das sei ich ihm als loyaler Mitarbeiter schuldig. Kohl findet das richtig und entläßt mich in der Gewißheit, daß ich das Angebot, für ihn zu arbeiten, gar nicht ablehnen kann.

Als ich Weizsäcker von dem Gespräch erzähle, ist dieser außer sich über diesen »Abwerbungsversuch«. Kohl, so findet er, hätte das unbedingt zuerst mit ihm besprechen müssen. Ich bin anderer Meinung und sage das auch. Allerdings mache ich auch klar, daß ich lieber bei ihm bleiben würde, wenn er mich behalten wolle und mir eine berufliche Perspektive biete. Wenige Tage später schreibe ich Kohl einen langen und formvollendeten Brief. Ich begründe meine Absage mit der kurzen Zeit bei Weizsäcker und der schwierigen Situation zwischen Kanzleramt und Parteizentrale.

Danach hat Helmut Kohl seine Kontakte zu mir abgebrochen. Dies geschah so vollständig, daß er kaum noch »Guten Tag« sagte, wenn er mich bei offiziellen Anlässen in der Villa Hammerschmidt oder auf Parteiveranstaltungen sah. Ich war Luft für ihn, hatte meine Chance nicht genutzt und mich für einen Posten in der »Gruft« (1984 wurde ich Pressesprecher des Bundespräsidenten) entschieden. Ich gebe zu, daß mich das oft verletzt hat. Warum mußte er diese Entscheidung so persönlich nehmen? Ich hatte doch gar nichts gegen ihn. Im Gegenteil: Wenn er mir zum Beispiel angeboten hätte, direkt in seiner Umgebung im Kanzleramt zu arbeiten, etwa in der Grundsatzabteilung oder als stellvertretender Büroleiter, hätte ich dann doch vielleicht angenommen? An der Seite des Präsidenten wurden mir im Laufe der Jahre mehr und mehr auch die Schwächen Kohls bewußt. Die Jahre bei Richard von Weizsäcker erwiesen sich später als eine Art Impfschutz gegen die Verführungen von Macht und Anpassung im System Kohl.

Drei weitere Lehrsätze:

8 Hole dir ohne falsche Rücksichtnahme die besten Leute in deine Umgebung, plaziere Vertrauenspersonen in allen Bereichen von Staat, Partei, Wirtschaft und Gesellschaft. So schafft man ein Netz von persönlichen Vertrauten, die man im Falle eines Widerspruchs der Undankbarkeit bezichtigen kann. Immer

wenn sich zum Beispiel Richard von Weizsäcker unterstand, gegen eine Position Kohls sachlich Stellung zu nehmen, wurde er vom Umfeld des Kanzlers eben solcher Undankbarkeit bezichtigt: »Ohne den Kohl wäre der gar nichts geworden, der hat ihn doch erst zu dem gemacht, was er ist.« Aber hatte Kohl Weizsäcker wirklich nach Berlin geschickt, um Regierender Bürgermeister zu werden? Oder war es nicht vielmehr so, daß er den unbequemen Denker in die Provinz abschob, damit er dort sein Leben als Oppositionsführer fristen möge? Und hat er nicht in der Schlußphase der Präsidentennominierung im Herbst 1983 alles getan, um Weizsäckers Ambitionen auf das Amt des Staatsoberhauptes zu unterlaufen und in letzter Minute Ernst Albrecht ins Spiel gebracht? (Dazu habe ich ein ausführliches Kapitel in meinem Buch »Richard von Weizsäcker. Ein Portrait aus der Nähe« geschrieben.)

9 Dankbarkeit kannst du besonders dann erwarten, wenn du jemanden so drastisch beförderst, daß ihm klar ist, daß er die Position dir und nur dir zu verdanken hat. Kein Mensch wäre auf die Idee gekommen, ein 28jähriges weitgehendes »Greenhorn« auf eine so verantwortliche Stelle im Adenauerhaus zu katapultieren. Dorthin wäre ich nicht durch eigene Leistung, sondern durch Kohls Gnade, verliehen durch Intuition, gelangt. So wurden auch Angela Merkel und Claudia Nolte über Nacht die Karriereleiter »hinaufgeschossen«, wo sie dann dem Wohlwollen des »Großen Vorsitzenden« weitgehend ausgeliefert waren. Besonders stark wird die Abhängigkeit immer dann, wenn ein Mitstreiter in eine schwierige Situation gerät und du ihn mit großer Geste vor dem politischen Untergang rettest. Als nach der Kießling-Affäre niemand in Bonn mehr einen Pfifferling für Manfred Wörner gab, hielt Kohl heroisch zu seinem Verteidigungsminister und sicherte sich dafür ewige Loyalität. Allerdings war es auch hier nicht nur kalte Berechnung, sondern auch menschliche Sympathie und Einsicht in die Qualitäten Wörners, die Kohl antrieb. Der Rücktritt und damit das Karriereende von Wörner wären wirklich ungerecht gewesen, und die Bundesrepublik hätte einen guten Verteidigungsminister (und später einen ausgezeichneten NATO-Generalsekretär) verloren. Es sind also durchaus meh-

rere Motive, die eine Rolle spielen können. Warum soll man dann das Gute nicht mit dem Nützlichen verbinden?

10 Wenn du jemandem aber ein attraktives Angebot machst und er es ablehnt, so streiche ihn fortan aus der Liste deiner Bekanntschaften. Die Pflege persönlicher Beziehungen kostet Zeit und Kraft. Eine Person, die das großherzige Angebot, für dich zu arbeiten, ablehnt, zumal wenn es sich dabei um den Bundeskanzler handelt, ist dieses Engagement nicht wert. Diese Person weiß entweder gar nicht, was für eine große Chance sie ausschlägt, oder sie ist innerlich in einer ganz anderen Loyalität, so daß sich ein weiterer Kontakt erübrigt. Ich jedenfalls war fortan als »Weizsäcker-Mann« abgehakt und damit in einem anderen, später »feindlichen« Lager tätig. Eine zweite Chance gibt es nicht.

Auch hier glaube ich kaum, daß Helmut Kohl lange darüber nachgedacht hat. Es war vielmehr Instinkt und Intuition, die dazu führten, daß er in Zukunft einfach an mir vorbei – oder durch mich hindurch – schaute. Ehrlich gesagt: Es hat mich jedesmal wieder gefuchst. Andererseits ging das Leben auch ohne ihn ganz gut weiter.

Die Einbindung der »Jungen«

Bonn, Speisesaal Kanzleramt, 17. April 1991

Mit der neugegründeten »Jungen Gruppe« der CDU/CSU-Bundestagsfraktion, nämlich mit 22 Abgeordneten, die zum Zeitpunkt ihrer Wahl unter 35 Jahre alt waren, sind wir bei Helmut Kohl zum Mittagessen eingeladen. Das Muster kennen wir bereits: Einbindung der neuen Kräfte. Vor dem Gespräch gibt es einen kurzen Fototermin. Kohl sagt, daß er neben den Frauen oder den Dicksten stehen möchte. Seine Abmagerungskur in Österreich sei erfolgreich gewesen, aber leider seien die Ergebnisse nicht von Dauer. Aber auch bei einigen von uns sehe er bereits Bauchansätze, schon bald würden auch wir Gewichtsprobleme haben.

Roland Pofalla, unser Sprecher, beginnt das Gespräch mit der Beschreibung eines allgemeinen Unmutes der jüngeren Abgeordneten. In den Fraktionssitzungen würde nur der Vorsitzende, der Kanzler und die Minister vortragen, zur Diskussion bliebe kaum Zeit. Die wichtigsten Punkte seien alle vorher entschieden, oder man erfahre sie im nachhinein aus der Zeitung. Wir hätten den Eindruck, als würde man uns ab und zu eine kleine Spielwiese zuweisen, wo wir uns diskutierend tummeln könnten. Zu sagen aber hätten wir nichts.

Kohl nickt verständnisvoll und legt sein Gesicht in Sorgenfalten. Er räume ein, es gäbe derzeit eine unbefriedigende Situation. Er wolle nicht in Einzelheiten gehen, das alles hänge mit menschlichen Problemen an der Fraktionsspitze zusammen. Da werde aber bald ein Wechsel erfolgen. Im übrigen sei er der Meinung, daß Alfred Dregger würdig verabschiedet werden müsse. Der habe viel geleistet, und viele Menschen im Land würden genau darauf schauen, wie wir ihn behandelten.

Kohl beschwert sich auch darüber, daß manche der Fraktionssprecher ihr Herrschaftswissen für sich behielten und die Abgeordneten, zumal uns junge, nicht anständig informierten. Kohl nennt einige Beispiele und fügt an, daß sechzig Prozent unserer Probleme aus mangelhafter Kommunikation entstünden. Das gelte nicht zuletzt für die Parlamentarischen Staatssekretäre, die sich gerne im Licht der Macht sonnten, aber ihren eigentlichen »Job«, nämlich die Information und Pflege der Abgeordneten, vernachlässigten.

Im übrigen sei es zu allen Zeiten »gleich furchtbar« gewesen. Er, Kohl, erinnere sich noch daran, als er 1953 als Gast an seiner ersten Fraktionssitzung in Bonn teilgenommen habe. Da habe ihm Heinrich von Brentano als nobler Mann und Ludwig Erhard gar als Denkmal gegolten. Aber keiner in der Fraktion habe Erhard zugehört, Brentano und Burgbacher hätten sich laut unterhalten, ihre Mißachtung nicht verschleiert. Damals sei eine Welt für ihn zusammengestürzt. Früher sei gar nichts besser gewesen.

Natürlich könne man nicht jedes Thema in jeder Sitzung behandeln, aber was wir zum Beispiel von einem *jour fixe* zusätzlich zur Fraktionssitzung hielten? Das müßten wir in das Wochen-

17. April 1991: Die »Junge Gruppe« der CDU/CSU-Fraktion im Kanzleramt. Helmut Kohl, gerade von der jährlichen Abmagerungskur zurückgekehrt, will die neuen Kollegen »einbinden«.

schema hineinbringen. Dann könnten wir in zwei bis drei Stunden Sachthemen diskutieren, zum Beispiel Europa, Währungsunion, Politische Union.

Und schon ist er bei dem Thema, das ihn eigentlich interessiert: Europa. Bis Ende 1992 werde der Gemeinsame Markt stehen, bis 1997 hoffentlich die Europäische Zentralbank, und früher oder später würden wir auch eine gemeinsame Verteidigung bekommen. Wir stünden vor historischen Entwicklungen auf unserem Kontinent, und er rate uns allen, uns genau über Europa zu informieren. Wichtig sei jetzt zunächst einmal, daß John Major im Oktober die Wahl in Großbritannien gewinne. Das würde einen Schub für die EU bedeuten, das würde besser gehen als mit Margaret Thatcher. Wichtig sei bei diesen Europathemen allerdings, den Kontakt zur Basis nicht zu verlieren. Bonn sei ja nur eine Käseglocke. Wichtig seien ihm seine Saunakumpanen in Ludwigshafen. Man müsse immer hinhören und wissen, was das Volk denke.

Es entsteht eine richtige Diskussion über den § 218 StGB, die Lehren aus dem Golfkrieg, die Lage in der Türkei und in Kurdistan, und zu schnell geht die Zeit zu Ende. Kohl spürt, daß viele von uns enttäuscht sind, daß sie mit ihrem Thema noch nicht landen konnten, und verspricht uns in Kürze eine weitere Begegnung, diesmal mit mehr Ruhe.

Bonn, Kanzlerbungalow, 5. September 1991
Jetzt habe ich es doch noch geschafft, zum Abendessen in den Kanzlerbungalow eingeladen zu werden. Allerdings nicht in Folge einer persönlich gewährten Gnade, sondern wegen der Zugehörigkeit zur »Jungen Gruppe«. Kohl hat sein Versprechen wahr gemacht und uns um 19.30 Uhr zu sich gebeten. Es ist ein flacher Raum, ein Hufeisentisch mit Blumengebinden, vorne sitzen Kohl, seine Paladine Fritz Bohl und Anton Pfeifer sowie Ronald Pofalla, Claudia Nolte und der Bundesvorsitzende der Jungen Union, Hermann Gröhe. Die Decke ist holzgetäfelt, zwei Glasvitrinen mit Vasen und Tellern, Spiegel, Regale mit Silbertellern und Geschirr, zwei echte Kirchner an der Wand und hinter Kohl ein Kamin.

Ohne Zweifel: Die Politik wird hier gemacht. Der Kohlos von Oggersheim beginnt mit einem seiner gefürchteten Monologe. Er ist vorbereitet, hat sich vor dem Gespräch Stichworte notiert. Am 15. Dezember, also in etwas mehr als drei Monaten, fände in Dresden der zweite Parteitag der CDU im wiedervereinigten Deutschland statt. In Dresden! Er könne die beste Bilanz präsentieren, die man sich vorstellen könne: die Wiedervereinigung in Freiheit, in Übereinstimmung mit allen Nachbarn, den USA und Rußland. Aber gleichzeitig wolle er warnen: »Wenn die beste Bilanz auf dem Tisch liegt, dann muß man skeptisch in die Zukunft schauen. Wir dürfen uns nicht an vergangenen Erfolgen berauschen, sondern müssen die Zukunft gestalten.«

Ein Blick nach Amerika könne uns viel lehren. Die USA seien, wenn sie sich auf ihre Kräfte konzentrierten, das stärkste Land, nicht angekränkelt durch die »Frankfurter Schule«. Aber es gebe dort auch viel soziale Kälte. Wenn wir wie die Amerikaner auf die soziale Komponente der Marktwirtschaft verzichtet hätten, dann wäre Stalin weiter nach Westen gekommen. Wir könnten Erhard nur dankbar sein. Mit der Wiedervereinigung Deutschlands und der Schaffung des Europäischen Wirtschaftsraumes (EWR) Ende Oktober in Luxemburg, der zum größten Wirtschaftsblock der Welt mit 380 Millionen Verbrauchern führe, hätten wir ungeheure Chancen zur Gestaltung unseres Kontinents. In 15 Monaten trete der Europäische Binnenmarkt der EG in Kraft, bis zum Jahr 2000 solle eine gemeinsame Währung geschaffen sein, und auf dem am 11. Dezember bevorstehenden EG-Gipfel in Maastricht sollten die Verträge zur Politischen Union sowie zur Wirtschafts- und Währungsunion ausgehandelt und unterschrieben werden. Nächsten Monat plane er mit dem französischen Staatspräsidenten François Mitterrand die Bildung eines 50 000 Mann starken deutsch-französischen Armeecorps, das »den Kern für ein europäisches Corps bilden könnte«. Es gelte, die WEU zum bewaffneten Arm eines politisch geeinten Europa auszubauen.

Immer wenn Kohl über Europa spricht, ist er ganz besonders engagiert. Das ist seine eigentliche Mission. Aber heute hat er dennoch etwas anderes mit uns vor. Es gehe nämlich darum, in den nächsten Jahren den Wirtschaftsstandort Deutschland in der Welt von morgen zu sichern. Das betreffe Ausbildung und Innovation, Infragestellung von Privilegien. Kohl schlägt vor, daß die Junge Gruppe sich mit dem »Standort Deutschland« beschäftigt. Wir könnten zum Beispiel eine Anhörung zum Thema »Lebensqualität im Jahr 2005« im Bundestag veranstalten, außerdem würde er sich für eine Parlamentsdebatte zum Thema der wirtschaftlichen und sozialen Zukunft unseres Landes einsetzen, die ausschließlich von uns Jüngeren bestritten werden sollte. Ich bin völlig begeistert. Endlich haben wir konkrete Aufgaben. Endlich sollen wir wirklich mitwirken können, zumal in einer solchen Zukunftsfrage. Die Diskussion an diesem Abend, in der fast jeder von uns zu Wort kommt, dauert bis 23.15 Uhr, Kohl hat sich fast vier Stunden Zeit genommen. Ich glaube, es gibt nicht einen in der Gruppe, den er an diesem Abend nicht gewonnen hätte.

Immer wieder habe ich gemerkt, wie sehr Kohl gerade in einem kleinen Kreis überzeugen und motivieren kann. Wenn es ihm doch gelungen wäre, das Thema Standort Deutschland mit dem gleichen Elan voranzutreiben wie seine europäischen Ziele!

Lehrsatz:

11 Zeige den neuen Mitgliedern im Parlament, daß du früher an ihrer Stelle genauso gelitten hast, und bekunde deinen guten Willen, ihnen bei der Änderung zu helfen. Aus langer Erfahrung weißt du genau, daß die traditionellen Mechanismen ihnen bald die Leidenschaft nehmen. Letztlich ist es für sie auch am besten, wenn sie erst einmal dienen lernen, nicht zu ehrgeizig sind und warten, bis man sie ruft. Es reicht doch, daß du selbst ehrgeizig bist, stets nach vorne gedrängelt hast und alles weggeräumt hast, was sich dir in den Weg stellte. Die Verantwortung und Last, die mit einem solchen Weg verbunden ist, ist gar zu groß. Das will man den jungen Leuten von heute gar nicht zumuten.

Champignon-Prinzip und Staatssekretäre

Am Tag nach dem Gespräch herrschte wieder der sehr viel grauere Bonner Alltag. Und hier merkten wir bald, daß in der Fraktion wenig Sympathie für zusätzliche Diskussionsrunden à la *jour fixe* oder gar eine Anhörung einer Parlamentsdebatte der Jungen Gruppe vorhanden war. Die zuständigen Arbeitsgruppen und ihre Chefs wollten sich natürlich von den Neulingen nicht in ihre Bereiche hineinreden lassen. Als wir allzu forsch daran gingen, unsere Ideen vorzutragen, nahm mich ein wohlmeinender älterer Kollege beiseite und sagte: »Laß das lieber. Der Kohl hat euch einen Floh ins Ohr gesetzt, aber du wirst sehen, er wird euch bei der Umsetzung völlig allein lassen. Hier in der Fraktion gilt doch seit langem das Champignon-Prinzip: Wer seinen Kopf rausstreckt, dem wird er abgesäbelt. Konzentriere dich lieber auf die Sacharbeit in den Arbeitsgruppen, nimm deine dir anvertraute Berichterstattung über die Lage an den Bundeswehrhochschulen im Ausschuß ernst und versuche, dich ein bißchen besser auch in die gesellige Gemeinschaft der Fraktion einzugliedern. Warum kommst du nicht öfters in die Parlamentarische Gesellschaft (eine Art »Club« für Abgeordnete) am Abend? Glaub' mir, ich meine es gut mit dir. Wenn du oder deine Kollegen von der Jungen Gruppe hier was werden wollen, dann müßt ihr euch eingliedern, in den Arbeits- und Landesgruppen eure Arbeit verrichten und warten, bis ihr dran seit. Hört' erst mal zu, lernt etwas, und dann sehen wir weiter.«

Helmut Kohl hatte es zugelassen, daß dieses Denken in Partei und Fraktion absolut beherrschend war. Bis zu einem gewissen Grad ist es ja auch verständlich: Da sind über dreihundert Kollegen einer Fraktion zusammen, und natürlich müssen sich die »Neuen« dort erst einmal eingliedern. Das verlangt auch ein Großunternehmen, eine Kirchengemeinde, ein Sportverein. Aber nach fast zehnjähriger Kanzlerschaft Kohls war dieses System perfektioniert: Am Montag einer Sitzungswoche tagt zunächst der Geschäftsführende Fraktionsvorstand, dann der Fraktionsvorstand. Dem gehören bereits 48 Mitglieder an, dazu die Vorsitzenden der jeweiligen Landesgruppen. Hier berichten Fraktionsvorsitzender sowie Kanzler und Minister (wenn man regiert) über die Vorhaben, die in der anstehenden Woche im Bundestag zu behandeln sind. Eine Linie wird vereinbart, die dann in der Gesamtfraktion durchgesetzt werden soll.

Jeden Montagabend treffen sich die Landesgruppen zu getrennten Sitzungen, in denen über den Fraktionsvorstand berichtet wird. Am Dienstagmorgen tagen die zahlreichen Arbeitsgruppen der Fraktion zu den unterschiedlichen Sachgebieten. Auch hier wird von den Arbeitsgruppensprechern zunächst über die Fraktionsvorstandssitzung des Vortages vorgetragen. Die Reaktionen und Kommentare der Abgeordneten aus den Landes- und Arbeitsgruppen werden dann am Mittag von den Sprechern dem Fraktionsvorsitzenden mitgeteilt. Dort berät man auch, wie mit eventuell aufgekommenen Widerständen gegen ein bestimmtes Vorhaben umgegangen wird. Um 15 Uhr ist Fraktionssitzung, und bis dahin muß in der Regel alles klar sein. Mögliche Abweichler werden noch einmal angerufen, die Landesgruppenchefs werden gebeten, mit einzelnen Kritikern zu sprechen, eventuell Kompromisse anzubieten, damit nur keine kontroverse Debatte aufkommt, die man einen Tag später sowieso in der *F.A.Z.* wiederfindet.

Wenn schließlich die Fraktion zusammentritt, ist in der Regel alles festgezurrt. Nur in sehr seltenen Fällen ist es einzelnen couragierten Abgeordneten gelungen, durch einen beherzten Redebeitrag vorherige Absprachen zu kippen. Meistens bleibt für wirkliche Debatten auch keine Zeit, da die Berichte am Anfang soviel Zeit in Anspruch nehmen, daß kaum noch Raum für eine echte Auseinandersetzung bleibt. Wenn es dann spät geworden ist, riskiert man mit einer Wortmeldung, den Unmut aller auf sich zu ziehen, die sich bereits auf den nächsten Termin vorbereiten.

Damit kein Zweifel aufkommt: Politische Führung muß sein, auch die Festlegung einer Linie durch den Fraktionsvorstand und sogar die Ausübung von sanftem Druck auf potentielle Kritiker durch Arbeitsgruppen- oder Landeschefs. Ohne solche Vorbereitung kann man keine Politik betreiben, zumal die Bürger ja auch Handlungsfähigkeit und Einigkeit innerhalb der Parteien erwarten. Die Frage ist nur, ob im Laufe der Jahre die CDU/CSU dabei zu weit gegangen ist. Wo konnte man wirklich noch über Politik debattieren? Waren eigene Gedanken und Ideen überhaupt willkommen? Oder war eine Mentalität entstanden: Der Kanzler weiß schon, was er tut, und am besten nützen wir der gemeinsamen Sache, wenn wir nicht zu viele Fragen stellen, den Gang der Dinge nicht aufhalten, sondern unsere Energien vielmehr darauf konzentrieren, »draußen im Lande« das Loblied der Regierung Kohl zu singen? Waren wir noch kritische Abgeordnete? Kontrollierten wir die Regierung? Oder waren wir alle zu kleinen Pressesprechern des Kanzlers und seiner Politik verkommen?

Nun wäre es ohne Zweifel unfair, diese Entwicklung ausschließlich Helmut Kohl anzulasten. Hatte er uns Junge nicht ausdrücklich ermutigt, eigene Wege zu gehen, einen *jour fixe* und *hearings* durchzusetzen? Waren wir zu feige, weil wir alle vorankommen wollten und Widerstände gegen zuviel Eigeninitiative verspürten? Ich habe es zunächst immer wieder versucht, mich gegen dieses System aufzulehnen – so bei der Diskussion um den § 218, als ich mich mit einer Handvoll Unionsabgeordneter an einem überparteilichen Gruppenantrag beteiligte, oder in der Asyldebatte, als ich mich mit zwei Kollegen (Heiner Geißler und Edita Limbach) gegen den Entwurf von Innenminister Rudi Seiters stellte, das Grundrecht auf Asyl durch eine »Institutionelle Garantie« zu ändern. Aber solche Alleingänge sind mir schlecht bekommen. Nach kurzer Zeit kommt man in den Ruf des Nörglers und desjenigen, der sich selbst wichtiger nimmt als die Partei. Und dann sieht man, daß um einen herum die Kollegen, mit denen man 1990 hier angekommen ist, plötzlich Positionen erlangen: Parlamentarische Geschäftsführerin (Brigitte Baumeister), Parlamentarische Staatssekretärin (Cornelia Yzer) oder gar Ministerin (Claudia Nolte). Macht man also etwas falsch? Mit der Zeit nimmt die Kraft zum eigenständigen Denken etwas ab.

Der Fraktionsvorsitzende Wolfgang Schäuble hat die Erstarrung des Systems und die daraus resultierenden Nachteile ohne jeden Zweifel gespürt. Als ich nach einer Kontroverse in der Fraktion ziemlich enttäuscht war, rief er, kurz vor Weihnachten des Jahres 1993, bei mir zu Hause an. Er wolle mir sagen, daß ich mir mein eigenes Urteil, meinen Schwung und Mut nicht nehmen lassen dürfe. Er würde sich jedenfalls darüber freuen. Andererseits aber müsse ich aufpassen, daß ich die Duldungsfähigkeit der Fraktion nicht überfordere und mich nicht zu sehr in eine Außenseiterposition begebe. Ich habe diesen Anruf als eine echte Ermutigung empfunden.

Aber solange Kohl Kanzler war, ließ er sich das Heft von niemand aus der Hand nehmen. Wolfgang Schäuble bemühte sich, die Fraktion zu einem echten Gegengewicht zur Regierung zu machen. Hin und wieder kam es sogar zu wirklich guten Sachdebatten in der Fraktion. Aber Kohl und seine Leute waren stärker. Da es das Ziel von fast jedem Abgeordneten ist, irgendwann auch einmal mitzuregieren, war die Loyalität zu Kohl im Zweifel wichtiger als die zu Schäuble. Abgeordnete, die Wolfgang Schäuble für wichtige Positionen vorschlug, wurden schon bald in Wahrheit zu Kohlianern, zumal Kohl die beschriebenen Techniken immer wieder erfolgreich anwandte, Leute an sich zu binden: Einladungen zu Abenden in den Kanzlerbungalow oder zu Begleitung auf Reisen – Schnuppern an der Macht.

In den Jahren seiner Kanzlerschaft hat Kohl die Zahl der Parlamentarischen Staatssekretäre von 20 (1982) auf 33 (1992) erhöht und dann – unter dem Druck einer kritischen Öffentlichkeit – allmählich wieder auf 27 gesenkt. Diese Position war sozusagen die Wurst, die er uns ständig vor die Nase hielt. Wer freundlich und loyal war und darüber hinaus in seinem Bezirks- oder Landesverband eine wichtige Position innehatte, der konnte sicher sein, früher oder später den Titel Staatssekretär, seinen eigenen Fahrer und Persönlichen Referenten zu erhalten. Auch wenn die meisten »Parlamentarischen« in den Ministerien keine entscheidende Rolle spielen, so war es doch ein schönes Ziel und für nicht wenige die letzte Verwendung vor dem Ausscheiden aus dem Bundestag – eine in den meisten Fällen durchaus verdiente Abrundung eines politischen Lebens.

Das Problem war, daß unabhängige und eigenständige Abgeordnete, die ab und zu eine kantige Position zum Ausdruck gebracht hatten, kaum eine Chance hatten, einen Staatssekretärsposten zu ergattern. Der Wohnungsbauexperte Dietmar Kansy etwa, ein Abgeordneter aus meinem Nachbarwahlkreis, in der

31. August 1998: Wahlkampf-Auftritt in Hannover. Helmut Kohl, der niedersächsische CDU-Landesvorsitzende Christian Wulff (Mitte) und Friedbert Pflüger.

ganzen Fraktion als Fachmann anerkannt, erlaubte sich von Zeit zu Zeit kritische Nachfragen in der Fraktion oder ein zu lautes Wort in der Parlamentarischen Gesellschaft. Auch wenn Kohl gar nicht unbedingt dabei war – es wurde ihm berichtet. Und so wurde Kansy eben kein Staatssekretär. So ist es nicht wenigen Kollegen gegangen. Das wäre ja gar kein Weltuntergang, wären nicht so viele der gleichaltrigen und vielfach weniger qualifizierten Mitstreiter auf diese Position gekommen. Und daheim im Freundeskreis und in der Familie wird natürlich gefragt: »Wann wirst du das denn endlich mal?«

So wurde die Position des Parlamentarischen Staatssekretärs, die ursprünglich einmal als eine Art Talentschmiede für spätere Minister geschaffen worden war, zu einem Disziplinierungsmittel. Es gab kaum eine Sitzung, nicht einmal eine abendliche Runde, in der nicht wenigstens einer der engeren Kohl-Mitarbeiter, ein Minister oder Parlamentarischer Staatssekretär dabei war. Wenn wir Jüngeren uns einmal im Monat im Keller des Bonner Restaurants »Sassella« mit Abgeordneten der Grünen zum zwanglosen Beisammensein (»Pizza-Connection«) trafen, konnte man sicher sein, daß einer von Kohls Vertrauten oben im Restaurant saß und genau registrierte, wer sich da mit dem »politischen Gegner« einließ. Wohin man auch ging, »Big Chancellor was watching you«.

So konnte Kohl in jeden Winkel der Fraktion hinein seine Macht transportieren, umgekehrt Informationen aufnehmen und mögliche Widerstände im Keim ersticken. In einer solchen Struktur werden diejenigen, die an Sachthemen und Sachdebatten interessiert sind, entmutigt. Sie lernen, daß es immer am besten ist, gar keine Meinung zu haben, jedenfalls bis zu dem Moment, in dem Helmut Kohl sich entscheidet. Und das kann bekanntlich lange dauern.

Umgekehrt gedeihen in einem solchen Klima üble Nachrede und Intrige. In der Umgebung Kohls war zum Beispiel gut bekannt, daß er mich nicht besonders schätzte und mich für einen potentiellen Unruheherd hielt. Also konnte man sich blendend bei ihm einschmeicheln, wenn man genau dieses Vorurteil bestätigte und als nützlicher Informant der gemeinsamen Sache half. Einmal hatte ich in kleiner Runde im Bundestagsrestaurant eine Wahlkampfrede Kohls im hannoverschen Kommunalwahlkampf sehr gelobt, die ganze Veranstaltung sei ein großer Erfolg gewesen. Allerdings hatte ich dann hinzugefügt, daß meiner Überzeugung nach die Rede etwa eine halbe Stunde zu lang gewesen sei und die Leute am Schluß nicht mehr genau hingehört hätten. Wenige Tage später rief mich einer der engsten Mitarbeiter Helmut Kohls, Michael Roik, an und beschimpfte mich: »Da kommt der Helmut Kohl trotz all der Anstrengungen der letzten Wochen in deinen Wahlkreis, und dann redest du noch schlecht darüber.« Ich versicherte Roik, den ich aus RCDS-Tagen gut kannte und stets schätzte, daß ich dankbar für Kohls Auftritt sei und mir lediglich eine kleine Randbemerkung hinsichtlich der Redelänge erlaubt hätte. Aber wer glaubt das schon? Die Intrige hatte gesessen. Aber: Ich hab's überlebt!

Wie lauten diesmal die Lehrsätze?

12 Wenn du Bundeskanzler bist, dann verzichte nicht auf die Führung von Partei und Fraktion. Lasse keine eigenen Machtzentren zu. Hast du einen zu selbständigen Generalsekretär (Heiner Geißler), so ersetze ihn durch einen Getreuen. Sorge dafür, daß der Fraktionsvorsitzende von Geschäftsführern, Landes- und Arbeitsgruppenchefs umgeben ist, die im Konfliktfall mehr dir als ihm untergeben sind. Lasse sie oft nahe an dich heran, lasse sie an der Macht »schnuppern«, (meistens) werden sie sich dir dankbar erweisen. Zeige ferner dem Fraktionsvorsitzenden ab und zu die Grenzen seiner Macht, vor allem aber sorge dafür, daß du über deine Mitarbeiter und Freunde über jeden Plan der Fraktion sofort informiert bist. Wenn in einer Arbeitsgruppe ein Plan entsteht, der deiner Linie entgegensteht, so reicht meist ein Anruf beim Arbeitsgruppenchef (der beim nächsten Mal ja gerne Minister werden will), und die Sache ist erledigt.

13 Vermittle stets das Gefühl, daß du eigentlich alles erfährst, was über dich geredet wird. Schaffe ein System, mit dem du Loyalisten belohnen und Kritiker bestrafen kannst. Dazu eignet sich der Posten des Parlamentarischen Staatssekretärs, den jeder halbwegs begabte Politiker durch unauffällige Arbeit und Treue greifbar nahe hat. Mit dem Netz der »PSts« hast du ferner eine gute Chance, neben der Fraktion auch in die Partei hineinzuregieren. Dies gilt vor allem dann, wenn du bei der Ernennung darauf geachtet hast, daß möglichst viele von ihnen stellvertretende Landesvorsitzende, Bezirksvorsitzende oder sonstige Funktionsträger der Parteiuntergliederungen sind. Dann erfährst du über sie auch aus diesen Bereichen alle wichtigen Neuigkeiten.

Kontroverse mit Kohl wegen Heitmann

Mein Verhältnis zum Kanzler und Parteivorsitzenden war und blieb gespannt. In der Bonn/Berlin-Debatte des Bundestages am 20. Juni 1991 wollte es der Zufall, daß ich als Bonn-Befürworter unmittelbar nach dem Berlin-Votum Kohls sprach. Meine Jungfernrede im Parlament in direkter Antwort zum Kanzler! Sie begann wie folgt: »Der Bundeskanzler hat mit seiner Bemerkung völlig recht gehabt: Ohne Berlin wäre die Vereinigung nicht möglich gewesen. Aber ich glaube, man muß hinzufügen: Ohne die von Bonn ausgehende West- und Ostpolitik Adenauers, Brandts und Kohls wäre sie ebenfalls nicht möglich gewesen.«

Es gibt Beifall von allen Seiten, aber Helmut Kohl ist sichtlich *not amused* über diese Eröffnung. Er schüttelt leicht den Kopf, zieht böse die Brauen herunter. Was für ein neunmalkluges Bürschchen! Immer wieder konnte man beobachten, wie Kohl mit seiner Mimik Debatten beeinflußte und seiner Gefolgschaft Sympathie oder Antipathie gegenüber Menschen oder Sachpositionen signalisierte. Zumeist war es so, daß ein Redner in einer Fraktionssitzung, der sich einen unwilligen Blick des Kanzlers zuzog, sein Spiel schon verloren hatte. Und umgekehrt. Einmal sagte ich in einer Fraktionssitzung etwas über die Bundeswehr, was der Kanzler ausnahmsweise einmal mit sichtlichem Wohlwollen quittierte. Schon wurde ich von allen Seiten beglückwünscht: »Gut gebrüllt, Löwe!« – Will sagen: »Wir haben doch noch etwas Hoffnung, daß aus dir mal was wird.«

Im Laufe des Sommers 1993 ließ Kohl durchsickern, daß er den sächsischen Justizminister Steffen Heitmann zum Präsidentschaftskandidaten der Union erkoren hatte. Kein Gremium der Union war gefragt worden. Am 9. September erklärte Heitmann seine Bereitschaft zur Kandidatur. Auf dem Bundesparteitag der CDU in Berlin am 13. September saß dann plötzlich Herr Heitmann oben auf dem Präsidiumstisch neben Kohl und wurde zum Kandidaten ausgerufen. Dem Parteitag blieb nichts anderes übrig, als den Vorschlag des Bundeskanzlers per Akklamation zu bestätigen. Vor laufenden Kameras gibt es, das wissen alle und vor allem Kohl, gar keine Chance, einen Widerstand mit Aussicht auf Erfolg zu organisieren.

Ich fand das Verfahren unter Gesichtspunkten der innerparteilichen Demokratie unerträglich. Außerdem hatte ich nach verschiedenen Äußerungen Heitmanns gegenüber den Medien auch Zweifel hinsichtlich seiner politischen Linie, die mir arg rechtslastig zu sein schien. Da ich aber eigentlich den Vorsatz gefaßt hatte, in nächster Zeit öffentliche Kontroversen mit der Parteiführung zu vermeiden und außerdem gegenüber Steffen Heitmann, den ich nicht kannte, fair sein wollte, entschloß ich mich, meine Bedenken intern zu formulieren. Einen Tag nach Heitmanns Bereitschaftserklärung, drei Tage vor dem Parteitagsauftritt, schrieb ich Helmut Kohl unter dem 10. September 1993 den folgenden Brief:

Sehr geehrter Herr Vorsitzender,

im nächsten Jahr steht die Wahl des Bundespräsidenten an... Dem allgemeinen Pressebild... entnehme ich, daß Herr Heitmann der Favorit der CDU-Führung ist. Ich kenne Herrn Heitmann nicht und kann deshalb kein eigenes Urteil über ihn haben. Nach dem, was ich in verschiedenen Zeitungen über ihn gelesen habe, kann ich mir allerdings nur schwer vorstellen, ihn zu wählen. Ich hatte die ganze Woche über Presseanfragen zu diesem Thema, habe aber alle entsprechenden Wünsche abschlägig beschieden. Ich räume jedoch ein, daß mir das sehr schwergefallen ist. Einerseits finde ich schon, daß man als Mitglied des Bundestages und der Bundesversammlung vor einer solch wichtigen Festlegung eine Gelegenheit hätte haben sollen, den Kandidaten einmal kennenzulernen. Zum anderen irritieren mich mehrere Zitate zu Themen wie Ausländer, Europa und Frauen. Eine große Volkspartei wie die Union braucht einen großen Pluralismus, Konservative und Liberale. Auch gestehe ich zu, daß jemand aus der ehemaligen DDR zunächst einmal ein etwas anderes politisches Koordinatensystem hat. Aber hier geht es nicht um die Wahl eines neuen Mannes im Unionsteam, sondern um das Staatsoberhaupt der Bundesrepublik Deutschland an der Schwelle zum 21. Jahrhundert. Teilt Herr Heitmann zum Beispiel die Auffassungen, die Sie zu Europa so klar und deutlich einnehmen? Fällt er nicht in der Frauenfrage weit hinter das zurück, was unsere Partei schon Mitte der 80er Jahre beschlossen hat?

Ich möchte Herrn Heitmann nicht Unrecht tun. Vielleicht ist er ja wirklich nur Opfer einer neuen Medienkampagne. Ich habe gelernt, wie schnell ein bestimmtes Image von Personen aufgebaut wird. Und dennoch finde ich, daß wir im eigenen Interesse nachfragen müssen – zumal es um eine fünfjährige Präsidentschaft geht und nicht um einen einmaligen öffentlichkeitswirksamen Nominierungsakt. Ich weiß, daß andere Kollegen das ähnlich sehen. Anstatt aber nur im Untergrund zu meckern, halte ich es für wichtig, Ihnen diese Bedenken vorzutragen.

Mit besten Grüßen
Ihr Friedbert Pflüger

Ich erhalte keine Antwort. War es wirklich zuviel verlangt, Herrn Heitmann in die CDU/CSU-Bundestagsfraktion einzuladen? Statt dessen gibt dieser weitere Interviews, die im In- und Ausland erhebliche Irritationen hervorrufen. Ein Treffen Heitmanns mit dem Chef des Zentralrates der Juden, Ignatz Bubis, verläuft ergebnislos. Aber Kohl ist entschlossen, aller Kritik zum Trotz an seiner Entscheidung festzuhalten. Er weiß, daß es auch in der Union kritische Stimmen gibt, nicht zuletzt in der CSU, die bereits Roman Herzog ins Gespräch gebracht hatte. Kohl jedoch zwingt einen nach dem anderen in die Solidarität. So kurz vor der Bundestagswahl könnten wir uns eine innerparteiliche Kontroverse nicht leisten. Wer jetzt nicht mitziehe, stelle sich nicht nur gegen Heitmann, sondern vor allem auch gegen ihn. Für den Kanzler wird es in diesen Tagen zur Prestigefrage, ob er es schafft, Heitmann durchzusetzen. Kollegen erzählen mir, daß er jedes Mal laut wird, wenn er nur den geringsten Einwand hört.

Ich selbst bin jeden Tag hin- und hergerissen. Meine Ablehnung des Kandidaten wächst, aber ich habe Angst, mich mit einer Kritik in eine Außenseiterrolle zu begeben. Außerdem findet schon in wenigen Tagen die Nominierung des hannoverschen Bundestagskandidaten für 1994 und in wenigen Wochen die Aufstellung der Landesliste statt. Setze ich meine Karriere aufs Spiel? Hat es überhaupt Sinn, noch einen Aufstand zu proben, obwohl der Kanzler offenbar wild entschlossen ist, seinen Mann durchzupauken? Würde man mit einer öffentlichen Stellungnahme nicht zum Kämpfer gegen Windmühlen, ein Don Quichotte der CDU? Ich bin unzufrieden mit mir, schlafe schlecht und überlege ständig, was man tun kann. Am Samstag, dem 18. September 1993, lese ich ein neues Interview von Steffen Heitmann in der *Süddeutschen Zeitung*.

Heitmann erklärt, daß wir die Geschichte des Nationalsozialismus nicht dauernd als »Monstranz« vor uns her tragen dürften, auch beim Thema Holocaust gelte es, »Tabus« aufzubrechen. Die Nazizeit dürfe keine »Dauerhypothek« sein, vielmehr sei mit der deutschen Einheit der Zeitpunkt gekommen, dieses Ereignis endlich »einzuordnen«. Er ist überzeugt, daß der organisierte Tod von Millionen Juden in Gaskammern tatsächlich einmalig war – so wie es historisch viele einmalige Vorgänge gibt. Wiederholung gibt es in der Geschichte ohnehin nicht. Damit banalisierte er die Geschichte der Shoah. Wenn jedes Ereignis als einmalig bezeichnet wird, so wird die Aussage von der Einmaligkeit des Völkermordes an den Juden wertlos. Die Thesen Ernst Noltes aus dem Historikerstreit hatten fast die Villa Hammerschmidt erreicht. Nun reichte es, nun mußte ich mich äußern!

In der *Zeit* vom 7. Oktober 1993 veröffentlichte ich wenig

später einen ganzseitigen Artikel: »Der falsche Mann, das falsche Signal« mit einer entschiedenen Kritik an Heitmanns bisher geäußerten sachlichen Positionen. Das Stück begann mit den Sätzen: »Helmut Kohl soll Kanzler bleiben. Steffen Heitmann darf nicht Präsident werden.«

In Sachen Europa, Frauen, Ausländer und NS-Geschichte versuchte ich den Nachweis zu erbringen, daß Heitmann völlig andere Positionen als der Kanzler vertrat. Diesen allerdings beruhigte dieser Ansatz wenig. CDU-Generalsekretär Peter Hintze hatte noch versucht, meinen Artikel als »Einzelmeinung« zu verharmlosen. Kohl aber entschloß sich zur totalen Gegenwehr. Auf dem CSU-Parteitag in München am 9. Oktober nannte er meine Kritik an Heitmann »armselig«, sie diene offenbar der Selbstprofilierung. CSU-Generalsekretär Erwin Huber fand meinen Artikel (hatte er ihn wirklich gelesen?) »schäbig« und »unsäglich«. Überall, auch in meinem CDU-Kreis- und -Landesverband, hagelte es massive Kritik: Ich hätte mich als ernstzunehmender Politiker diskreditiert, und man müsse nun überprüfen, ob ich wieder auf der Landesliste für die kommenden Bundestagswahlen abgesichert werden könne. Hinzu kommt der in der Union fast tödliche Vorwurf, daß die Ablehnung der Kandidatur des Ostdeutschen Heitmanns ohnehin auf mein fragwürdiges Verhältnis zur deutschen Einheit zurückzuführen sei.

Das Ziel solch massiver Angriffe ist klar: Der Abweichler muß diskreditiert, als unbedeutende, profilierungssüchtige Einzelfigur dargestellt und so eingeschüchtert werden, daß er sich nicht noch einmal äußert. Besonders schwer ist in solchen Situationen die Abkehr der Kollegen, die man ja schätzt oder mit denen man sogar befreundet ist. »Tief enttäuscht« wenden sich die meisten ab. Abends in der Landesgruppe mag keiner mehr neben einem sitzen, man fühlt sich wie ein Aussätziger. Jede Zusammenkunft, jede Sitzung entwickelt sich zum Spießrutenlaufen, in dem einer nach dem anderen über einen herfällt, einem niedere Motive unterstellt oder einfach offen ausspricht, daß man ein »Kameradenschwein« sei. Man fühlt sich auf einmal sehr einsam. Hat man es nötig, sich nach 23jähriger Mitgliedschaft in der CDU als Verräter beschimpfen zu lassen?

Um so mehr freut man sich dann, wenn sich Mitstreiter finden: Heiner Geißler bekundet vom Krankenbett nach seinem Drachenflug-Unfall als erster seine Unterstützung, die Präsidentin des Bundestages, Rita Süssmuth, der Vorsitzende des Rechtsausschusses des Bundestages, Horst Eylmann, und einige andere Abgeordnete folgen. In meiner Kreispartei kommt es neben harter Kritik auch zu Solidarisierungen: Der hannoversche Bürgermeister Wolfgang Scheel äußert sich uneingeschränkt positiv, mein Kreisvorsitzender Ulrich Reymann verteidigt mein Recht auf eine eigene Meinung. Der Vorsitzende des mächtigen CDU-Bezirks Hannover, Jürgen Gansäuer, und der CDU-Landesvorsitzende Christian Wulff wehren sich gegen eine »Abstrafung« auf der Landesliste. Vor allem aus der Bevölkerung und in den Medien gibt es viel Zustimmung.

Nun endlich wird Steffen Heitmann in die Fraktion eingeladen. Aber das Ziel der Sitzung ist offenkundig nicht mehr das Kennenlernen des Kandidaten, sondern eine Demonstration der Geschlossenheit und der empörten Ablehnung der Kritiker. Die Fraktionssitzung am 19. Oktober 1993 wird zu einem Tribunal. Ein Redner nach dem anderen fällt über die Abweichler her, die ausgebuht werden. Nur wenige versuchen Brücken zu schlagen – so der konservative Abgeordnete Peter Kurt Würzbach, der sich zwar gegen Form und Inhalt meiner Kritik verwahrt, in der ziemlich aufgeheizten Atmosphäre aber doch immerhin den Mut hat, nach den Gründen für meine öffentliche Kritik zu fragen. Wenn man im Vorfeld so wichtiger Entscheidungen den Abgeordneten keinerlei Mitwirkungsmöglichkeiten gewähre, müsse man eben damit rechnen, daß einzelne mit ihrer Meinung in die Öffentlichkeit gingen. Eine beachtliche Minderheit in der Fraktion spendet Beifall.

Dann kommt es zu einer für mich schwierigen Situation. Winfried Pinger, ein von mir sehr geschätzter Kollege aus Köln, beginnt seinen Redebeitrag sehr verbindlich: Er habe Verständnis für eine abweichende Haltung, auch noch dafür, sie angesichts geringer innerparteilicher Einflußmöglichkeiten öffentlich zu artikulieren. Was er aber für unakzeptabel halte, sei meine verletzende Sprache. So hätte ich erklärt, daß die Villa Hammerschmidt kein Trainingslager für Flügelstürmer von Dynamo

Dresden sei. Ob mir bewußt sei, daß Dynamo Dresden der frühere Stasi-Club in der Sachsen-Metropole gewesen sei und ich Heitmann damit diskreditieren würde. Wenn ich mich von dieser Formulierung und einigen anderen Zuspitzungen distanziere, so könne die Fraktion anschließend wieder mit mir leben.

Jeder schaut jetzt zu mir hin. Ich stehe auf, gehe ans Mikrofon und überlege meine Reaktion. Ich hatte wirklich gar nicht auf eine Stasi-Verbindung Heitmanns abheben wollen, dessen Lebenslauf ich durchaus honorig fand. Mir lag lediglich an einem Bild zur Verdeutlichung, daß ein guter Politiker in der Provinz nicht gleich Staatsoberhaupt werden müsse und daß man bereits ein »fertiger« Politiker sein muß, bevor man für das Präsidentenamt kandidiert.

Ich entschließe mich, genau das auch zu sagen und betone noch einmal, daß mir eine persönliche Diffamierung von Herrn Heitmann fern läge und sie dem ganzen Ton und Duktus meines Artikels nach auch schwerlich unterstellt werden könne. Im übrigen danke ich Winfried Pinger für seinen wohl gutgemeinten Vermittlungsversuch, lehne ihn jedoch expressis verbis ab. In solchen Situationen darf man nicht umfallen. Dennoch gibt es erneute Buh-Rufe und am Ende der Sitzung massive Schelte. Aber es kommt auch der eine oder andere Kollege an meinem Platz vorbei und signalisiert mir flüsternd seine Sympathie. Flüsternd! Auch das gehört leider zum System Kohl.

Am Tag vor dieser Sitzung stand bereits eine Replik von mir auf meine Kritiker im *Spiegel:*

> »Die Bundestagsfraktion der CDU/CSU wurde vor der Proklamation des Kandidaten Heitmann nicht gehört. Durch solche unakzeptablen Verfahren innerparteilicher Demokratie stärken wir Parteienverdrossenheit. Unsere jeweils nach Wahlniederlagen erhobenen Forderungen nach mehr Bürgerbeteiligung, Urwahlen von Kandidaten und Öffnung der Partei werden unglaubwürdig, wenn die Partei auf Bundesebene ihre entscheidenden Weichenstellungen auf diese Weise vornimmt. Ist Loyalität das gleiche wie Gehorsam? Nein. Zur Loyalität gehört auch der Mut zum Widerspruch – dann nämlich, wenn die eigene Partei dabei

ist, einen großen Fehler zu begehen. Nach meiner festen Überzeugung ist die Nominierung Steffen Heitmanns parteitaktisch, koalitionspolitisch und staatspolitisch falsch gedacht... Es ist keine Werbung für unsere Parteien, wenn man nur die eine Hand zur Zustimmung heben darf und sich mit der anderen den Mund verschließen muß. Wir sollten darauf achten, daß Querdenker nicht zu Querulanten, Unabhängige nicht zu Verrätern und Profilierte nicht zu Profilsüchtigen gestempelt werden. Helmut Kohl hat viel für unser Land getan. Die deutsche Einheit und der europäische Einigungsprozeß tragen seine Handschrift. Aber ich muß nicht immer die Hacken zusammenschlagen, wenn er vorbeikommt. Es muß möglich sein, ihm zu widersprechen, ohne gleich als Putschist in der Ecke zu stehen.«

Trotz der Eintracht, die die Union in der Fraktionssitzung demonstriert hatte, geht die öffentliche Kritik an Heitmann weiter. Immer mehr wird deutlich, daß Heitmann auch gar keine Chance hat, in der Bundesversammlung eine Mehrheit zu erhalten. Die F.D.P. jedenfalls bleibt felsenfest bei ihrer bereits im September bekundeten Ablehnung. Wollen CDU und CSU den Fehler wiederholen, der 1969 zur Wahl Gustav Heinemanns durch SPD und F.D.P. führte? Damals hatte die Union statt des liberalen und von der F.D.P. unterstützten Richard von Weizsäcker den früheren Außenminister Gerhard Schröder aufgeboten und damit die Liberalen geradezu in die Arme der Sozialdemokraten getrieben: »ein Stück Machtwechsel« hieß es damals.

Heiner Geißler zum Beispiel ist bis heute überzeugt, daß die Union mit Steffen Heitmann in der Bundesversammlung keine Mehrheit gefunden und die F.D.P. schließlich mit der SPD für Johannes Rau gestimmt hätte. In diesem Sinne äußerte sich der F.D.P.-Vorsitzende, Außenminister Klaus Kinkel, im Flensburger Tageblatt am 17. September 1993 drohend: »Die Union bestimmt nicht alleine, wer Bundespräsident in Deutschland wird.« Mit Steffen Heitmann als gescheitertem Kandidat hätte die Union wahrscheinlich schon 1994 die Regierungsverantwortung verloren, wahrscheinlich an eine Koalition aus SPD/F.D.P.

Ich habe in den zehn Jahren im Bundestag ohne Zweifel Fehler gemacht. Ich habe an zu vielen Fronten gleichzeitig gekämpft, wollte manchmal einfach zuviel. Darüber habe ich in Heidelinde Koelbls Buch »Spuren der Macht« das eine oder andere ausgeführt. Aber meine Kritik an Steffen Heitmann finde ich bis heute in Inhalt und Form richtig und notwendig. Dabei habe ich weder damals noch heute den geringsten Zweifel daran, daß der sächsische Justizminister ein guter Landesminister ist. Es ging mir zu keinem Zeitpunkt um eine persönliche Kritik. Herr Heitmann hat auch ausdrücklich anerkannt, daß ich mich zumindest um »Sachlichkeit bemüht« hätte.

Am 25. November 1993 zieht Steffen Heitmann seine Kandidatur zurück. Helmut Kohl hat verloren!

Was zeigt diese Episode über das System Kohl?

14 Fürchtest du bei einer größeren Entscheidung Widerspruch und Kontroverse, so bereite sie, wenn es geht, in der Sommerpause vor. Lanciere in den Medien deine Idee, dann gibt es weder einen Bundes- noch einen Fraktionsvorstand, der dir in dieser Zeit unbequeme Fragen stellt. Die meisten *player* sind irgendwo im Urlaub, und so kannst du ziemlich sicher sein, daß keiner deine Kreise stört. Ist nach einiger Zeit die Kritik ausgeblieben, so kannst du behaupten, daß es einen breiten Konsens gibt. Führe jetzt deine Initiative in einem öffentlichen Gremium vor und unterstreiche die Bedeutung der Einheit der Partei gerade in dieser Frage. Wer wird es wagen, dich und deine Idee vor der Öffentlichkeit in Frage zu stellen? Nachdem auf diese Weise die Entscheidung de facto gefallen ist, lade die Vorstände und die Fraktion ein, damit sie deine Auffassung demokratisch legitimieren. Sie haben zu diesem Zeitpunkt keine Chance mehr, wirklich etwas zu ändern: Stimmvieh eben.

15 Je schwieriger eine Entscheidung durchsetzbar erscheint, desto mehr mußt du deine totale Entschlossenheit dokumentieren, zum Beispiel dadurch, daß du im kleinen Kreis bereits vorsichtige kritische Nachfragen lautstark abkanzelst. Du zeigst damit, daß du jeden Widerspruch in der Sache als persönlichen Angriff auf dich selbst empfindest, und führst dem potentiellen

Kritiker damit vor Augen, daß er im Falle eines Widerspruchs als persönlicher Gegner gebrandmarkt wird. Entmutige potentielle Querdenker, indem du ihnen frühzeitig klarmachst, daß sie als illoyale Elemente oder bestenfalls als spinnerte Außenseiter hingestellt werden.

16 Wenn sich dann wirklich ein Kritiker hervorwagt, so versuche zunächst, ihn als unbedeutende »Einzelstimme« in der Ecke verhungern zu lassen. Ein armer Teufel, der nichts versteht. Sollte sich aber herausstellen, daß sich einige weitere Elemente mit dieser Person solidarisieren könnten, so muß man aus dem harmlosen Außenseiter einen schäbigen Verschwörer machen. Fahre jetzt das gesamte Diffamierungspotential auf, um mögliche Sympathisanten des Kritikers abzuschrecken: profilgeil, böswillig, armselig, schäbig, egoistisch, verräterisch oder, noch schlimmer: Der war ja immer schon gegen die Wiedervereinigung. Man wird bald merken, daß diese Vorwürfe, so absurd sie sind, geglaubt werden. Menschen in Gruppen lieben Feindbilder und fühlen sich um so wohler, je mehr sie auf jemandem herumhacken können. Mache dir das zunutze, nicht zuletzt auch den Neid, der bei vielen mitschwingt, wenn sie merken, daß der Abweichler große Medienaufmerksamkeit findet.

17 Hat alles das keinen Erfolg, so versuche den Kritiker wieder einzufangen. Du mußt wissen, daß es ihn große Kraft kostet, gegen den Strom zu schwimmen. Biete ihm also eine Möglichkeit an, wieder in die Gemeinschaft der stromabwärts schwimmenden Fische aufgenommen zu werden: Er sei ja eigentlich gar kein schlechter Zeitgenosse, nur müsse er sich ein wenig von diesem und jenem distanzieren, Fehler einräumen und demnächst den Mund halten. Oft wird sich der im Regen stehende Kritiker auf dieses Schutzangebot dankbar einlassen und die scheinbar gesichtswahrende Möglichkeit gerne annehmen. Dann aber hast du der Oppositionsbewegung das Rückgrat gebrochen.

Diesmal, bei Heitmann, hatte Kohl es nicht geschafft!

Versagen gegenüber Stefan Heym

Berlin, Reichstagsplenum, 10. November 1994
Die konstituierende Sitzung des 13. Deutschen Bundestages im Plenum des Reichstagsgebäudes in Berlin soll, einer ungeschriebenen Tradition entsprechend, das älteste Mitglied des Hauses, der sogenannte »Alterspräsident«, mit einer Rede eröffnen. Diesmal ist es der 1913 in Chemnitz geborene Schriftsteller Stefan Heym, der als parteiloser Kandidat für die PDS ein Direktmandat in Berlin erobert hat. Schon vor Beginn der Sitzung hatte es in meiner Fraktion aufgeregte Debatten gegeben, wie sich die CDU/CSU in dieser Situation verhalten solle. Ein Vertreter der SED-Nachfolgepartei PDS als Präsident eines freien Parlaments im Reichstag zu Berlin? Das stößt vielen in meiner Partei übel auf. Einige, nicht zuletzt aus den Reihen der ehemaligen Bürgerrechtler, finden das schier unerträglich. Man solle die Sitzung mit Heym am besten boykottieren. Andere dagegen, wie der frühere DDR-Dissident Pfarrer Rainer Eppelmann, setzen sich dafür ein, den gewählten Vertreter der Tradition entsprechend zu ertragen. Eine Debatte in der Bundestagsfraktion bleibt ohne konkretes Ergebnis.

Ich selbst kann mir auch etwas besseres vorstellen als einen PDS-Mann als ersten Redner im 13. Deutschen Bundestag. Ehrlich gesagt, finde ich ihn nicht besonders sympathisch und seine politischen Kommentare unbedeutend, oft sogar naiv. Aber ich hatte die meisten Bücher Heyms schon früher gelesen und große Hochachtung vor seinem Lebenslauf als jüdischer Naziverfolgter, Emigrant in der Tschechoslowakei und den USA, auf deren Seite er am Zweiten Weltkrieg teilnahm, und dann schließlich als oppositioneller Schriftsteller in der DDR. Ich kannte seine eindrucksvolle Autobiographie »Nachruf«, in dem es über Michail Gorbatschow heißt: »Wie konnte es sein, daß aus diesem Apparat ein Mensch kam, der ihn umzustülpen antritt? Gibt es ihn doch, den Weltgeist, dessen vertracktes Wirken uns alle unmerklich bewegt?«

Schon 1982 hatte ich Heyms Roman »Collin« gelesen, über den die *F.A.Z.* damals schrieb: »In der Tat nimmt Heym in dem neuen Buch nicht die geringsten Rücksichten mehr, weder auf sich selbst, noch auf die Reputation der DDR... Sein Interesse gilt nur noch der Frage, was aus Menschen wird, die sich zwingen ließen, mit der Lüge zu leben.« Am liebsten aber ist mir der »König David Bericht«, ein auf den ersten Blick historischer Roman über die Zustände im Reich Davids, in Wahrheit aber ein Report über Unterdrückung und Unwahrheit in der DDR. Kein Zweifel: ein großer deutscher Schriftsteller. Kein Zweifel auch: ein ungewöhnlich mutiger Mann. Kein Zweifel schließlich: Nazi-Verfolgter, Emigrant, lebenslang ein aufrechter Gang. Durfte man ihm da die Ehre verweigern, nur weil er unverbesserlich an einen »guten Sozialismus« glaubt? Reichte die Kandidatur auf der Liste der PDS aus, um ihn zu verdammen? Ihn, der im DDR-Zwangsstaat mehr Mut bewiesen hatte, als wahrscheinlich die meisten von uns jemals zeigen mußten?

Andererseits war ich ein Jahr nach der Heitmann-Kontroverse und meiner umstrittenen Buchveröffentlichung über die Neue Rechte (»Deutschland driftet. Die Konservative Revolution entdeckt ihre Kinder«) im Frühjahr 1994 nun nicht erpicht darauf, schon wieder einen grundsätzlichen Streit anzufangen. Außerdem wollte ich in der neuen Sitzungsperiode endlich eine echte Aufgabe, eine richtige Funktion in meiner Fraktion. Ich wurde bereits »gehandelt« als möglicher Abrüstungspolitscher Sprecher oder Vorsitzender des Unterausschusses Menschenrechte. Wenn ich jetzt wieder »an die Front« ging, dann würde daraus bestimmt nichts werden. Ich hatte genügend Kontroversen in den vergangenen vier Jahren durchgestanden. Nun sollten mal andere ran. Da keine Entscheidungen getroffen wurden, blieb ich ruhig.

Keine zehn Minuten vor Sitzungsbeginn laufen unsere Parlamentarischen Geschäftsführer plötzlich durch die Reihen und verkünden einen »Kompromiß« zwischen den verschiedenen Positionen. Wir würden nicht unseren »Hardlinern« folgen, die vorgeschlagen hatten, im Moment der Heym-Rede das Plenum zu verlassen. Aber wir würden auch nicht alles einfach »ertragen«. Vielmehr würden wir bei seinem Erscheinen im Plenum demonstrativ sitzenbleiben.

Ich bin mit dieser Entscheidung nicht einverstanden, fühle mich überrumpelt, bin sauer. Aber es bleibt keine Zeit mehr, um die Sache zu diskutieren, Widerspruch und Opposition zu organisieren. Und will ich mich denn wieder aus dem Fenster hängen? Wie gelähmt bleibe ich sitzen, leider auch, als Heym den Saal betritt. Es ist mir zutiefst peinlich, am liebsten möchte ich in meinem Stuhl versinken. Aber jetzt als einziger von fast dreihundert Unionsabgeordneten aufstehen? Wird man mir ernsthafte Motive abnehmen? »Warum hast du sie nicht vorher geäußert, wir hätten doch darüber reden können?«

Wenn ich mich jetzt von meinem Platz erhebe, dann richten sich alle Kameras auf mich, schießt es mir durch den Kopf. Kaum jemand wird sich mit meinen Beweggründen näher auseinandersetzen, sondern mein Tun vielmehr als deutliche Absetzbewegung von meiner Fraktion empfinden. Die Medienleute werden mich mit Interviewwünschen bestürmen, neuer Neid und Mißgunst wären die Folge. Die möglichen Jobs für die neue Periode kann ich mir abschminken, dagegen wieder Spießrutenläufe und ständige Rechtfertigungen. Ich entscheide mich innerhalb weniger Augenblicke sitzenzubleiben, also mitzumachen bei einer völlig unsinnigen und würdelosen Entscheidung, die einem glänzenden alten Schriftsteller die Ehre verweigert.

Natürlich lege ich mir eine innere Rechtfertigung zurecht: Immerhin ist es ein ausgehandelter Kompromiß, das Ausziehen aus dem Saal ist vermieden worden! Haben wir nicht Schlimmeres verhindert? Die Argumentation kommt mir allerdings aus der deutschen Geschichte zu bekannt vor, um mich wirklich beruhigen zu können. Aber ist es so ein PDS-Abgeordneter, ungeachtet all seiner Verdienste, wert, daß ich meine Karriere für ihn aufs Spiel setze? Aber auch dieses Gedankenmuster gab es schon einmal – wenn auch mit ungleich drastischeren Konsequenzen als heute.

Heym übrigens redet recht klug, keineswegs parteiisch. Seine Rede beschämt mich noch mehr, und in den Gesichtern meiner Kollegen lese ich viele Zweifel ob unserer Entscheidung. Dennoch, keiner traut sich. Am Ende der Rede spendet das ganze Haus Beifall, bis auf die CDU/CSU. Lediglich Rita Süssmuth klatscht verhalten mit, und einige Male schlage auch ich meine Hände zusammen, bis ich empörte Blicke meiner Parteifreunde von rechts und links ernte. Selbst die, die meine Bedenken innerlich teilen mögen, rühren keine Hand. Auch wenn unser Verhalten vielleicht falsch war: Jetzt Helm fest zuschnallen und durch!

Ich bin bis heute beschämt über meine damalige Mutlosigkeit. Man kann, ja muß in der Politik Kompromisse eingehen. Wenn man aus jedem Punkt eine Glaubensfrage macht, wird man koalitionsunfähig und damit machtlos. Es ist notwendig, immer wieder einmal über den eigenen Schatten zu springen und sich der Mehrheit zu fügen, auch wenn man anderer Meinung ist. So halten wir es schließlich auch im Lebensalltag. Aber bei grundsätzlichen Fragen wie dieser, da muß man stehen! Wie kann man von Menschen in Diktaturen Mut und Widerstand erwarten, wenn man nicht einmal in der Demokratie dazu in der Lage ist? Wie kann man die Mitläufer in Despotien kritisieren, wenn man schon in einer freiheitlichen Ordnung das gleiche tut?

Der Lehrsatz für das Machtspiel:

18 Bist du sicher, daß es in einer wichtigen Frage unterschiedliche Meinungen gibt, so laß unter Umständen die Entscheidung bis zur letzten Minute offen. Fälle sie in einem kleinen Kreis und teile sie kurz vor dem Votum als wohldurchdachte Kompromißlösung mit. Laß dabei offen, wer an dem Kompromiß mitgewirkt hat. Keiner hat in der verbleibenden Zeit eine Chance, wirklich nachzudenken oder gar Gegenmaßnahmen einzuleiten. Vermittle den Eindruck, als hätten sich honorige Abgeordnete hinter den Kulissen für einen Kompromiß eingesetzt. Niemand wird es wagen, diese fiktiven Kollegen durch Rigorismus zu desavouieren.

Kohl will's noch einmal wissen

Mit dem Beginn des Jahres 1997 setzte auch eine neue Diskussion über die Frage ein, ob Helmut Kohl 1998 bei der Bundestagswahl erneut antreten solle. Das Problem lag darin, daß man von seinem potentiellen Nachfolger, dem CDU/CSU-Fraktionsvorsitzenden Wolfgang Schäuble, ganz unterschiedliche Signale erhielt, ob er überhaupt bereit sei anzutreten. So hatte seine Frau Ingeborg in einem Interview mit dem *Stern* am 6. November 1998 erklärt, daß das, was er jetzt mache, an Mühe, Aufwand, Arbeit und psychischer Belastung reiche. Im übrigen gebe sie zu bedenken, daß es nicht leicht wäre, der Öffentlichkeit das Bild eines Kanzlers im Rollstuhl zu vermitteln. Konnte es sein, daß ein solches Interview ganz ohne das Wissen des Ehemannes geführt worden war?

Ich hatte Schäuble während der letzten Jahre genau beobachtet und schätzen gelernt. Er konnte zuhören, messerscharf analysieren, war im Gegensatz zu Kohl wirklich an der Klärung inhaltlicher Fragen interessiert und stets offen, Neuigkeiten nicht nur über Personen, sondern über Inhalte zu erfahren. Darüber hinaus hielt ich Einwände im Hinblick auf seine körperliche Behinderung für wenig überzeugend. Wer täglich sah, was er als Fraktionsvorsitzender leisten mußte, der konnte sich Schäuble sehr wohl auch als Bundeskanzler vorstellen. Mich irritierte eher die Tatsache, daß er offenbar selbst gar nicht genau wußte, was er wollte. Nach meinem Urteil hätte er irgendwann deutlich und klar aus der Deckung kommen müssen. Vielleicht glaubte er noch immer, daß Kohl von sich aus verzichten und ihn dann aufs Schild heben würde.

Neben dieser Unsicherheit zeigte sich immer mehr, daß die CSU kein Interesse an einem Kanzlerwechsel hatte. Ungeachtet all ihrer Unterschiede waren sich Edmund Stoiber und Theo Waigel in einer Frage einig: Kohl sollte es noch einmal machen. Gab es also überhaupt eine Chance, gegen den Willen Kohls jemand anderen zu etablieren? Wäre nicht jeder Versuch, ihn zu stürzen, von vornherein aussichtslos?

Ich selbst kam immer mehr zu dem Ergebnis, daß wir zumindest bis auf weiteres an Helmut Kohl festhalten müßten. Ausschlaggebend für mich war aber ein anderes Argument: Wir brauchten Kohl zumindest noch bis zum Frühjahr 1998, da entscheidende internationale Weichenstellungen bevorstanden, die nach meinem Eindruck nur mit ihm sicher bewältigt werden konnten: die NATO-Osterweiterung, der EU-Vertrag von Amsterdam und vor allem die Wirtschafts- und Währungsunion.

Bonn, Plenum des Bundestages, 14. März 1997
Ich bitte meine hannoversche Kollegin, die Parlamentarische Staatssekretärin Gertrud Dempwolf, den Bundeskanzler auf der Regierungsbank anzusprechen, ob ich ihn ein paar Minuten sprechen könne. Ich habe eine vertrauliche Personalfrage hinsichtlich der Konrad-Adenauer-Stiftung zu erörtern. Wenig später kommt Kohl, und wir setzen uns auf die hinteren Bänke. Nachdem ich den eigentlichen Punkt mit ihm besprochen habe, füge ich einige persönliche Anmerkungen an: Ganz offen wolle ich ihm sagen, daß ich für 1998 nicht sehr optimistisch sei, vor allen Dingen dann nicht, wenn die SPD Schröder ins Rennen schicke. Dennoch sei ich fest davon überzeugt, daß wir ihn angesichts der bevorstehenden internationalen Entscheidungen noch benötigten. Wenn er jetzt seinen Verzicht erkläre, wer solle dann den Euro in der Schlußphase durchsetzen?

Nach wie vor wird von allen Seiten über die Risiken der einheitlichen Währung gesprochen und über eine Verschiebung des Projektes spekuliert, was nach meiner festen Überzeugung in Wahrheit eine Verabschiedung vom Euro bedeuten würde. Wenn die treibende Kraft für den Euro, der in der Tat mehr als alles andere für eine »Unumkehrbarkeit der europäischen Einigung« steht, plötzlich nicht mehr da ist, dann werden diejenigen Oberhand gewinnen, denen die ganze Idee nicht paßt. Europa bedarf eines Motors, und kein Nachfolger kann in so kurzer Zeit die Autorität entfalten, die notwendig ist, um das Konzept der gemeinsamen Währung in der Endphase vor seinen Gegnern zu schützen. Gerade vor dem Hintergrund unserer Meinungsverschiedenheiten in den letzten Jahren möge er, Kohl, mir bitte glauben, wie ernst es mir sei: »Der Euro ist wichtiger als der Sieg

bei den Bundestagswahlen. Sie dürfen die Brücke erst verlassen, wenn der Amsterdamer Vertrag und die gemeinsame Währung endgültig unter Dach und Fach sind.«

Kohl sieht mich eine Sekunde regungslos an, nickt kurz, steht auf, verabschiedet sich, fügt aber hinzu: »Ich würde mich freuen, wenn unser Verhältnis sich wieder so positiv entwickelt wie früher.« Am 3. April erklärt Kohl in einem ARD-Interview mit Marion von Haaren und Siegmund Gottlieb von seinem Urlaubsort in Bad Hofgastein aus, daß er noch einmal antreten werde. Er wolle es »noch einmal wissen«. Auch wenn den wenigsten bei uns gefällt, daß er diese Entscheidung selbstherrlich aus Österreich verkündet, anstatt zunächst das Gespräch mit Vorstand und Präsidium zu suchen, respektieren doch die meisten von uns – entgegen heutiger Legendenbildungen – diese Entscheidung. Aber auch diejenigen, die damals schon wirklich dagegen waren, mußten einsehen, daß gegen Kohl kein Kraut gewachsen war: Das System seiner langjährigen Unterstützer auf allen Ebenen, die Bewunderung an der Parteibasis, die klare Unterstützung durch die CSU und nicht zuletzt die offenkundige Loyalität des potentiellen Nachfolgers verwiesen jeden Gedanken an einen Aufstand in den Bereich der Illusion. Vor allem aber: Wir brauchten den Alten noch eine Weile...

Unterstützung für den »Motor Europas«: »Der Euro ist wichtiger als der Sieg bei den Bundestagswahlen.«

Nach diesem Gespräch mit Kohl gab es verstärkt Streicheleinheiten. Ich durfte bei einem Gespräch mit dem Vorsitzenden der polnischen Freiheitsunion, Leszek Balcerowicz, dabei sein, auch bei einem Frühstück mit Kohl, bei dem es um die Türkei-Politik der EU ging. Dessen ungeachtet wuchs meine Skepsis hinsichtlich einer Siegchance bei den Wahlen und auch gegenüber der Person Kohl im 15. Amtsjahr. Unbestritten war für mich die historische Leistung, aber seine Art und Weise, mit uns Abgeordneten umzugehen und die Partei zu führen, wurde immer autokratischer. Bei Diskussionsrunden dominierte er durch endlose Monologe, am Schluß ließ er ein, zwei Fragen zu und schwebte dann von hinnen. Spätestens nachdem er Konrad Adenauers Amtszeit überboten hatte, hob er völlig ab.

Die Partei hatte schon lange keine wirklichen inhaltlichen Debatten mehr geführt. Jede Sachfrage war sofort zu einer Frage der persönlichen Loyalität gemacht und deshalb unter den Tisch gekehrt worden. Schwammige Manifeste wurden verabschiedet, die noch schneller in den Schubladen der CDU-Zentrale verschwanden, als sie auf den Schreibtischen der Ministerbüros entstanden waren. Mein Kollege Eckart von Klaeden hat dies in einem Zeitungsartikel zu Recht als eine Entwicklung bezeichnet, »hin zu einer monolithischen Hierarchie, in der sich Fraktion und

Partei verschränkten«. Helmut Kohl, in der Europa- und Außenpolitik von fast unverzichtbarer Größe, war in der Partei zum absoluten Alleinherrscher geworden. Schuld daran aber war freilich nicht er allein, sondern wir alle, die wir es – mehr oder weniger – zugelassen hatten.

Am schlimmsten fand ich persönlich den Moment, als ich am Abend des 15. Oktober 1997, gerade vom Bundesparteitag aus Leipzig heimgekehrt, hörte, daß Kohl nach der Abreise der Delegierten in einem Fernsehinterview Wolfgang Schäuble zu seinem Kronprinzen ernannte. Er wolle bis 2002 im Amt bleiben, sein Nachfolger hieße dann Wolfgang Schäuble. Wenn man davon ausgeht, daß dieser dann ja wohl auch für eine ganze Periode mindestens angetreten wäre, so erlaubte sich Helmut Kohl in diesem Moment – ohne jeden Beschluß eines Parteigremiums –, die gesamte CDU mit 640 000 Mitgliedern für die nächsten neun Jahre in ihrer Personalpolitik festzulegen. Waren wir eine Erbmonarchie geworden? Man war schon froh, daß er nicht auch noch bestimmte, wie lange Schäuble im Amt zu bleiben hätte und daß Roland Koch oder Christian Wulff ihm dann nachzufolgen hätten. Vor allem: Warum hatte er diese Ankündigung dem Parteitag vorenthalten?

Bei genauerem Hinsehen stimmte an der Geste, Wolfgang Schäuble zum Nachfolger zu erheben, gar nichts. Schäuble hatte sich nämlich durch seine ausgezeichnete Arbeit in der Fraktion und durch eine blendende Rede auf dem Parteitag aus eigener Kraft bereits zum eindeutigen Kohl-Nachfolger aufgeschwungen. Seine Rede in Leipzig war um Klassen besser als die von Kohl, zeigte konkrete Wege für die überfällige Innovation in Deutschland und war in sich eine gute Grundlage für ein Regierungsprogramm in der Zukunft. Während die stehenden Ovationen nach der Kohl-Rede dem Pflichtgefühl der Delegierten entsprang, war der Jubel bei Schäuble echt. Schäuble hatte es zu diesem Zeitpunkt gar nicht nötig, von Kohl zu irgend etwas ernannt werden zu müssen. In Wahrheit war die Erhebung zum Kandidaten eine Erniedrigung des Kandidaten. Schade, daß sich Schäuble dieses Vorgehen nicht öffentlich verbat.

Der Lehrsatz:

19 Hast du einen starken Nachfolgekandidaten, der dich in deiner Position unmittelbar bedroht, so mache dich öffentlich zum ersten Förderer von dessen Ambitionen. Du erklärst, daß du dir wünschst, daß er, und nur er, der geeignete Nachfolger sei und daß du das seit langem so gewollt hast. Ferner nennst du ein Datum, an dem du selbst den Rücktritt planst, und hältst dir so den Gegenkandidaten mindestens bis dahin vom Leibe. Wenn der sich nämlich jetzt äußert und dich früher beerben will, dann steht er als ehrgeiziger Drängler dar, der sich demjenigen gegenüber, der ihn doch mit ganzer Kraft fördert, als undankbar erweist.

Putsch gegen Kohl?

Moskau, Bar des Kempinski-Hotels, 12. März 1998

Nach einem anstrengenden Gesprächsprogramm sitzen wir spät abends in der Bar des Hotels Kempinski bei einem »Absacker«. Durch die Fenster blickt man hinaus auf den erleuchteten Kreml, diskrete Pianomusik und der Duft einiger Zigarren erfüllen den Raum. Rechts und links von uns, an den anderen Tischen, sitzen ungewöhnlich attraktive Frauen, wohl in der Hoffnung auf Kunden. Aber wir riskieren nur ab und zu einen flüchtigen Blick, weil wir ein spannendes Thema haben. Mit wem soll die Union 1998 in den Bundestagswahlkampf ziehen?

»Wir« – das sind einige jüngere Außenpolitiker der CDU, die unter Leitung des stellvertretenden CDU/CSU-Fraktionsvorsitzenden Rudi Seiters zu politischen Gesprächen nach Moskau (u. a. mit Außenminister Jewgeni Primakow) gekommen sind. Helmut Kohl hat durch seinen außenpolitischen Berater Joachim Bitterlich dafür gesorgt, daß wir ein hervorragendes Programm haben. Nun sitzen wir an der Bar, haben die Beschäftigung mit russischer Innen- und Wirtschaftspolitik beiseite geschoben und diskutieren, ob Helmut Kohl wirklich der beste Unionskandidat für die Bundestagswahl im September 1998 ist. Wir kennen uns untereinander gut, vertrauen einander, und so kommt tatsächlich eine offene Debatte zustande. Warum findet sie in Moskau statt? Liegt es daran, daß man hier freier atmen kann? Kein Kohl-Spion am Nebentisch?

Wir diskutieren die unterschiedlichsten Modelle. Die eindeutige Mehrheit, fast alle, sind für Wolfgang Schäuble als Kanzlerkandidat. Der eine oder andere gibt zu bedenken, ob es nicht jetzt bereits für einen Wechsel zu spät sei. Und ob Wolfgang Schäuble denn wirklich wolle. Außerdem gibt es für die Etablierung eines neuen Kandidaten verschiedene Vorstellungen, die wir ausführlich erörtern. Nach einem Konzept soll Kohl bis zur Wahl Kanzler bleiben und Schäuble als Kandidat der Union für die Zeit danach auftreten. So hätte man eine »Doppelspitze«, den Kanzler der Einheit, dem im Falle einer eindeutigen Rückzugserklärung nach unserer Auffassung sofort größte Sympathien entgegenschlagen würden, und einen Kanzlerkandidaten, der überall mit Reform und Erneuerung identifiziert werde. Eine Minderheit an unserem Tisch will dagegen Schäuble am liebsten sofort inthronisieren. Gerade wegen seiner Behinderung sei es wichtig, daß Schäuble den Wahlkampf bereits als amtierender Kanzler führen könne. Ich selbst vertrete erneut die Ansicht, daß erst der Euro unter Dach und Fach sein müsse, bevor ein Kanzlerwechsel in Frage käme. Aber nach dem 3. Mai eine »Doppelspitze«, das sei ein schlüssiges Konzept.

Jeder von uns ist »Profi« genug, um zu wissen, was für eine brisante Diskussion wir hier führen. So gut wie jeder versichert zu Beginn seines Statements seine absolute Loyalität zu Kohl und würdigt seine Verdienste. Vielleicht hat das mit der Anwesenheit von Rudolf Seiters zu tun, den wir natürlich alle als einen ausgesprochenen »Kohl-Mann« ansehen. Aber der will uns bestimmt nicht schaden, der ist in Ordnung. Obwohl eigentlich keiner von uns Jüngeren Kohl noch einmal zum Kanzlerkandidaten haben möchte, sind wir natürlich weit davon entfernt, wirklich zu putschen. Dafür sind wir alle zu ehrlich. Wir schätzen außerdem die historische Leistung Kohls zu sehr, um uns vorstellen zu können, ihn am Ende seiner Amtszeit zu verjagen. Nein, einen Überfall wollen wir nicht, vielmehr soll

Seiters in unserem Auftrag zu Kohl gehen und ihm in aller Freundschaft von unserer Stimmungslage berichten. Vielleicht kommt er ja doch noch zur Einsicht. Wir sind überzeugt, daß es im besten Interesse gerade Kohls ist, sich jetzt zurückzuziehen und ohne das Risiko einer Wahlniederlage zum überragenden Denkmal Deutschlands zu werden. Kein Brutus weit und breit. Das hat nichts mit Feigheit zu tun, sondern mit Anstand. Ich möchte jedenfalls nicht, daß wir mit Kohl so umgehen wie die SPD 1987 mit Willy Brandt.

Seiters windet sich etwas, die Rolle des Emissärs in einer so delikaten Angelegenheit ist ihm unangenehm. So bleibt es offen, wann genau und wie er es »dem Alten« beibringt.

Königswinter-Ittenbach, 24. April 1998
Frühmorgens, lange bevor der Wecker klingeln soll, schrillt plötzlich das Telefon. Ein Freund weist mich auf die heutige Ausgabe der Bild hin, in der auf Seite eins von einem »Putsch gegen Kohl« die Rede ist, der ausgerechnet in Moskau stattgefunden haben soll. (Denkt man nicht automatisch an Herbert Wehners Attacken gegen Willy Brandt aus Rußland: »Der Herr badet gerne lau…«). Unter der Überschrift sind drei Fotos von »Putschisten«: von meinem Kollegen Hermann Gröhe, von Peter Altmaier und meines. Erwähnt werden außerdem noch Eckart von Klaeden, Andreas Krautscheid und Armin Laschet.

Schlimm an der Sache ist, daß es Freitag ist und am kommenden Sonntag die Landtagswahl in Sachsen-Anhalt stattfindet, wo die CDU kaum Chancen hat, ihre Regierungsmehrheit zu verteidigen (Die Umfragen sagen uns einen Einbruch von über zehn Prozent voraus). Wenn die Meldung so im Raum stehenbleibt, dann stehen die Schuldigen für die Wahlniederlage bereits fest: die Putschisten, die kurz vor einer so entscheidenden Wahl Ärger anzetteln mußten. Mir ist sofort klar, daß wir umgehend und eindeutig dementieren müssen. Wenige Stunden später gebe ich im Mittagsmagazin von ARD und ZDF eine entsprechende Erklärung ab.

Genau das hatten die »Kohl-Leute« gewollt. Wahrscheinlich hatte Rudi Seiters freundschaftlich-ehrlich von unserem Gespräch berichtet, vielleicht dem Kanzler, vielleicht einem seiner Vertrauten. Einer von ihnen hatte dann wohl die Idee geboren, dies einer Zeitung zu »stecken«, um kurz vor der Landtagswahl ein klares Dementi zu erzwingen und damit gleichzeitig für den Fall einer schlimmen Wahlniederlage einer neuen Kanzlerdebatte vorzubeugen. Schließlich können diejenigen, die noch am Freitag einen Putsch dementiert haben, am Montag darauf kaum einen Kandidatenwechsel fordern. Ich habe für diesen – aus Kohls Sicht gelungenen – Coup bis heute Andreas Fritzenkötter in Verdacht, Kohls Pressemann im Kanzleramt und immer schon – wie sein Vorgänger Eduard Ackermann – ein treuer und cleverer Diener seines Herrn.

Wie immer die Lehrsätze:

20 Spürst du, daß einige Kräfte dich loswerden wollen, so nimm ihnen das Zepter des Handelns aus der Hand. Warte nicht, bis sie ihren Angriff führen, von dem man ja gar nicht weiß, wie er angelegt sein wird. Deshalb ergreife selber die Initiative, enthülle die bösen Machenschaften einzelner, die jetzt in einer schwierigen Phase (jede Phase ist schwierig!) der gemeinsamen Sache in den Rücken fallen wollen. Sind anständige Kritiker erst einmal im Verdacht, böswillige Putschisten zu sein, so sind sie fast immer gezwungen, zurückzurudern und ihre Ergebenheit zu bekunden. Wie oft in der Geschichte haben schwächelnde Diktatoren einen Putsch niedergeschlagen und damit ihre Macht stabilisiert! Je näher man die Aufdeckung vermeintlicher Machenschaften an eine Wahl rückt, desto nachhaltiger der Effekt. Bei verlorener Wahl, sind den Putschisten infolge ihres Dementis die Hände gebunden.

21 Halte dir mindestens einen Mitarbeiter, der über so enge Beziehungen zu allen denkbaren Medien verfügt, daß es ihm jederzeit möglich ist, irgendwo auch die abwegigsten Gerüchte in wirksamer Weise glaubhaft zu lancieren.

Der Demokrator

Der große Soziologe Max Weber hat in seiner klassisch gewordenen Herrschaftssoziologie drei »reine Typen legitimer Herrschaft« unterschieden:

- die Herrschaft *rationalen* Charakters; sie beruht auf dem Glauben an die Legalität gesetzter Ordnungen und das Anweisungsrecht der durch die zur Ausübung der Herrschaft Berufenen (legale Herrschaft).
- die Herrschaft *traditionellen* Charakters; sie gründet auf dem Alltagsglauben an die Unantastbarkeit geltender Tradition und auf der Legitimität der durch sie zur Autorität Berufenen.
- schließlich die Herrschaft *charismatischen* Charakters; sie beruht auf der außeralltäglichen Hingabe an die Heiligkeit, Heldenkraft oder Vorbildlichkeit einer Person und der durch sie offenbarten und geschaffenen Ordnungen.

Die Vereinigung aller drei Herrschaftstypen in einer Person ist das Charakteristikum einer Diktatur. In modernen Demokratien ist eine derartige Kumulation selten, da gewöhnlich mehrere an die Spitze drängen und die Demokratie dazu neigt, die Aufgaben auf mehrere Schultern zu verteilen. Dies führt zu einer natürlichen Machtentzerrung.

Helmut Kohl aber verkörperte spätestens als »Kanzler der Einheit« alle drei Herrschaftstypen. Seine Dominanz in der Partei und in der öffentlichen Meinung war unter anderem deshalb lange Zeit unbestritten. Kein anderer deutscher Politiker nach dem Krieg hat je soviel Macht besessen.

In Deutschland gibt die Verfassung dem Regierungsoberhaupt eine formale Machtfülle, nicht zuletzt durch die Richtlinienkompetenz und die erschwerte Form der Abwahl mit Hilfe des konstruktiven Mißtrauensvotums. Die rationale Herrschaft erhält der Bundeskanzler also mit der Amtsaufnahme.

Die beiden anderen Herrschaftstypen hängen mit einem Zeitfaktor zusammen. Tradition muß sich bilden, damit sie aufrecht erhalten werden kann. Bei 25 Jahren als Parteivorsitzender und 16jähriger Kanzlerschaft kann man wohl von traditionaler Herrschaft sprechen, die auf der Unantastbarkeit geltender Regeln fußt. Wer bei der letzten Bundestagswahl 34 Jahre alt war, hat seit seiner Wahlmündigkeit nie jemand anderen als Helmut Kohl an der politischen Spitze des Staates erlebt!

Vor allem durch die Wiedervereinigung und die geschichtliche Bedeutung, die Kohl dabei errang, wuchs er zu seiner eigenen Legende heran. Seine charismatische Herrschaft, seine vielfältigen Gaben waren bei der Erlangung der deutschen Einheit nicht nur schwer ersetzlich, sondern vor allem dank der modernen Medien für jeden sichtbar.

Von der Legitimität der eigenen Macht und ihrem Segen für Deutschland von Jahr zu Jahr mehr beseelt, hielt es Kohl schließlich für gerechtfertigt, illegale Herrschaftsmethoden zur Komplettierung des Machtsystems zur Anwendung zu bringen: Schwarzgelder und Schwarzkonten. Innerhalb einer Demokratie entwickelte sich eine nicht mehr zu kontrollierende und in ihrem Herrschaftsanspruch kaum zu begrenzende Macht. Die Demokratie wurde zur Demokratur.

Die Stärke des Herrschers wurde seine Achillesferse. In den achtziger Jahren war die Partei getragen von kreativen, eigenständig urteilenden und unabhängigen Politikern und Mitarbeitern. Zu Beginn seiner Amtszeit scharte Kohl eine bunte und interessante Truppe brillanter Denker und Strategen um sich. Er holte sich die besten Köpfe, unter ihnen Kurt Biedenkopf, Richard von Weizsäcker, Heiner Geißler, förderte kantige Talente und ihre politischen Konzepte. Im Konrad-Adenauer-Haus arbeiteten wirkliche *egg-heads*, die mit Idealismus und Schwung oft bis in die Morgenstunden über die Probleme und Chancen der Republik, die Zukunft Deutschlands diskutierten. Warnfried Dettling, Meinhard Ade, Ulf Fink oder Wulf Schönbohm – was waren das für hervorragende Mitarbeiter! In diesen Denkstuben entstanden so richtungsweisende Konzepte wie die »Neue Soziale Frage«, das Mannheimer Programm der CDU von 1975 oder das Ludwigshafener Grundsatzprogramm von 1978. Hier eroberte sich die CDU die Kompetenz in den wesentlichen Sachgebieten der Politik, die schließlich den Regierungswechsel 1982 ermöglichten.

Es war eine wahre Freude, an diesen Debatten teilzunehmen.

Heiner Geißler (hier 1997 im Bundestag in Bonn) brachte den Stein ins Rollen: Am 26. November 1999 bestätigt der frühere (von Helmut Kohl entlassene) Generalsekretär der CDU die Existenz »schwarzer« Konten bei seiner Partei. Vier Tage später gibt Helmut Kohl die Annahme von Spenden und die Mißachtung der gesetzlichen Regeln zu.

Von 1982 bis 1998, länger als Konrad Adenauer, war Helmut Kohl Bundeskanzler. In seinen letzten Amtsjahren wurde aus dem anfänglichen Reformer ein Bremser. 1998 verlor Kohl sein Amt an Gerhard Schröder(SPD).

Ich selbst erinnere mich noch ganz genau an die Begeisterung, mit der ich als Vorsitzender der Programmkommission der Jungen Union an der Vorbereitung des Ludwigshafener Parteitages mitwirkte. Damals konnte man richtig diskutieren, frank und frei sprechen – ohne die Sorge haben zu müssen, daß jemand eine sachliche Stellungnahme als persönlichen Angriff empfand. Aber schon kurz nach dem Regierungswechsel änderte sich das Klima. 1976, als junger Reformer, gewann Kohl bei der Bundestagswahl fast die absolute Mehrheit, nämlich 48,6 Prozent. 1983, als er das erste Mal zum Kanzler gewählt wurde, gaben ihm 48,8 Prozent der Bürger ihre Stimme. 1998 waren es noch 35,2 Prozent. Ohne den Fall der Mauer und die Wiedervereinigung, daran bestehen kaum Zweifel, wäre Kohl schon 1990 abgewählt worden.

Helmut Kohl wurde vom Reformer zum Bremser. Die Partei wurde nicht mehr für visionäre Zukunftskonzepte benötigt, das sollte nunmehr – wenn überhaupt – in den Ministerien und vor allem auch im Kanzleramt selbst geleistet werden. Die Partei hatte in Kohls Augen vielmehr ausschließlich die Funktion, seine Regierungspolitik zu unterstützen, für sie zu werben, dem Kanzler den Rücken frei zu halten. Heiner Geißler wehrte sich entschieden gegen diese Zumutung und setzte immer wieder mutige Akzente, so zum Beispiel mit dem Essener Frauenparteitag der CDU 1985. Anstatt die kreativen Denker aus dem Adenauer-Haus in führende Positionen der Regierung zu holen, ermutigte der Kanzler ihren Fortgang in die Länder. Die Querdenker Ade und Fink waren schon vor dem Regierungswechsel 1981 in den Weizsäcker-Senat nach Berlin gewechselt, Schönbohm ging ins Staatsministerium nach Stuttgart, ebenso Dettling nach einem Zwischenspiel im Familien- und Jugendministerium unter Leitung von Heiner Geißler und später Rita Süssmuth.

Neben den prominenten »Opfern« des Systems Kohl wie Heiner Geißler, Kurt Biedenkopf oder Lothar Späth gibt es auch viele weitaus weniger bekannte Fälle, in denen hochqualifizierte, unabhängige Persönlichkeiten entmutigt oder sogar verfolgt wurden und aufgaben. Helmut Kohl verfügt über ein Elefantengedächtnis: Wer einmal aus der Reihe tanzte, den hatte er für alle Zeiten gespeichert.

1987, unmittelbar nach Kohls Wahlsieg, verfaßte Warnfried Dettling einen Artikel im *Spiegel,* der Wasser in den Wein der Siegesfeiern flößte: Dettling war nicht entgangen, daß die CDU 4,5 Prozent verloren hatte und nur durch das gute F.D.P.-Resultat (9,1%) eine stabile Koalition gebildet werden konnte. Vor allem legte er seinen Finger in die Wunde der inhaltlichen und strukturellen Mängel der CDU nur fünf Jahre nach dem Bonner Machtwechsel. Unter dem Titel »Die CDU muß sich erneuern« schrieb Dettling: »Die politische Rhetorik wichtiger Unionspolitiker war ... bestimmt durch den Versuch, die Mehrheit nicht in der Mitte, sondern am rechten Rand zu gewinnen. Dieser Versuch ist gescheitert. ... Von ihrem (der CDU) Charakter als soziale Volkspartei war nichts zu spüren ... Die CDU hat vergessen ... daß die Bekämpfung der Arbeitslosigkeit eine mehrdimensionale Strategie voraussetzt. ... die Erneuerung kann nur gelingen durch aktive politische Führung und durch Mobilisierung der Basis und ihrer Vereinigungen.«

Wie konnte Dettling sich nur so etwas herausnehmen! Folglich war er im Kanzleramt *persona non grata.* Über seinen Adlatus Anton Pfeifer schränkte der Kanzler den Gestaltungsspielraum des Ministerialdirektors immer mehr ein, ließ ihn spüren, daß er nicht mehr gern gesehen war. Schließlich warf Dettling, vielleicht der brillanteste CDU-Stratege in dieser Zeit, das Handtuch und ging ins Staatsministerium nach Baden-Württemberg. Dettling hat die heraufkommende Krise der CDU, ihre Instrumentalisierung für den Erhalt und Ausbau der Macht Helmut Kohls frühzeitig erkannt und seitdem immer wieder öffentlich gewarnt. Sein Buch »Das Erbe Kohls« aus dem Jahr 1994 hat den Niedergang der CDU vorausgesagt: »Man wird sich an die Querulanten in der Partei erinnern, ... wenn der Stein vom Grabe weggewälzt sein wird und viele dann entdecken werden, daß kein politisches Leben mehr in der CDU ist. Dann werden viele fassungslos fragen: Wie konnte es soweit kommen? ... Sehr viele in der CDU, einfache Mitglieder und führende Repräsentanten, fühlen so wie jene Frauen, die damals am ersten

Ostern, früh am Morgen, die Sonne war eben aufgegangen, unterwegs waren zum Grabe und sich gegenseitig leise und bange fragten: Wer wird uns den Stein wegwälzen? Doch anders, als es das Neue Testament berichtet, werden sie nicht einfach ein leeres Grab finden und die frohe Botschaft hören: Der Herr ist nicht mehr hier, Hallelujah!«

Der Reformstau und die starre Unbeweglichkeit der letzten Regierungsjahre Kohls ist nicht zu erklären ohne den Verlust der besten Köpfe der CDU. Wie viele Leute gab es noch zum Schluß in seiner Umgebung, die den Mut hatten, grundsätzlich zu widersprechen, einsame Kanzlerentscheidungen in Frage zu stellen oder ihn für unkonventionelle Lösungskonzepte zu begeistern?

Kohl wurde immer unfähiger zur Aufnahme neuer Informationen. Jede Runde dominierte er durch Monologe und Erzählungen von früheren Erfolgen. Immer wieder erzählte er dieselben Witze, machte sich über Leute auf deren Kosten lustig oder ließ sie einfach links liegen. Vielleicht ist es wahr, daß ohne diese Selbstgewißheit auch die großen Erfolge Kohls in der Europa- und Außenpolitik nicht möglich gewesen wären. Bei der Wiedervereinigung durfte man eben gerade nicht lange zögern und zaudern. Da mußte man das nur kurz geöffnete »Fenster der Chance« erkennen und blitzschnell handeln. Und dennoch bleibt die Einsicht, daß die Ausschaltung der Partei als eigenständige Denkfabrik und Nährboden kühner Ideen aus heutiger Sicht ein schwerer Fehler war.

Ist es jedoch die Schuld des Herrschers alleine? Wir alle haben es zugelassen: die Wähler, die Medien, die Opposition und nicht zuletzt wir in der eigenen Partei. Nach Max Weber ist für alle Formen der Herrschaft auch »ein bestimmtes Minimum an gehorchen wollen« notwendig, wobei die Motive für diesen Gehorsam ein breites Spektrum erfassen können, das von dumpfer Gewöhnung bis zu zweckrationalen Erwägungen reicht. Nicht nur der Bundeskanzler und Parteiführer war es, der die fast totale Herrschaft in der Demokratie errichtet hatte; vielmehr hatten sich die meisten, mehr oder weniger, damit abgefunden. Sie hatten ihre Unmündigkeit selbst verschuldet. Am wenigsten gefallen mir heute diejenigen, die in den Tagen der Machtfülle Kohls stets nickten, von seiner Nähe nicht genug bekommen konnten und sich buchstäblich verbeugten, wenn der Kohlsche Mantel der Geschichte an ihnen vorbeischwebte – und die nun den Widerstand anführen, sich als kritische Geister aufführen und Kohl für vogelfrei erklären. Etwas weniger Anbetung damals und etwas mehr Respekt vor den bleibenden Leistungen Kohls heute – wäre das nicht der richtige Weg?

Alle, die die Rufe nach Erneuerung Ende der achtziger Jahre gehört haben, erfahren derzeit ein *déjà vu*-Erlebnis. Damals änderte sich nichts, vielleicht war die Krise nicht groß genug, aber vor allem schloß die deutsche Einheit und die charismatische Herrschaft Kohls die inhaltlichen Löcher der CDU notdürftig. Heute fehlt sowohl ein herausragendes geschichtliches Ereignis als auch eine Führungspersönlichkeit, die mehrere Herrschaftstypen in sich vereint. Was für eine Chance! Es bleibt uns, der Krise in die Augen zu sehen und sie zu meistern.

Die CDU muß jetzt in der Opposition ihre Papiere wieder selbst erarbeiten, ohne den Sachverstand der Ministerien. Sie muß es erst wieder lernen, in kontroverser Diskussion Zukunftskonzepte zu entwickeln und sie im mühevollen Dialog mit den Bürgern mehrheitsfähig zu machen. Kohl hat eine Partei hinterlassen, die erst wieder laufen lernen muß, und eine Partei, die durch die Strafgelder des Bundestagspräsidiums am Rande des Ruins steht. Und schließlich hat er eine Partei hinterlassen, die wegen schwarzer Kassen, unehrenhafter Ehrenworte und plumper Lügen viel Zeit benötigen wird, bis sie in den Augen der Bürger wieder glaubwürdig sein kann. Am Ende der Herrschaft Kohls, die auf der starken Stellung des Kanzlers im Grundgesetz, auf Charisma und Tradition beruhte, steht ein gesunder deutscher Staat, der das erste Mal in seiner Geschichte mit allen seinen Nachbarn im Einvernehmen lebt. Am Ende der Ära Kohl steht aber auch eine kränkelnde Partei. Aber diese Partei, davon bin ich zutiefst überzeugt, ist stark genug, sich zu erholen.

Der Staatsmann Kohl und die deutsche Geschichte

Kreisau, Internationale Jugendbegegnungsstätte, 11. Juni 1998
Es geschehen noch Zeichen und Wunder. Helmut Kohl hat mich eingeladen, ihn auf einer seiner letzten Auslandsreisen vor der Bundestagswahl nach Polen zu begleiten, vielleicht eine kleine Anerkennung meiner jahrelangen Arbeit als Vorsitzender der Deutsch-Polnischen Gesellschaft in Bonn. Um acht Uhr morgens fliegt unsere Delegation mit dem Airbus 310 vom militärischen Teil des Flughafens Köln/Bonn ab. Ziel ist Breslau, von wo wir mit dem Bus weiter zur Internationalen Begegnungsstätte Kreisau wollen, die der Bundeskanzler zusammen mit dem polnischen Ministerpräsidenten Jerzy Buzek feierlich eröffnen soll. Hier auf dem wiederaufgebauten Gut Kreisau, einer der wichtigsten Stätten des Widerstandes gegen Hitler, wo Helmuth James von Moltke, Peter Graf Yorck von Wartenburg, Eugen Gerstenmaier, Alfred Delp oder Adam von Trott zu Solz sich im Kreisauer Kreis zusammengeschlossen hatten, soll sich nun die Jugend Europas treffen können, um Krieg und Totalitarismus für die Zukunft von unserem Kontinent zu verbannen. Der europäische Bundesstaat mit engen wirtschaftlichen Verflechtungen, die Überwindung des Nationalsozialismus und die Errichtung einer freiheitlichen Demokratie überall in Europa – das war die Vision Graf Moltkes, und diese Vision treibt auch Helmut Kohl.

In einer Diskussion mit Jugendlichen aus allen Teilen Europas spricht der Kanzler immer wieder von der Notwendigkeit der Völkerverständigung, von dem leuchtenden Beispiel der deutsch-französischen Beziehungen für das Verhältnis zwischen Berlin und Warschau. Kohl spricht fast beschwörend von den europäischen Errungenschaften der letzten eineinhalb Jahrzehnte, vom Großen Binnenmarkt, der Politischen Union, der Gemeinsamen Währung und einer angesichts der Greuel im ehemaligen Jugoslawien immer wichtiger werdenden Europäischen Sicherheits- und Verteidigungspolitik. Die große Aufgabe der Zukunft sei die Erweiterung der EU, gerade aus deutscher Sicht dürften Oder und Neiße nicht die Ostgrenze der EU bleiben. Zentral für uns

alle blieben freundschaftliche Beziehungen zu den Vereinigten Staaten von Amerika und eine funktionsfähige und nach Osten erweiterte NATO.

Ich bin mir ziemlich sicher, daß Helmut Kohl zum Zeitpunkt dieser Reise schon um die Wahrscheinlichkeit einer Wahlniederlage am 28. September 1998 weiß. Ist das hier eine Art Vermächtnis gegenüber den jungen Leuten? Gerade hatte es einen ergreifenden Gottesdienst und eine Predigt des schlesischen Bischofs Alfons Nossol gegeben. In seiner unnachahmlichen Art spricht er über »Demut-Langmut-Helmut«. Kommt hier an diesem Tag nicht alles in komprimierter Form zum Ausdruck, woran Helmut Kohl sein ganzes politisches Leben gearbeitet hat?

Die Osterweiterung von Europäischer Union und Nato ist eines der großen Anliegen Helmut Kohls. Das Foto zeigt den Bundeskanzler mit dem polnischen Ministerpräsidenten Jerzy Buzek beim Gang durch die Altstadt von Breslau; links Friedbert Pflüger, Vorsitzender der Deutsch-Polnischen Gesellschaft in Bonn.

Wenig später gehen wir durch die Straßen der Altstadt von Breslau. Ich gehe neben Kohl und versuche eine Unterhaltung. Aber er ist seltsam entrückt, mit seinen Gedanken ganz woanders. Ich habe Verständnis dafür. Lange wird dieser Mann nicht mehr Bundeskanzler sein, dessen bin ich ziemlich sicher. Aber das hier, das bleibt. Wiedervereinigung, endgültige Anerkennung der Ostgrenze zu Polen (wenn auch nach langem Zögern), Einbettung des vereinten Deutschlands in europäische Strukturen, Binnenmarkt, Euro und die Verträge von Maastricht und Amsterdam sowie nicht zuletzt ein Deutschland, das in Frieden mit seinen Nachbarn in Ost und West lebt und ein angesehener Partner in der ganzen Welt ist. Sicher, daran haben auch viele andere mitgewirkt. Aber in den letzten 16 Jahren eben doch ganz entscheidend Helmut Kohl. Die vielen persönlichen Verletzungen, an die man sich erinnert, die machtpolitische Brutalität, mit der er sein System in fast jeden Teil von Staat und Gesellschaft trug, unzählige Taktierereien und quälendes Zaudern, Wutausbrüche und Demütigungen von Freund und Feind – das war und ist Kohl. Aber er ist eben doch auch eine historische Figur, an die wir uns noch lange, lange dankbar erinnern werden.

Das alles geht mir auf dem Rückflug durch den Kopf. Irgendwie bin ich sehr berührt von diesem Tag: Nach all dem Ärger mit ihm jetzt ausgerechnet hier dabei zu sein!

Die Ent-Täuschung

Drei Monate im Innenleben der CDU

Der ehemalige Bundeskanzler am 9. November 1999 vor dem Deutschen Bundestag: Zehn Jahre nach dem Fall der Mauer sind die Verdienste Helmut Kohls um die deutsche und europäische Einigung unumstritten. Noch wirft die Spendenaffäre keinen Schatten auf das strahlende Bild des Staatsmannes.

Der erste Schock

Am 5. November 1999 wird bekannt, daß der ehemalige Schatzmeister Walther Leisler Kiep vor einem Einkaufszentrum in St. Margarethen (Schweiz) einen Koffer mit einer Million Mark in bar erhielt.

Am 9. November wurden Helmut Kohl, George Bush und Michail Gorbatschow im Deutschen Bundestag geehrt, nachdem sie am Abend zuvor auf Einladung des Chefredakteurs der Welt am Sonntag, Kai Diekmann, im Axel-Springer-Haus miteinander über den Fall der Mauer vor genau zehn Jahren diskutiert hatten. Kohl war in diesem Moment der Staatsmann Nr. 1, auf dem Höhepunkt seines Ansehens in Deutschland und der Welt. Angesichts des schwachen ersten Jahres der Regierung Schröder begannen die Menschen sich nach Kohl zu sehnen.

Doch dann folgten die Enthüllungen über schwarze Konten durch Heiner Geißler am 26. November und Kohls öffentliches Eingeständnis vom 30. November 1999, Spenden angenommen und unter Mißachtung der gesetzlichen Regeln nicht deklariert zu haben: »Ich habe als Parteivorsitzender ... die vertrauliche Behandlung bestimmter Sachverhalte wie Sonderzuwendungen ... für notwendig erachtet. Eines von den üblichen Konten der Bundesschatzmeisterei erschien mir vertretbar ... Ich bedauere, wenn die Folge ... möglicherweise Verstöße gegen Bestimmungen des Parteiengesetzes sein sollte. Dies habe ich nicht gewollt, ich wollte meiner Partei dienen.«

Wie 640 000 CDU-Mitglieder und Millionen von Bürgern bin ich geschockt von diesem Eingeständnis, freilich auch von der Härte und Häme der Medienkritik. Ich war ja nie ein Jünger des Meisters. Aber hat er das verdient? Jetzt fallen alle über ihn her, haben es immer schon gewußt. Wie haben ihm die Medien im letzten Jahr gehuldigt, sogar zum »Ewigen Kanzler« (*Der Spiegel*) auf dem Titelbild erhoben. Und jetzt läßt man diesen Mann abstürzen.

Nein, ich war nie ein (Schwarz)Gardist des Großen Vorsitzenden, habe ihn nie ohne Vorbehalte bewundert. Aber was jetzt an Selbstgerechtigkeit und Heuchelei über ihn und seine Truppe niedergeht, das hat er auch nicht verdient. Jeder, der schon einmal in der Presse angegriffen wurde, weiß, was das heißt: Scham gegenüber der Familie, den Freunden, Kollegen und Nachbarn: So war es doch gar nicht. Ich hatte es doch ganz anders gemeint. Wie ungerecht! Eine Attacke in den Medien können die wenigsten verkraften, übrigens schon gar nicht Journalisten. Aber auch wir Politiker sind keineswegs abgebrüht oder dickfellig, sondern leiden schon unter einer kleinen, als ungerecht empfundenen Sottise auf den Lokalseiten. Wer dieses Gefühl kennt, der weiß, was jetzt über Helmut Kohl zusammenbricht. Hier findet ein Frontalangriff auf sein Lebenswerk statt.

Meine erste Empfindung ist, ich gestehe es, Mitleid mit dem Altkanzler. Auch wenn ich mir sage, daß gerade Kohl selbst ein solches Gefühl wohl nie empfunden hat gegenüber den Opfern seiner Machtpolitik, die er kühl und gnadenlos zur Sicherung der eigenen Position niedermachte, tut er mir in dieser Stunde wirklich leid. Spontan greife ich zum Hörer, um Juliane Weber anzurufen. Ich habe kaum angefangen, meine Meinung zu sagen, da unterbricht sie mich: »Sag' es ihm doch gleich selbst.« Sie stellt mich durch. Ich sage: »Herr Bundeskanzler, ich wollte Sie nur wissen lassen, daß trotz all dessen, was jetzt in den Zeitungen steht und was noch kommen mag, niemand Ihnen Ihre historischen Leistungen, insbesondere die Verbindung von deutscher und europäischer Einheit, nehmen kann. Das wird bleiben.« Helmut Kohl bedankt sich warmherzig, mein Anruf habe ihn »menschlich bewegt«.

Wenige Tage zuvor, am 24. November 1999, hatte ich im Plenum des Bundestages in der Reihe schräg hinter Kohl Platz genommen. Wolfgang Schäuble lag mit einer Gallenkolik im Krankenhaus, und Volker Rühe war eingesprungen, um in der Haushaltsdebatte die Position der Union zu vertreten. Als die

Volker Rühe, Nachfolger Heiner Geißlers als CDU-Generalsekretär und später Verteidigungsminister im Kabinett Kohl, verlor im schleswig-holsteinischen Wahlkampf die anfängliche klare Führung in den Meinungsumfragen nach Bekanntwerden der CDU-Spendenaffäre. Aber es gelang immerhin, den befürchteten Absturz abzuwenden.

SPD von der notwendigen Aufklärung über schwarze Konten und von möglichen Verstößen gegen das Parteiengesetz sprach, rastete Kohl völlig aus. Er erhob sich zu einer Kurzintervention, die unverhältnismäßig scharf ausfiel und Aufregung signalisierte. Auch später, im Verlauf der Debatte, suchte er immer wieder das Gespräch mit uns, die wir in der Nähe saßen. Wir alle spürten seine Nervosität und Verwundbarkeit.

Dann kam Kohls berühmtes Interview vom 17. Dezember in der ZDF-Sendung »Was nun, ...?« mit Klaus Bresser und Thomas Bellut. Zusammen mit den Kollegen Dietmar Kansy, Hermann Kues, Joachim Hörster und Andreas Schmidt sehen wir es uns in der Parlamentarischen Gesellschaft an. Ich gestehe, daß ich mich zunächst von der Argumentation mit dem Ehrenwort, das man gewissen Spendern gegeben hat und nicht brechen will, hinreißen lasse. Natürlich muß ein Ehrenwort gehalten werden. Und wenn mir im Wahlkreis jemand 2000 DM in bar spenden würde, ein Tiefbauunternehmer etwa, der auf städtische Aufträge im SPD-regierten Hannover angewiesen ist und deshalb absolute Diskretion verlangt, ja, würde ich denn seinen Namen preisgeben?

Andererseits fühlen wir uns auch unwohl. Es wird Spekulationen geben über die Herkunft der Gelder. Und im Gegensatz zu meiner Wahlkreisspende, so argumentieren die Kollegen ganz richtig, gibt es hinsichtlich der Beträge, um die es bei Helmut Kohl gibt, klare rechtliche Pflichten zu einer öffentlichen Ausweisung. Je länger ich nachdenke, desto unwohler wird mir. Allmählich erst dämmert mir die ganze Dimension dessen, was da auf die CDU/CSU zukommen mag!

So wie mir ging es vielen in der Fraktion und noch viel mehr an der Parteibasis. Wir alle wollten zunächst nicht wahrhaben, daß unser Vorsitzender nicht nur »Fehler« gemacht hatte, wie manche es verharmlosend formulierten, sondern ganz offenbar jahrelang systematisch gegen Gesetze verstoßen hatte. Zunächst ist man wie vom Schock erstarrt, gelähmt. Und dann wächst zunächst die Neigung, sich ganz auf seine Aufgabe zu konzentrieren, sich in seine Arbeit als Stadtrat, Landtags- oder Bundestagsabgeordneter zu stürzen und die ganze Sache soweit wie möglich zu verdrängen.

Die schwierige Abnabelung

Erst Angela Merkels Artikel in der *F.A.Z.* vom 22. Dezember 1999 rüttelt uns endgültig wach. Sie schreibt:

»Die von Kohl eingeräumten Vorgänge haben der Partei Schaden zugefügt. ... Vielleicht ist es nach einem so langen politischen Leben, wie Helmut Kohl es geführt hat, wirklich zuviel verlangt, von heute auf morgen alle Ämter niederzulegen, sich völlig aus der Politik zurückziehen und den Nachfolgern, den Jüngeren, das Feld ganz zu überlassen. ... Die Partei muß laufen lernen, muß sich zutrauen, in Zukunft auch ohne ihr altes Schlachtroß den Kampf mit dem politischen Gegner aufzunehmen. Sie muß sich wie jemand in der Pubertät von zu Hause lösen, eigene Wege gehen und wird trotzdem immer zu dem stehen, der sie ganz nachhaltig geprägt hat – vielleicht später sogar wieder mehr als heute.«

Jeder ist nun gezwungen, sich zu stellen, seinen Standort zu definieren. Neben öffentlicher Zustimmung, etwa durch den niedersächsischen CDU-Vorsitzenden Christian Wulff, erntet die Generalsekretärin auch Kritik und Empörung. Das alles kann doch nicht wahr sein! Das ist doch einmal mehr eine böse Medienkampagne! Haben wir das nicht schon unzählige Male erlebt, daß alle Welt auf Helmut Kohl herumhackte, der scheinbar geschlagen in der Ecke stand und dennoch wiederkam, immer wieder kam? Also sollten wir jetzt nicht von »Abnabelung« sprechen. Irgendwie würde sich schon alles aufklären, wenn wir nur nicht selbst durch Zaghaftigkeit und Selbstanklage zerstören würden.

Es ist »zum Mäusemelken«: Da hatten wir unter Wolfgang Schäuble ein so erfolgreiches Jahr, das uns einen Wahlerfolg nach dem anderen bescherte. Vor wenigen Wochen erst hatten wir die Kommunalwahlen in Nordrhein-Westfalen siegreich beendet und sogar in den tiefroten Städten des Ruhrgebietes zahlreiche Erfolge erzielt. In den Meinungsumfragen hatten wir fast die absolute Mehrheit erreicht. Auch wenn uns klar war, daß dies nicht nur auf unsere Politik, sondern vor allem auch auf die Fehler der Regierung Schröder zurückzuführen war, so hegten wir doch bis in den letzten Monat des Jahres 1999 hinein die Überzeugung, die uns im September 1998 nach der verlorenen Bundestagswahl prophezeite Periode der Dürre und Düsternis überwunden zu haben. Nicht wenige von uns sahen CDU und CSU bereits wieder auf den Regierungsbänken, nicht einmal die SPD traute Gerhard Schröder im Spätherbst zu, bis zum Ende der Legislaturperiode zu regieren. Zunächst würde Volker Rühe im Februar 2000 in Schleswig-Holstein Ministerpräsident werden, Jürgen Rüttgers würde es ihm im Mai nachmachen. Nur vor dem Hintergrund dieser Stimmungslage kann das ganze Ausmaß des Absturzes der Union in der Wählergunst im Winter verstanden werden.

Meine erste größere Veranstaltung im neuen Jahr ist eine Karnevalsveranstaltung in Hannover-Döhren am 8. Januar, wo ich zum Ehrensenator des dortigen Karnevalvereins ernannt werde. In einer Büttenrede versuche ich die Spendenaffäre mit Galgenhumor zu nehmen: Was habt ihr eigentlich dagegen, wenn Geldkoffer direkt zu Kohl und Kiep gebracht werden? Es redet doch alle Welt von *homebanking*.

Einen Tag später, am Sonntag, bin auf zwei Neujahrsempfängen im Wahlkreis. Insbesondere in Hannover-Anderten, wo meine Mutter lebt, gibt es viele Fragen und Meinungen. Aber eine Botschaft kommt immer wieder durch: »Stoßt den Helmut Kohl nicht vom Sockel. Laßt die Kirche im Dorf! Setzt alles in die richtige Relation! Was sind schon ein paar Konten im Vergleich zur historischen Leistung dieses Mannes für Deutschland und Europa!«

Die gleiche Haltung spüre ich einen Tag später auf der Neujahrsveranstaltung der CDU in Rotenburg an der Wümme, östlich von Bremen. Als ich von Aufklärung, Selbstreinigungsprozeß und Neuanfang spreche, gibt es kaum eine Reaktion. Als ich aber die historische Leistung Helmut Kohls würdige und meine Meinung vertrete, daß der jetzige Spendenskandal trotz aller Aufregung in der geschichtlichen Perspektive nur eine böse Fußnote darstellen würde, da brandet Beifall auf. Aber ebenso, als ich Wolfgang Schäubles großartige Arbeit während des vergangenen Jahres würdige, sein Bemühen um Aufklärung lobe und auf seine ungeheure physische und psychische Kraft in diesen Tagen der Krise hinweise. Schäuble sei der richtige Mann, um uns wieder aus der Krise zu führen.

Wenig später, auf der Heimfahrt nach Hannover, höre ich im Autoradio von Schäubles Eingeständnis, über hunderttausend Mark in bar von dem Waffenhändler Schreiber erhalten und dem Bundestag darüber im Dezember die Unwahrheit gesagt zu haben. Ich bin tief deprimiert. Wie wird es wohl erst den Rotenburgern gehen, die jetzt vielleicht mit ein bißchen neuer Zuversicht von der Veranstaltung nach Hause gegangen sind? Und was mögen sie von der Urteilskraft des Redners halten, der gerade noch vorbehaltlose Unterstützung für seinen Partei- und Fraktionsvorsitzenden einforderte?

Am Dienstagmorgen ist Neujahrsempfang bei der Bundeswehr. Hier höre ich das erste Mal von allen Seiten, daß die Union jetzt einen personellen Neuanfang bewerkstelligen müsse. Die gleiche Botschaft am Abend bei der Kolpingfamilie. Es besteht offenkundig die Gefahr, daß Wolfgang Schäuble zum Sündenbock für alles gemacht wird, obwohl er doch der Aufklärer ist und keineswegs der Verursacher. Er hat keine schwarzen Konten geführt, sondern im Gegenteil von Beginn seiner Amtszeit Wert auf eine ordentliche Kassenführung gelegt. Er kann auch heute noch darauf hinweisen, daß in seiner Amtszeit alles ordnungsgemäß verbucht und ausgewiesen wurde.

Kohl bricht mit der CDU

Am Abend des 17. Januar sitzen wir in der Landesgruppe der niedersächsischen CDU-Abgeordneten zusammen und erörtern die Ereignisse. Der Vorsitzende der Landesgruppe, Reinhard Freiherr von Schorlemer, spricht sich klar für Schäuble aus, ebenso wie die stellvertretende Landesvorsitzende der CDU in Niedersachsen, Martina Krogmann, aus Stade. Das ist offenbar die Mehrheitsmeinung. Aber es gibt auch skeptische Stimmen, zum Beispiel die von Werner Siemann aus Nienburg. Ein anderer

Kollege vertritt eine dritte Position: Schäuble müsse noch etwas im Amt bleiben, da jeder neue Vorsitzende nach kurzer Zeit durch die anhaltenden schlechten Nachrichten verbraucht werde. Seine historische Rolle sei es jetzt, den Stall auszumisten. Es sei aber klar, daß er sich dabei auch selbst schmutzig mache. Der Neubeginn müsse von jemand anderem geleistet werden.

Auch ich rede in der Landesgruppe, bin allerdings mit mir überhaupt nicht zufrieden. Ich bin innerlich zerrissen. Ich lobe Angela Merkels *F.A.Z.*-Artikel, unterstreiche aber auch die historische Größe Kohls, die wir uns nicht »aus der Hand schlagen lassen dürfen«. Ein Mitglied der Landesgruppe hatte personelle Konsequenzen aus der Krise gefordert, dabei aber nicht an Schäuble gedacht, sondern an die Parlamentarischen Geschäftsführer der Fraktion, Joachim Hörster und Brigitte Baumeister. Ich halte dagegen, daß dies in der Bevölkerung nicht als ernsthafte Maßnahme, sondern als »Bauernopfer« angesehen werden würde. Ein Schnitt aber sei erforderlich, um den Neuanfang zu wagen. Auch die Mandatsniederlegung Kanthers, die sowieso jeder erwartet, reiche dafür nicht aus. Nun werde ich unterbrochen. Die anderen rufen dazwischen: »Ja, was heißt denn das dann? Soll Schäuble zurücktreten?«

Nun zucke ich zurück. Wäre das wirklich richtig, wäre das fair? Ich laviere, spreche von einem Dilemma, alles ziemlich »Wischiwaschi«. So darf man sich in Krisen nicht einlassen! Aber es war der Reflex aus der alten Kohl-Zeit: Hänge dich nicht zu weit aus dem Fenster! Schäuble könnte ja erfahren, daß du dich gegen ihn ausgesprochen hast. Wenn er sich dann trotzdem im Amt hält, bist du unten. Also halte doch lieber den Mund und warte ab.

Ich ärgere mich hinterher schwarz darüber, nicht wirklich gesagt zu haben, was ich denke. Denn immer mehr komme ich zu der Überzeugung, daß eine Emanzipation vom System Kohl nur gelingt, wenn man mit der Ehrlichkeit gegenüber sich selbst anfängt und aufhört, ständig um mögliche Karrierenachteile zu zittern. Jetzt in der Krise ist der Mut zur Wahrheit gefragt, nicht Taktieren, Zögern, Zaudern, diplomatische Wendungen. Ich schwöre mir: Das war das letzte Mal!

Kurz nach Mitternacht telefoniere ich mit Christian Wulff. Auch er ist nicht davon überzeugt, daß Schäuble bleibt. Am Morgen wird das Präsidium tagen. Es sei durchaus damit zu rechnen, daß der Vorsitzende das Handtuch werfe. Aber Wulff, der einen Machtkampf zwischen Kohl und Schäuble toben sieht, will unbedingt, daß Schäuble bleibt.

An diesem 18. Januar 2000 geht Schäuble am frühen Morgen zu Kohl, um ihn erneut zur Preisgabe der Spendernamen aufzufordern, die Kohl nach wie vor verweigert. Schäuble verläßt den Altbundeskanzler mit dem festen Vorhaben zurückzutreten. Auch er spürt offenbar, daß ein »Schnitt« notwendig ist. Den ganzen Vormittag laufen Meldungen über den Nachrichtenticker, daß Schäuble zurücktreten werde. Um so größer die Sensation am Nachmittag.

Um 17 Uhr, zwei Stunden später als vorgesehen, beginnt endlich unsere Fraktionssitzung. Schäuble liest den nach mehrstündiger Diskussion mit überwältigender Mehrheit zustande gekommenen Beschluß, der nun wirklich die »Abnabelung« von Helmut Kohl bedeutet: Bei zwei Gegenstimmen und einer Enthaltung hätten die Führungsgremien beschlossen, daß der CDU-Ehrenvorsitz Helmut Kohls bis auf weiteres »ruhen« solle. Schäuble selbst hatte seinen Rücktritt angeboten, war aber von allen gedrängt worden, im Amt zu bleiben. Es sieht so aus, als habe er sich, jedenfalls für einige Zeit, Handlungsspielräume erkämpft: durch seine Bereitschaft, sein Amt als Parteivorsitzender zur Verfügung zu stellen, aber auch durch die homogene Haltung in den Führungsgremien. In der Fraktion entsteht eine sehr ernsthafte Debatte, in der bis auf Fritz Bohl alle Redner die Entscheidung als nötig ansehen. Bohl bekundet seine Loyalität gegenüber Schäuble, hält aber die Aussetzung des Ehrenvorsitzes für falsch. Wer Kohl kenne, der müsse wissen, daß dieser dann von sich aus ganz auf den Ehrenvorsitz verzichten würde. Das führe zu weiterer Polarisierung in der Partei.

Es gibt eindrucksvolle Wortmeldungen. Die Fraktion ist in dieser Phase bereit, der neuen Linie eine Chance zu geben, es doch noch einmal mit Schäuble zu versuchen. Vor allem aber macht die Fraktionssitzung jetzt auch dem Letzten klar, daß alles, aber auch alles ans Licht muß. Noch vor kurzem war argumentiert worden, daß es vielleicht gar nicht gut für uns Christdemokraten sei, wenn Kohl die Namen der Spender preisgäbe. Vielleicht ist das ein Dienst, den er uns erweist, daß er schweigt. Davon redet jetzt niemand mehr. Allen ist klar, daß diese Krise die schlimmste in der Geschichte der Union ist.

Überall um mich herum sitzen diejenigen, die in den vergangenen Jahren eng mit dem Kanzler zusammengearbeitet haben: Klaus-Jürgen Hedrich, Manfred Carstens, Irmgard Karwatzki, Norbert Blüm. Einen nach dem anderen beobachte ich. Was mag in ihnen vorgehen? Was geht in der Parteibasis vor, der noch vor zwei Monaten Helmut Kohl als Weltstaatsmann vorgeführt wurde? Die Aufgabe der Führung ist es, aufzuklären, dafür notfalls Helmut Kohl sogar unter Druck zu setzen, gleichzeitig aber auch die Basis auf diesem Weg mitzunehmen. Das ist eine schwere Gratwanderung, wenn man nicht die Spaltung der Partei riskieren will.

Friedrich Bohls Prophezeiung erweist sich als richtig. Helmut Kohl legt, kaum daß er von der Entscheidung von Bundesvorstand und Fraktion Kenntnis genommen hat, den Ehrenvorsitz nieder. Wie kann sich die Partei, die ihm soviel zu verdanken hat, solch eine Unverfrorenheit erlauben! Die Partei indes hatte sich gescheut, von sich aus den Bruch zu vollziehen. Sie hatte den Ehrenvorsitz nur »ruhen« lassen und damit zumindest theoretisch die Möglichkeit offen gelassen, diesen besonderen Status »wiederzubeleben«. So ist es Kohl selbst, der den Bruch mit seiner Partei herbeiführt. Ob allen eigentlich klar ist, was in diesen Stunden passiert? Zwischen der Partei und dem Mann, der sie 25 Jahre geführt hat, also die Hälfte ihrer Lebenszeit an ihrer Spitze stand, klafft eine tiefe Kluft. Ich finde die Entscheidung von Vorstand und Fraktion richtig und habe ihr zugestimmt. Aber mir ist flau im Magen, man fühlt sich ein wenig, als habe man einen Teil von sich selbst abgetrennt.

Zwei Tage später wird die Plenarsitzung des Bundestages unterbrochen und die Fraktion um 14 Uhr zu einer Sondersitzung einberufen. Was ist nun wieder los? Was bekommen wir jetzt wieder zu hören? Ratlos, deprimiert, auf Schlimmes gefaßt

18. Januar 2000:
CDU-Generalsekretärin Angela Merkel und der Partei- und Fraktionsvorsitzende Wolfgang Schäuble informieren über den Beschluß von Bundesvorstand und Fraktion, daß der CDU-Ehrenvorsitz Helmut Kohls »ruhen« solle.

strömen wir aus den umliegenden Büros in den Fraktionssitzungssaal direkt unter der Kuppel des Reichstages. Alle möglichen Gerüchte gehen um. Es wird geflüstert, überall ernste Mienen. Dann verkündet Wolfgang Schäuble den Selbstmord von Wolfgang Hüllen, dem Haushaltsreferenten der Fraktion. Er hinterlasse zwei Kinder, habe persönliche Gründe in einem Abschiedsbrief angegeben. Wir erheben uns von den Plätzen, Schäuble würdigt den Verstorbenen. Alle sind geschockt, einige haben Tränen in den Augen. Auch das noch. Kaum einer von uns hat Hüllen gekannt. Und dennoch nimmt uns sein Tod furchtbar mit. Sind das wirklich nur persönliche Gründe, oder hat das nicht doch etwas mit der Affäre zu tun? Wird jetzt alles auch noch ein Krimi? Ein Abgeordneter in der Reihe hinter mir setzt bereits eine Mordthese in die Welt (die natürlich absoluter Unfug ist). In der Nacht finde ich kaum Schlaf. Später erfahren wir, daß Hüllen in einem Abschiedsbrief Unterschlagungen aus der Fraktionskasse in großer Höhe zugegeben hatte und nun offenbar befürchtete, bei den Nachforschungen im Rahmen des Finanzskandals enttarnt zu werden.

Jüdische Vermächtnisse: Es gilt das gebrochene Wort

Am Freitag, dem 14. Februar 2000, bin ich zunächst beim DGB-Hannover, wo ich zahlreiche schadenfrohe, aber auch mitleidige Blicke ernte. Von dort geht es zum Neujahrsempfang nach Hannover-Linden, wo die Landtagsabgeordnete Rita Pawelski die Hauptrednerin ist. Sie beruhigt die Leute. Das Schlimmste hätten wir hinter uns. Überall versuche man jetzt die CDU anzuschwärzen und die Führung als Kriminelle hinzustellen. Aber wir seien nicht die Mafia!

Danach setze ich mich ins Auto, um nach Hause zu fahren, schalte wie fünf Tage zuvor das Autoradio an und erfahre von der Pressekonferenz Roland Kochs und Manfred Kanthers in Hessen, von Millionen auf illegalen Auslandskonten und davon, daß die angeblichen jüdischen Vermächtnisse, die der hessische CDU-Schatzmeister Casimir Prinz zu Sayn-Wittgenstein zuvor als Grund für den wunderlichen Geldzuwachs der CDU-Hessen genannt hatte, frei erfunden seien. Mir kommen fast die Tränen. Was machen die mit uns? Mit den Leuten an der Basis, aber auch mit uns, den Abgeordneten? Hat nicht gerade Rita Pawelski gesagt, daß wir nicht die Mafia seien? Was unterscheidet denn dieses illegale Finanzierungssystem von der Mafia? Wohl eigentlich nur, daß die Mafia sich wohl kaum erdreistet hätte, jüdische Vermächtnisse als Grund für ihren Reichtum zu nennen. Von allem, was im Zusammenhang mit der Finanzaffäre öffentlich geworden ist, ist diese Begründung das Schäbigste, das Widerlichste. Was ist das für ein Mensch, der eine solche Begründung erfindet und dann noch hinzufügt, er habe vor Freude »gezuckt«, als er davon gehört habe! Es ist gut, daß sich Präsidium und Bundesvorstand der CDU für die Entgleisung am 18. Januar bei den jüdischen Mitbürgern ausdrücklich entschuldigen. Lieber spät als nie.

Als fast gespenstisch empfinde ich es, daß in der Fraktionssitzung am 18. Januar mitten unter uns Manfred Kanther sitzt, so, als ob nichts gewesen sei. Er spricht, übernimmt die Verantwortung für Fehler, rechtfertigt sich indirekt und erklärt, sein Mandat niederzulegen, weil er sich nicht länger einer »Treibjagd« aussetzen wolle. Er bedauere, daß jetzt durch die Vorgänge in Hessen die Partei Schaden erleide. Aber es gibt keine Entschuldigung, nicht einmal dafür, daß er zu der Lüge von den jüdischen Vermächtnissen lange geschwiegen hat. Daß er uns »Ungemach« bereitet hat, räumt er ein. Aber kein Wort von dem unerträglichen Skandal und davon, daß gerade er, der frühere Verfassungsminister, jahrelang widerrechtliche Auslandskonten unterhielt, belogen und betrogen hat. Wolfgang Schäuble legt in seinem Abschiedsworten an Kanther den Finger genau in diese Wunde. Ob er verstehen könne, daß die Enttäuschung vor allem deshalb so groß sei, weil man in ihm den unbestechlichen Vertreter von Recht und Gesetz gesehen habe?

Schäuble hat recht. Ist es nicht fast so, als wenn ein Bischof im Bordell erwischt wird oder der strenge Sittenprediger seine

Geliebte für einen Schwangerschaftsabbruch nach Holland schickt? Wer für die CDU den Rechtsstaat hochhält, die Gesetze strickt, ja bis zur Gnadenlosigkeit anwendet, der verspielt alles, wenn er selbst bei kriminellen Machenschaften erwischt wird. Da hat er sein ganzes politisches Leben Grundwerte gepredigt und mit dem eigenen Dauerverstoß gegen die hohen Ansprüche unzählige Menschen enttäuscht und traurig zurückgelassen. Was für einen Sumpf hat er seinem Nachfolger Roland Koch hinterlassen! Eigentlich müsste man ihn verachten! Aber als er, den Kopf noch immer erhoben und mit starrer Miene den Raum verläßt, ertappe ich mich dabei, Mitleid zu empfinden. Er geht aufrecht, den Kopf stolz erhoben. Aber ich bin sicher, daß er in Wahrheit ein gebrochener Mann ist.

Roland Koch, den ich seit den Zeiten in der Jungen Union kenne und als brillanten Kopf schätze, betätigt sich in der Folgezeit als »brutalstmöglicher« Aufklärer. Er will aufräumen und arbeitet Tag und Nacht mit seinen Leuten an einem Aufklärungsbericht. Am 8. Februar 2000 räumt er jedoch in einer Pressekonferenz in Wiesbaden ein, die Umwandlung von Geldern aus einem Treuhandkonto in einen Privatkredit des früheren CDU-Schatzmeisters Prinz Wittgenstein für den Rechenschaftsbericht 1998 nachträglich gebilligt und in diesem Punkt gegenüber der Öffentlichkeit gelogen zu haben. Koch entschuldigt sich dafür. Aber die Wirkung seines Eingeständnisses in der Bevölkerung ist gewaltig. Wieder eine Unwahrheit und wieder von einem, dem man aufgrund seiner Positionierung in der Öffentlichkeit als unbestechlicher Aufdecker skandalöser Finanzvorgänge in hohem Maße Vertrauen entgegengebracht hatte! Wem soll man eigentlich noch trauen? Für meine Partei ist es ein weiterer Schock. Wieder ein Hoffnungsträger »verbrannt« – SPD und Grüne schlagen brutalstmöglich auf Ministerpräsident Koch ein. Er sei ein Lügner und Betrüger, sein Verhalten »eindeutig rechtswidrig«. Die Grünen stellen Strafanzeige wegen Betrugs.

Viele in meiner Partei, darunter auch ich, vertreten intern die Auffassung, daß Koch an den Finanzmachenschaften der CDU in Hessen nicht nur nicht schuld ist, sondern in vorbildlicher Weise versucht, die Wahrheit ans Licht zu bringen. Im Rahmen der Aufklärung ist ihm jedoch ein schwerwiegender Fehler unterlaufen. Es ehrt ihn, daß er ihn zugegeben hat. Dennoch kann er bei seinem selbstformulierten Anspruch auf Wahrheit schwerlich im Amt bleiben.

Warum tritt er nicht zurück, läßt einen anderen CDU-Politiker Ministerpräsident werden, rettet so die angeschlagene Koalition und bewahrt seine Integrität für die Zukunft? Ich bin sicher, daß ihm ein schneller Rücktritt gerade in diesen Zeiten der Lüge und Halbwahrheit viel Respekt im Volk eingetragen hätte und er für einen so mutigen Schritt später vielleicht sogar belohnt worden wäre.

Viele Parteifreunde denken ähnlich. Immer wieder wird außerdem die Befürchtung geäußert, daß Koch mit seiner sturen Haltung die Koalition in Hessen gefährdet, nicht zuletzt vor dem Hintergrund des Drucks, den die Bundes-F.D.P. auf ihren hessischen Landesverband ausübt, die Regierung mit Koch aufzukündigen. Ich überlege, ob ich Koch anrufen soll. Aber dann höre ich, daß der gleiche Vorschlag ihm schon von mehreren Parteifreunden unterbreitet worden ist, auf die er im Zweifel mehr hört. Interviewanfragen zu dem Thema Hessen lehne ich ab. Roland Koch muß wissen, was er tut.

Koch entscheidet sich zum Durchhalten, weil er von seiner Unschuld überzeugt ist und nicht einsieht, daß er wegen eines Fehlers die ganze Suppe auslöffeln soll, die Wittgenstein und Kanther ihm eingebrockt haben. Trotzig und mit der ihm eigenen Energie stürzt er sich in den Kampf. Am 19. Februar wird er als hessischer CDU-Landesvorsitzender wiedergewählt, und zwar mit über 97%. Wenige Tage später erklärt die Staatsanwaltschaft, daß kein Grund für ein Ermittlungsverfahren gegen Koch bestehe. Plötzlich läßt der Druck zum Rücktritt nach. Kann er es schaffen?

Die Ereignisse und Stellungnahmen um die »jüdischen Vermächtnisse« (Prinz Wittgenstein), um Schwarzkonten im Ausland (Manfred Kanther), angebliche Darlehen (Roland Koch), Bargeldspenden (Helmut Kohl), Erinnerungslücken (Wolfgang Schäuble), Aktenvernichtung (Fritz Bohl), horrende Beraterhonorare (Agnes Hürland), Sponsoring von Hochzeitsfeiern und Urlaubsreisen (Gerhard Glogowski) oder Freiflüge mit Landesbanken (Heinz Schleußer und Johannes Rau) müssen alle Fall für Fall betrachtet werden. Sie haben unterschiedliche Qualität, einiges ist verzeihlich und aus der Situation heraus sogar verständlich, anderes ist ekelhaft und verwerflich. Niemand werfe alle und alles in einen Topf!

Was aber in fast jeder der Affären im deutschen Winter 1999/2000 eine Rolle spielte und mehr als jeder Einzelfall zum Vertrauensverlust bei den Bürgern beitrug, war der in allen Fällen zum Ausdruck gekommene leichtfertige Umgang mit der Wahrheit. Wenn Politiker-Reden vorab an die Presse verteilt werden, so erhalten sie im allgemeinen die Aufschrift: »Es gilt das gesprochene Wort.« Das bedeutet, daß es sich bei der Vorlage um einen Entwurf handelt, der dem Journalisten die Bearbeitung der Rede erleichtern soll, daß aber der Politiker frei ist, während seines Vortrages vom Manuskript abzuweichen. Geltung hat dann nur der mündlich vorgetragene Text, nicht aber die Arbeitsunterlage.

Mit den Skandalen des Winters aber begann sich zunehmend die Frage zu stellen, ob nicht die Aufschriften auf Politikerstellungnahmen zukünftig besser lauten sollten: »Es gilt das gebrochene Wort«. Denn immer wieder, in jedem einzelnen Fall, wurden Lügen, Notlügen, Halbwahrheiten, Gedächtnislücken oder Blackouts festgestellt und im nachhinein als »politische Dummheiten«, Mißverständnisse und »Fehler« dargestellt. Das wirkte vor allem dann enttäuschend, wenn der betreffende Politiker bis dahin als Inkarnation von Geradlinigkeit, Anständigkeit, Ehrlichkeit und Aufklärungswillen galt. Wem kann man noch glauben? Kann die Demokratie weiterbestehen, wenn der Bürger niemandem mehr trauen kann?

Zunächst: Wir alle lügen, und zwar jeden Tag mehrfach. Wir alle, Politiker oder nicht, mogeln, schummeln, tricksen, lavieren, führen in die Irre, binden jemandem einen Bären auf, saugen uns etwas aus den Fingern usw. Hin und wieder verkohlen wir auch jemanden. Aber auch Schweigen kann eine Lüge sein, in manchen Fällen die schlimmste. Michael Streck hat im *Stern* vom

17. Februar 2000 ein glänzendes Stück über die »Gesichter der Lüge« verfasst. Darin zitiert er Studien aus den USA, nach denen ein Mensch am Tag bis zu 200mal lügt, in jedem vierten Gespräch. Kaum jemand erklärt auf die Frage: »Wie geht´s?« die Wahrheit. Würde man es tun, man erntete nur Kopfschütteln. Im eigenen Büro angekommen, muß man sich der Korrespondenz widmen. Damit wir unsere Briefe in Ruhe schreiben können, fordern wir die Sekretärin zum Lügen auf: »Wenn Anrufe kommen: ich bin in einer Besprechung.« Die Dame im Vorzimmer ist viel erfindungsreicher: »ist zu Tisch«, »bei einem wichtigen Termin«, »wird gerne zurückrufen« usw. Der Gesprächspartner am anderen Ende der Leitung signalisiert Verständnis, obwohl er aus eigener Erfahrung weiß, daß der Gegenüber wahrscheinlich nur einfach nicht gestört werden will.

Der Wiener Lügenexperte Peter Stiegnitz warnt sogar vor zuviel Ehrlichkeit. Ein entsprechender Selbstversuch, das achte Gebot vollkommen einzuhalten, habe vor ziemlich genau zweitausend Jahren ein tödliches Ende genommen. Wer ständig die Wahrheit sage, würde spätestens mit 30 Jahren gekreuzigt. Stiegnitz selbst verdankt sein Leben einer Lüge. Als er sieben Jahre alt war, griffen ihn, den in Ungarn geborenen Juden, Nazis auf der Straße auf: »Bist du Jude?« Er verneinte und wurde laufengelassen. Seitdem hat er sich mit der Lüge beschäftigt. Streck: »Auf die Lüge ist Verlaß.«

Also könnte man ausrufen: Warum sollen wir Politiker immer nur die Wahrheit sagen! Die anderen tun es ja auch nicht, und wir sind auch nur Menschen! Außerdem will der Bürger die Wahrheit ja gar nicht hören. Keiner von uns würde gewählt, wenn er immer die Wahrheit sagte: »Der Staat ist pleite« und »Wir werden euch jetzt eure Rente kürzen.« Die Bürger haben es viel lieber, wenn man ihnen Hoffnung macht und selbst Unangenehmes positiv darstellt: Die Rente wird also nicht gekürzt, sondern nur die Steigerung auf der Zeitachse gemäß des demographischen Faktors langfristig den Erfordernissen der veränderten Situation angepasst. Auch »Minuswachstum« hört sich besser an als »Schrumpfung«.

So wahrheitsliebend jedenfalls sind wir alle nicht. Diese Feststellung soll weder verharmlosen noch entlasten, höchstens etwas zu einem differenzierten und gnädigeren Umgang mit der Lüge in der Politik beitragen. »Wer unter euch ohne Sünde ist, der werfe den ersten Stein«, zitiert Wolfgang Schäuble am 23. Februar 2000 in der Marktkirche zu Hannover das Neue Testament (Johannes 8,7). Müssen wir nicht wirklich unterscheiden zwischen der perfiden Täuschung mit »jüdischen Vermächtnissen« und der spontanen Lüge auf einen Zwischenruf im Parlament? Man hat in einer solchen Situation eine Hundertstelsekunde Zeit und tut genau das, was wohl fast jeder von uns in einer solchen Situation tut: Man erspart sich die unangenehme Wahrheit (die will man später im Zusammenhang und in einer ruhigen Situation erklären) und behauptet etwas Entlastendes. Oft bereut man es schon eine Sekunde später (so wird es bei Schäuble gewesen sein), aber was man gesagt hat, hat man gesagt. Was also jeder in einer ähnlichen Situation im Privat- oder Berufsleben genauso machen würde, sich erst einmal gegen den Überraschungsangriff verteidigen, zu einer Notlüge oder Halbwahrheit greifen – der Politiker im Rampenlicht der Öffentlichkeit kann es nicht. Vor allem dann nicht, wenn die Unwahrheit in Zeiten der Skandale und Affären gesagt wird, die aufzuklären man zugesagt hat.

Es war für mich ziemlich klar, daß Wolfgang Schäuble für seine Lüge im Deutschen Bundestag einen hohen Preis würde bezahlen müssen. Auch wenn man es vielen anderen durchgehen läßt: Der Politiker hat nun einmal einen öffentlichen Auftrag, eine besondere Verantwortung. Er darf sich so etwas in einer solchen Situation nicht leisten! Schäuble selbst hat das alsbald erkannt und dann – wie oben dargestellt – sein Fehlverhalten öffentlich eingeräumt und sich entschuldigt. Für diesen Mut aber fand er keine Anerkennung, der Druck wurde größer, und schließlich mußte er Fraktions- und Parteivorsitz abgeben. Niemand hatte ihm vorgeworfen, mit Schwarzkonten und Schwarzgeldern etwas zu tun gehabt zu haben. Fast alle hatten ihm echten Willen zur Aufklärung der Skandale im Bund und in Hessen unterstellt. Jeder mußte anerkennen, daß in Schäubles Amtszeit keinerlei dunkle Machenschaften stattgefunden hatten. Letztlich büßte er für etwas, was sein Vorgänger ihm und der ganzen CDU eingebrockt hatte! Der Rücktritt war eine richtige und notwendige Entscheidung, aber tragisch war er auch.

»So tut nun Buße und kehrt um, damit eure Sünden getilgt werden«, heißt es in der Bibel (Apostelgeschichte 3/19). Schäuble hat gebüßt, übrigens auch für die Sünden anderer. Nun sollte aber auch die Sünde getilgt sein.

Eine kritische Öffentlichkeit, die Lügen und Skandale aufdeckt und anprangert, sollte generell in der Lage sein, nach dem Eingeständnis und einer darauf erfolgten Buße eines Politikers – der Entschuldigung, des Rücktritts, der Mandatsniederlegung – verzeihen zu können und ihm eine zweite Chance geben. Wenn etwas gnädiger und gelassener geurteilt würde, etwas weniger moralische Selbstgerechtigkeit und Lust an der Empörung im Spiel wäre, dann könnten die Politiker auch leichter Fehler zugeben und Konsequenzen ziehen. Wenn die Chance zur Rehabilitierung besteht und Medien und Bürger Fehler nicht nur aufdecken, sondern auch verzeihen, dann wird die Versuchung zur Vertuschung und Unwahrheit geringer.

Mitten im Beben

Wieder einen Tag später, am Freitag, dem 21. Januar 2000, versammelt sich der erweiterte Landesvorstand der CDU Niedersachsen zu einer Klausurtagung in Lüneburg. Wolfgang Schäuble hat sich angesagt. Woher nimmt der Mann nur die Kraft? Am Beginn der Tagung hat Christian Wulff zu einer Pressekonferenz eingeladen. Schäuble wagt sich weit vor und deutet dabei die Möglichkeit einer Zivilklage gegen Helmut Kohl an. Die Linie ist klar, Schäuble und Wulff wollen den Druck auf den Altkanzler erhöhen. Aber so weit sind die Menschen an der Basis und auch die »mittleren Funktionsträger« noch nicht. Als das Thema Zivilklage wenig später hinter verschlossenen Türen mit Schäuble erörtert wird, gibt es Gegenwind. Schäuble spürt das sofort und rudert zurück.

Wolfgang Schäuble hat noch nicht zu Mittag gegessen, bestellt deshalb eine Bockwurst. Statt dessen bringt man ihm sechs Nürnberger Bratwürstchen. Schäuble: »Wie sieht denn hier bei euch in Lüneburg eine Bockwurst aus?« Er beginnt zu essen, und Christian Wulff bittet Wilfried Hasselmann, ein paar Witze zu erzählen, bis Schäuble fertig ist. Galgenhumor.

Schließlich beginnt Schäuble zu sprechen. Es sei ein qualvoller Prozeß, in dem wir uns befinden. Aufklärung, die Aussetzung des Ehrenvorsitzes. Ihm sei klar, daß viele Bürger und Parteimitglieder unsere Entscheidung vom Dienstag nicht verstünden. Wir müßten sehr viel Aufklärungsarbeit leisten. Ihm sei seit Ende November klar, daß es sich um eine ganz schlimme Affäre handle. Er sei fast ohnmächtig geworden, als er Kohl im ZDF gesehen habe. Die Linie, gegen Gesetze verstoßen zu haben, aber nichts zu sagen, sei nicht durchzuhalten. Kohl habe ihm leid getan wie ein Hund. Aber man könne ihm nicht helfen, niemand komme an ihn heran. Alle Appelle und Forderungen des Präsidiums lasse er an sich abprallen. Gerade für ihn, Schäuble, der mit Kohl so lange so gut zusammengearbeitet habe, sei das ein sehr schwerer Weg. Schäuble weist auch auf seinen eigenen »furchtbaren Fehler« hin, für den er sich im Bundestag entschuldigt habe. »Ich habe nie vorgehabt, die Schreiber-Spende zu verschweigen, wollte aber warten, bis alles aufgeklärt ist und es dann im Wirtschaftsprüferbericht mitteilen.«

Schäuble spricht sehr ausführlich und sehr persönlich. Jedenfalls empfindet wohl jeder, daß er hier vollkommen ehrlich ist und nach Unterstützung sucht. Wir müßten vorbehaltlos aufklären, alles müsse auf den Tisch, einen anderen Weg gebe es nicht. Gleichzeitig aber müßten wir die Partei zusammenhalten und schließlich aus der Krise, auch der drohenden finanziellen Krise, eine Chance machen. Wir bräuchten eine Kampagne, daß das Land eine starke Union braucht. Das würden auch die verstehen, die sich jetzt von uns abwendeten. Am Ende seines Berichtes gibt es lang anhaltenden Beifall. Durch seine schonungslose Offenheit hat er uns gewonnen. Der Beifall tut Schäuble »mitten im Beben« sichtlich gut.

Der hannoversche Bezirksvorsitzende Jürgen Gansäuer dankt

Wofgang Schäuble ist für viele die tragischste Figur in der ganzen Affäre. Der Nachfolger Helmut Kohls als CDU-Vorsitzender muß nach einem Jahr glänzender Wahlerfolge versuchen, die schwerste Krise der Partei zu bewältigen. Als er erkennt, daß seine Person einem Neuanfang im Wege stehen könnte, stellt er seine Ämter in Partei und Fraktion zur Verfügung.

Schäuble dafür, daß er weitermacht. Er dankt auch Angela Merkel, worauf erneut Beifall aufkommt. Frau Merkel zu loben bringt in diesen Tagen landauf, landab überall Stürme von Applaus hervor. Gansäuer spricht von dem materiellen Schaden, der entstehen könnte, wenn wir Geld zurückzahlen müßten. Viel größer aber sei der immaterielle Schaden. Nach den Verfehlungen Kohls und Kanthers sei es für die CDU mit ihrer wertorientierten Politik schwer, in den nächsten Jahren einen moralischen Anspruch an Politik zu formulieren. Wir müßten Stück für Stück wieder um Glaubwürdigkeit ringen.

Es gibt eine lange und gute Diskussion. Kann man den Druck auf Kohl irgendwie verstärken? Soll man mit einer Zivilklage drohen? Was können wir tun, um die vielen ehrenamtlichen Funktionsträger der Partei vor Ort zu motivieren? Sie haben es am schwersten, weil auch sie von den Bürgern als »Politiker« gesehen werden und sich alle möglichen Kommentare anhören müssen: »Hast du auch Bargeld in deinem Aktenkoffer?« Um 18 Uhr verläßt uns ein sichtlich ermutigter Schäuble.

Die Entehrung des Ehrenworts

Bevor wir mit unseren Beratungen fortfahren, gibt es eine kurze Kaffeepause. Plötzlich strömen alle in einen Seitenraum des Hotels. Auf *Phoenix* läuft die Direktübertragung des Neujahrsempfangs der CDU-Bremen. Dort redet Kohl: »Lassen Sie sich nicht einreden, es gäbe dunkle Geschäfte und anonyme Mächte. Nein, ich habe mein Geld von echten Spendern erhalten!« Man hört einen Bremer Zwischenruf: »Halt durch, Helmut!« Tosender Beifall.

Die Reaktionen bei uns sind ganz unterschiedlich. Die meisten hören gebannt zu, noch immer fasziniert davon, wie Helmut Kohl scheinbar gegen jede Vernunft seinen Weg geht. Aber es gibt auch einige, die wenden sich angewidert ab. Ist das, was Kohl in Bremen tut, nicht genau das, was er früher so vielen vorgeworfen hat: sich selbst auf Kosten der Partei zu profilieren? Im

Zentrum seiner Argumentation steht wieder das von ihm gegebene Wort. Er sei altmodisch, sagt Kohl, deshalb stehe er zu seinem Wort. Tosender Beifall.

Als wir zurück im Sitzungssaal sind und die Diskussion fortgeführt wird, melde ich mich zu Wort. Eines der Argumente, die bei unseren Mitgliedern am stärksten verfingen, sei die Ehrenwort-Rhetorik Kohls. Zunächst einmal fände jeder es natürlich richtig, daß man ein einmal gegebenes Wort zu halten habe. Aber bei einigem Nachdenken könne das Argument nicht aufrechterhalten werden. Im Feudalismus mag das Ehrenwort der oberste rechtliche Rahmen gewesen sein. Aber in einer rechtsstaatlichen Demokratie? Könne es da ein Ehrenwort außerhalb von Sittengesetz und Rechtsrahmen geben? Würde da nicht das Ehrenwort zum Gaunerpakt? Jedenfalls könne man das Ehrenwort nicht höher stellen als Amtseid, Recht und Gesetz. Kohl solle alles aufdecken. Selbst wenn es die schlimmsten Vorgänge wären, die dabei zutage kämen. Lieber ein Ende mit Schrecken als ein Schrecken ohne Ende. Die Menschen würden ihm eher verzeihen, wenn er jetzt alles sage, als wenn er weiter schweige und Partei und Staat Schaden zufüge.

Hinzu kommt, daß in Deutschland das gegebene Wort in der Politik spätestens seit dem 18. September 1987 in Verruf gekommen ist. Damals gab der frühere schleswig-holsteinische Ministerpräsident Uwe Barschel den Bürgerinnen und Bürgern sein Ehrenwort (»ich wiederhole, ich gebe Ihnen mein Ehrenwort«), daß die gegen ihn erhobenen Vorwürfe, für die persönliche Verunglimpfung des SPD-Kandidaten Björn Engholm im Wahlkampf die Verantwortung zu tragen, falsch seien. Doch die Anschuldigungen gegenüber Barschel entpuppten sich kurze Zeit später in wichtigen Teilen als wahr, das Ehrenwort war diskreditiert. Daß sechs Jahre später auch Björn Engholm eingestehen mußte, im Zuge der Barschel-Affäre vor dem Untersuchungsausschuß die Unwahrheit gesagt zu haben, trug ebenfalls dazu bei, daß das Vertrauen der Menschen in die Wahrheitsfähigkeit der Politik weiter gesenkt wurde.

Ich hege keine Zweifel daran, daß es Kohl mit seinem Ehrenwort wirklich ernst meint. Er gehört zu den Menschen, denen ich ihr Ehrenwort auch wirklich glauben würde. Ein großer Teil seiner internationalen Reputation beruhte genau darauf. Wenn er eine Zusage machte, hielt er sie ein. Das daraus erwachsene Vertrauen erwies sich als entscheidend, als es darum ging, bei den Nachbarn, in Rußland und Amerika eine positive Haltung zur Wiedervereinigung zu erreichen. Diese Verläßlichkeit lobt zum Beispiel auch Henry Kissinger an ihm: »Wenn Helmut sein Wort gab, konnte man darauf bauen. Wie bei Helmut Schmidt. Wo gibt es solche Männer heute?« In der Nacht der Maueröffnung telefonierte Kohl mit Gorbatschow und gab ihm sein Wort, daß russische Einrichtungen nicht in Gefahr geraten würden. Wenn in den nächtelangen Verhandlungen bei EU-Gipfeln der Kanzler sein Wort gab, so befürchtete niemand, hinterher über den Tisch gezogen zu werden.

Ich halte es sehr wohl für möglich, daß es keineswegs niedere Motive sind, die der anhaltenden Weigerung Kohls zugrunde liegen, die Namen der anonymen Spender nicht zu nennen. Subjektiv glaubt er vielleicht wirklich, daß sein Wort höher steht als alles andere und daß er für alle Zeiten seine Verläßlichkeit aufs Spiel setzt, wenn er jetzt sein Wort bricht. Sollte diese Deutung zutreffen, dann verkennt Kohl, daß wir nicht mehr im Zeitalter des Absolutismus leben. Er ist nicht der Sonnenkönig. Kohl ist nicht der Staat. Das Recht steht höher, und wenn wir darauf verzichten, diese Wahrheit gegenüber dem Altbundeskanzler mit aller Entschiedenheit durchzusetzen, dann verwässern wir die Grundlagen, auf denen Freiheit und Recht in unserer Republik gründen. Vielleicht ist Kohl von der eigenen Größe so sehr überzeugt, daß er die entsprechenden Gesetze, gegen die er verstoßen hat, nur als unbedeutendes, formal-legalistisches Regelwerk begreift, das jetzt von einer Verschwörung aus Neidern, Verrätern und geschichtslos-kleinkarierten Gesellen in unverhältnismäßiger Weise gegen ihn in Stellung gebracht wird, um seine guten Taten in Mißkredit zu bringen. So ähnlich höre ich es auch an Stammtischen oder von Taxifahrern: »Er hat es doch nur gut gemeint. Ohne das Geld wären die Roten an die Macht und die Wiedervereinigung nie gekommen. Gerade die im Osten haben es nötig, sich zu empören: Ohne Helmut säßen die immer noch im

Trabbi. Nun laßt mal Fünfe gerade sein!« Der hohe Zweck heiligt die Mittel.

Und liegt nicht tatsächlich ein wenig »gesunder Menschenverstand« in dieser Argumentation? Wenn man wirklich »aufrechnen« würde: historische Leistung gegen Rechtsbrüche beim Spendensammeln, müßte man dann nicht tatsächlich zu dem Ergebnis kommen, daß die Kritik am Altkanzler ein wenig übertrieben ist? Aber genau das geht eben nicht. Man kann, man darf nicht aufrechnen. Die historischen Leistungen bleiben. Aber es bleibt auch die Pflicht eines jeden, auch des mächtigsten und wohltätigsten Bürgers, das Gesetz zu achten. Man darf sich eben nicht hinstellen und sagen: »Da habe ich mal eben einen kleinen Fehler gemacht, Entschuldigung. Aber ohne diesen Fehler wären die Kommunisten in den neuen Bundesländern noch stärker geworden. Es war in gewisser Weise eine Art übergesetzlicher Notstand, von dem ich Gebrauch gemacht habe, denn ich wußte doch besser als jeder andere, was für die Republik am besten ist.«

Nein, so geht es wirklich nicht! Es ist eben gerade der Sinn rechtsstaatlicher Regeln, daß sich niemand aufgrund eigener »höherer« Einsichten über die anderen aufschwingen und selbst Recht setzen darf. Wer das nicht begreift, der hat die rechtsstaatliche Demokratie nicht verstanden.

Ich glaube nicht, daß Geld im System Kohl besonders wichtig war. Vielleicht hat er sogar wirklich nichts von den Konten im Ausland gewußt, jedenfalls keine Details. Vielmehr war es wohl so, daß Geld ein Instrument unter mehreren war, um seine Machtstellung zu behaupten und auszubauen, die schließlich einem »guten Zweck« diente. Wenn ein loyaler Parteifreund im Wahlkampf Geld benötigte oder eine Computeranlage für den Landesverband, dann sagte Kohl nur: »Terlinden, das mußt du regeln.« – Wer seinem Herrn, Kohl, treu diente, kam eben leichter in den Genuß einer Sonderzuwendung auf diesem Weg. Ein Anreiz für jeden, die Nähe zum Großen Vorsitzenden zu suchen und zu pflegen. So ähnlich wird es gewesen sein. Hätte ich mich darüber erregt, wenn ich es aus der Nähe miterlebt hätte?

Das Ehrenwort hat auch in unserer Zeit seinen Sinn nicht verloren. Ein Versprechen zu geben, verläßlich zu sein, sich ungeachtet aller möglichen Nachteile für die Wahrheit einzusetzen und eine persönliche Ehre zu definieren und zu verteidigen – ohne solche Tugenden kann eine Gesellschaft nicht bestehen. Wenn man einem Versprechen, mit einem Ehrenwort besiegelt, nicht mehr trauen kann, dann verliert das Zusammenleben zwischen den Menschen seinen Grund. Das Ehrenwort ist nicht einklagbar, aber es berührt doch alle in besonderer Weise: mit etwas vom Wichtigsten, das ich habe, mit meiner Ehre, stehe ich für etwas ein. So hat es im ersten Moment auch etwas Bewegendes, wenn Kohl vor den wackeren Parteifreunden in Hamburg »ein Mann, ein Wort« in Stellung bringt. Aber wird das Ehrenwort nicht entehrt, wenn es über Amtseid, Verfassung und Gesetz gestellt wird? Sich bei einem illegalen Geschäft auf das gegebene Versprechen zu berufen und mit diesem Appell an ehrliche Tugenden eine tiefe Wirkung zu erzielen – das ist nicht erträglich. Wie wollen wir jungen Menschen heute den ethischen Wert von Versprechen und einen Begriff von Ehre lehren, wenn der bis vor kurzem mächtigste und angesehenste Mann der Republik so damit umgeht?

Kohlianer versus Aufklärer

Am 24. Januar kommt die Gruppe der niedersächsischen Abgeordneten erneut zusammen, wie immer in der Bremer Landesvertretung in der Hiroshimastraße. Angela Merkel ist bei uns zu Gast und trägt vor. Unser Problem sei, daß die Union einen Markenkern »Kohl« und einen Markenkern »Recht« im öffentlichen Bewußtsein trüge. Mit beidem würde sie identifiziert. Das Problem sei nun, daß beide in ein Spannungsverhältnis zueinander geraten seien. Am 22. Dezember sei das erste Mal seit 25 Jahren das gesamte Präsidium anderer Meinung als Helmut Kohl gewesen. Das sei ein tiefer Einschnitt für die Partei. Letztlich habe sich Kohl nie damit abgefunden, nicht mehr Chef zu sein.

Die letzten Wochen hätten unglaublich viel Kraft gekostet. Sie fühle sich wie auf einer Eisscholle, nicht wissend, was in den nächsten Augenblicken passiert. Wir müßten die Trennung in »Kohlianer« und »Aufklärer« überwinden, dürften uns gegenseitig nicht provozieren.

Frau Merkel berichtet auch von der Sitzung des Bundesvorstands am Vormittag, der den Bericht der Wirtschaftsprüfungsgesellschaft Ernst & Young zur Kenntnis genommen hat. Die CDU werde sicherstellen, daß sich die jüngst bekannt gewordenen Vorfälle nicht wiederholen könnten. Sie begrüßt deshalb, daß sich Bundespräsident a. D. Roman Herzog, Bundesbankpräsident a. D. Hans Tietmeyer und Bundesverfassungsrichter a. D. Paul Kirchhoff bereit erklärt haben, auf der Grundlage des Wirtschaftsprüfungsberichtes Vorschläge für künftige Änderungen des Statuts und der Beitrags- und Finanzordnung der CDU zu unterbreiten. Angela Merkel macht deutlich, daß sie nichts von der am Wochenende geführten Diskussion über eine Zivilklage der CDU gegen Helmut Kohl hält. Wir müßten Polarisierungen in unserer Partei abbauen. Noch sei das Ganze keine Staatskrise, aber wenn die Union auseinanderfalle, dann hätten wir sie.

Genau diese Polarisierungen aber werden am folgenden Tag in der Fraktionssitzung deutlich. Mehrere Redner melden sich und fordern die Führung auf, den Druck auf Kohl nicht zuzuspitzen.

Emotionen und Aggressionen liegen in der Luft. Obwohl jeder weiß, daß immer die Gefahr besteht, Äußerungen in der Fraktion am nächsten Tag in der Zeitung wiederzufinden, trauen sich doch einige mit deutlichen Worten hervor: »Wir müssen aufhören, so selbstquälerisch zu sein und mehr aufklären zu wollen als Staatsanwälte und Untersuchungsausschuß.« Wir dürften Kohl nicht demontieren und müßten uns wieder dem politischen Gegner zuwenden. Man erkennt, daß kurz vor der Sitzung eine Gruppe zusammengesessen und sich zu einer gezielten Attacke entschlossen hat. Die »Kohlianer« in der Fraktion sind nach wie vor nicht zu unterschätzen. Auch wenn er in den letzten Wochen in Fraktion und Parlament nicht mehr gesehen wurde, irgendwie ist Helmut Kohl doch immer dabei. Harte Attacken gibt es auch gegen Rita Süssmuth und Heiner Geißler, die jetzt angeblich ihre

Rachefeldzüge führen. Mein Kollege und Freund Ruprecht Polenz faßt sich ein Herz und hält dagegen: Er fände auch nicht alles richtig, was Geißler sage, aber Schuld an unserer derzeitigen Misere hätten andere.

Am Abend des 26. Januar treffen wir uns in einer sogenannten »Berliner Runde«, zu der Ruprecht Polenz von Zeit zu Zeit etwa 15 Abgeordnete ins Cafe Döblin in Berlin Mitte einlädt. Dieser Kreis ist Anfang des letzten Jahres noch in Bonn entstanden. Wir diskutieren über die Frage, ob es Sinn hat, den nächsten Parteitag zu verschieben, wann ein personeller Neuanfang gemacht werden muß und was die inhaltliche Aufgabe des Parteitages sein soll. Geht es nur um Personal und die Neuordnung der Finanzordnung oder bereits um eine politische Neubestimmung für die kommenden Jahre? Würde eine inhaltliche Botschaft nicht völlig untergehen?

Peter Altmaier äußert seine Sorge vor einem Rechtsruck. Er und Norbert Röttgen kündigen für den nächsten Tag ein umfangreiches *ZEIT*-Interview an, in dem sie sich zur Erneuerung der Partei äußern und dabei dem sächsischen Ministerpräsidenten Kurt Biedenkopf eine wesentliche Rolle einräumen. Ich warne davor, sich im allgemeinen politischen Rummel mit täglich wechselnden Konstellationen durch zu viele Äußerung »zu verbrauchen«. Was immer man jetzt sage, wo immer man sich äußere, es würde im Schwall der ständig neuen Informationen und Meinungen nur eine Randbemerkung sein.

Die anderen wie Hermann Gröhe, Martina Krogmann, Günter Nooke und Ulla Heinen vertreten eine abweichende Auffassung. Vielleicht zu Recht werfen sie mir vor, zu taktisch zu denken. Wir müßten uns jetzt alle immer wieder äußern, um den Anspruch der jüngeren Generation auf Erneuerung deutlich zu machen. Ohne Ausnahme sind wir der Meinung, daß die Wahlerfolge von 1998 in erster Linie auf die Schwächen der Regierung Schröder zurückzuführen sind und eine wirkliche Aufarbeitung der Defizite unserer Partei bisher ausgeblieben ist. Es habe keine Erneuerung der CDU, kaum eine inhaltliche Fortentwicklung gegeben. Deshalb müsse man, wie Eckart von Klaeden anmerkt, den »Zauber des Anfangs in der Krise« nutzen. Droht der Partei die

Spaltung? Überall dort, so Klaedens Betrachtung, wo Skandale aufgeklärt würden, bliebe die betroffene Partei beisammen und trüge keinen langfristigen Schaden davon. Als Beispiele erwähnt er Watergate und den Iran/Contra-Skandal um Oliver North in den USA. Überall dort aber, wo versucht würde, die Affären unter den Tisch zu kehren, wie in Italien, seien die Parteien auseinandergebrochen.

Wir alle teilen die Auffassung, daß Angela Merkel ihre Aufgabe hervorragend löst. Wir beschließen, sie zur nächsten Berliner Runde einzuladen. In diesem Kreis steckt, finde ich, viel Potential für die Zukunft. Wir denken ähnlich, und das tut gerade in diesen Tagen sehr gut.

Schäubles Rücktritt

Wie schwer es uns fällt, aus dem Schatten Kohls herauszutreten, bemerke ich bei meinen politischen Gesprächen in den USA Anfang Februar. Überall wird man auf Kohl angesprochen. Senator Richard Lugar berichtet davon, wie Kohl über eine Stunde bei ihm im Büro gesessen habe. Er sei eine historische Figur, und für ihn sei das eine unvergeßliche Ehre gewesen. Im Büro Henry Kissingers steht ein Bild Kohls mit persönlicher Widmung in der Mitte des Raumes, in unmittelbarer Nähe des Fotos von Richard Nixon. Kissinger erklärt, er werde bei seinem nächsten Deutschlandbesuch mit Kohl zu Abend essen, und zwar so, daß es auch gesehen werden könne: »Ich halte zu meinen Freunden.« Trotz solcher Erlebnisse – auch in den USA wird neben der unstreitigen geschichtlichen Bedeutung Kohls und seiner Verdienste für die transatlantischen Beziehungen zunehmend auch sein Verhalten in der Spendenaffäre als fragwürdig und rechtswidrig dargestellt.

In der ersten Februarwoche kommt heraus, daß Wolfgang Schäuble noch ein weiteres Treffen mit dem Waffenhändler Schreiber hatte. Er habe sich nicht daran erinnert und das erst jetzt festgestellt. Überall werde ich gefragt: »Glauben Sie das?

Besuch bei Henry Kissinger Anfang Februar 2000: »Ich stehe zu meinen Freunden«, sagt der frühere amerikanische Außenminister. In seinem Büro sieht man Fotos von Helmut Kohl und Richard Nixon.

Kann es sein, daß man Treffen mit einem Menschen, der einem 100 000 DM gespendet hat, vergißt?«

Am 14. Februar drucken die Zeitungen zwei sich ausschließende eidesstattliche Erklärungen nebeneinander: die von Wolfgang Schäuble und die der früheren CDU-Schatzmeisterin Brigitte Baumeister. Es geht um die Übergabe der 100 000-DM-Spende von Karl-Heinz Schreiber an die CDU. Wann ist sie wem in welcher Form übergeben und wie weitergeleitet worden? Schäuble oder Baumeister – einer muß lügen. Als ob wir nicht schon genug Probleme hätten! Jetzt muß sich die Parteispitze auch noch gegenseitig in den Haaren liegen.

Am Abend plädiere ich in der Landesgruppe das erste Mal offen und klar für einen völligen personellen Neuanfang an der Spitze von Partei und Fraktion. Wolfgang Schäuble habe großartige Arbeit geleistet, für die wir ihm dankbar sein müßten. Ich hätte keinen Grund, seiner Darstellung zu mißtrauen. Aber irgend jemand müsse doch die Verantwortung für all die Ungereimtheiten der letzten Wochen, das stückweise Zutagetreten der Wahrheit, den bekanntgewordenen unverantwortlichen Umgang mit Fraktionsgeldern, die Vorgänge um Wolfgang Hüllen usw. übernehmen. Wenn der Parteitag keinen personellen Neuanfang mache, würden uns die Mitglieder, die bisher in einer unglaublichen Treue zu uns hielten, den Rücken zuwenden. Nur ein neuer Vorsitzender (oder eine neue Vorsitzende) könnte die Parteimitglieder motivieren, mit Spenden unsere verheerende finanzielle Situation zu verbessern. Vor allem aber: Die inhaltliche Erneuerung, die erforderliche Auseinandersetzung mit der Regierungspolitik, könnte nur durch eine neue Person gewährleistet werden. Ich spreche mich für den Fraktionsvorsitz von Friedrich Merz und für den Parteivorsitz von Angela Merkel oder Christian Wulff aus. Es gibt wenig Widerspruch.

Am Dienstag, dem 15. Februar 2000, dann der Aufstand der Fraktion, ein Tag später der Rücktritt Wolfgang Schäubles. Die Fraktion war wie immer um 15 Uhr einberufen worden. Unten im Foyer des Reichstages werden die Abgeordneten von Fraktionsangestellten informiert, daß sich der Sitzungsbeginn hinauszögere. Zufällig sind gleichzeitig mit mir meine Kollegen Heiner

Geißler und Peter Kurt Würzbach eingetroffen. Als wir im Begriff sind, unsere Mäntel an der Garderobe abzulegen, kommt Außenminister Joschka Fischer vorbei. Er drückt sein Bedauern mit unserer Lage aus, in diesem Moment scheinbar sogar ganz ohne Häme. Es sei wichtig für das Land, daß die Union sich erhole.

Fischer befürchtet das Entstehen rechtsradikaler Parteien, einen Haider in Deutschland. Heiner Geißler und ich werfen ihm vor, daß die Entscheidung der 14 EU-Staaten, Österreich wegen der Bildung einer Koalition der ÖVP mit Haiders FPÖ durch Verweigerung bilateraler Kontakte zu isolieren, das Gegenteil von dem bewirke, was beabsichtigt sei: Statt Dämme gegen den Rechtspopulismus aufzubauen, würden sie nun weggespült. Haider sei innerhalb kurzer Zeit zum europäischen Medienstar geworden. Heiner Geißler meint, daß er eigentlich ein Habsburger sei, ein »Zillertaler«. Er sei gerade wieder in Österreich skilaufen gewesen und nehme es »persönlich übel, daß ihr das mit meinem Österreich getan habt«. Fischer entgegnet, daß wir nur von unserer CDU-Krise ablenken wollten. Dieses Argument hält uns die Regierungskoalition bei jedem sachlichen Einwand gegen ihre Politik entgegen: Wir sollten erst einmal den eigenen Laden wieder sauber kriegen, bevor wir hier Noten verteilen würden. Fischer äußert kein Verständnis dafür, daß Wolfgang Schäuble noch im Amt ist. Wenn wir so weitermachten, drohe das Ende der Union. Er findet, daß man jetzt einen der älteren, in der Bevölkerung hochangesehenen CDU-Politiker für eine Übergangsperiode gewinnen sollte, der dann der jüngeren Generation den Weg bereite.

Solche Ideen schwirren ja auch bei uns herum, mit Namen wie Bernhard Vogel und Kurt Biedenkopf an der Spitze. Ich halte das für völlig falsch. Wir könnten nicht den Neuanfang mit Siebzigjährigen, und seien sie noch so gut und honorig, beginnen. Nein, entgegnet Fischer, er denke vielmehr an Weizsäcker oder Geißler. Natürlich hört es Heiner Geißler ganz gerne. Aber er betont, daß Weizsäcker vielleicht gar keine schlechte Idee sei. Ich halte die Idee für unsinnig und sage das auch: Erstens sei ich mir sicher, daß Weizsäcker für eine solche Aufgabe gar nicht zur Verfügung stünde, und zweitens seien beide Lösungen in der

Partei absolut nicht durchzusetzen. Ich zweifele außerdem daran, daß Joschka Fischer wirklich so besorgt um uns ist. Sind das nicht eher Krokodilstränen.

Und siehe da: Schon macht er ein Spiel aus unserem vertraulichen Gespräch! Am nächsten Tag werde ich von einer großen deutschen Zeitung angerufen: Aus der Umgebung Fischers habe man gehört, daß es in der CDU »Kreise« gäbe, die eine Kandidatur Weizsäckers oder Geißlers als Übergangsvorsitzende der CDU befürworteten. Zum Glück gelingt es mir, den Journalisten, einen Chefredakteur, von der Irrigkeit dieser Information zu überzeugen. Er versteht nach wenigen Sätzen, daß die ganze Sache unseriös ist.

Mir geht ein Szenario durch den Kopf: Hätte ich diese Information jetzt aber bestätigt, dann hätte es am nächsten Tag einen großen Artikel etwa dieses Wortlauts gegeben:

> *Weizsäcker und Geißler sollen Übergangs-CDU führen.* Einflußreiche Kreise in der Union befürworten jetzt eine Kandidatur von Richard von Weizsäcker und Heiner Geißler für die Führung der CDU. Durch ihr Ansehen in der Bevölkerung könnten sie der Union zu neuem Vertrauen und Ansehen verhelfen und einer jungen Generation in den kommenden zwei Jahren den Weg bereiten. Es sei jetzt notwendig, diejenigen für Führungspositionen zu gewinnen, »die selbst nichts mehr werden wollen und deshalb sich ganz dem Wohle der Partei widmen können«. Ein Bundesvorstandsmitglied, das nicht genannt werden wolle [das wäre Geißler]: Weizsäcker, das wäre durchaus vorstellbar. Er gehörte früher dem Präsidium der Partei an, war erfolgreicher Regierender Bürgermeister in Berlin und ein glänzender Bundespräsident. Auch einer der jüngeren Abgeordneten in der Union [gemeint wäre ich] kann der Idee einiges abgewinnen: »Ich könnte mir vorstellen, daß das gerade bei jungen Menschen wieder Vertrauen schafft.« In Regierungskreisen, wo inzwischen die Schadenfreude einer ernsten Besorgnis angesichts der Krise der CDU gewichen ist, wird dieser neue Vorstoß positiv aufgenommen. Ein Mini-

> ster [gemeint wäre Fischer]: »Ja, eine solche Lösung würde dem ganzen Land gut tun.« Richard von Weizsäcker war gestern für eine Stellungnahme nicht zu erreichen. Heiner Geißler erklärte: »Wir dürfen jetzt keine Personaldebatten führen. Es kommt darauf an, daß die Union zur Sachpolitik zurückfindet. Da muß jeder seine Pflicht tun.«

Dieser Artikel wäre vorab den Nachrichtenagenturen übersandt worden, und schon in den Abendnachrichten wären die ersten Stellungnahmen dazu gekommen. Man hätte vielleicht ein paar Bürger auf der Straße oder Parteimitglieder im schleswig-holsteinischen Landtagswahlkampf im Fernsehen befragt, die die Idee für faszinierend erklärt hätten, Heiner Geißler wäre zur Talkshow am Abend eingeladen worden. Ein Leitartikler am nächsten Tag hätte neben Geißler und Weizsäcker auch noch Rita Süssmuth ins Spiel gebracht, und Rainer Barzel hätte aus Garmisch-Partenkirchen erklärt, daß er bereitstünde, wenn man seinen Rat bräuchte. Die CSU hätte die Weizsäcker- oder Geißler-Lösung für den Untergang des Abendlandes erklärt und nun ihrerseits den Anspruch auf Mitsprache bei allen wichtigen Personalentscheidungen bekräftigt. Darauf wiederum hätte die Pressesprecherin des Konrad-Adenauer-Hauses einen Kreis von Journalisten zum »Hintergrundgespräch« geladen, in dem sie klargemacht hätte, daß die CDU sich von der Schwesterpartei, die im Moment natürlich in einer viel besseren Lage sei, nichts vorschreiben lasse. Christian Wulff hätte das im Heute-Journal angriffslustig wiederholt. Ein Bezirksvorsitzender der CDU aus Baden-Württemberg hätte demgegenüber von einer Austrittswelle in seiner Region berichtet, da die Aussicht, daß Heiner Geißler mit seinem Konzept der mulikulturellen Gesellschaft die CDU führen solle, die Mitglieder scharenweise abschrecke. Geißler hätte daraufhin in weiteren Talkshows noch einmal seine Vorstellungen zu diesem Thema erläutert und angefügt, daß er sich zu keinem Zeitpunkt zu einem Parteiamt gedrängt habe. Daraus wiederum macht eine Nachrichtenagentur die Meldung: »Geißler schließt Kandidatur nicht aus«, und schon geht alles von vorne los.

So ähnlich, vielleicht nicht ganz so kraß, werden oft »Geschichten geboren«. Der Redakteur der Zeitung, der mich anrief, war ein gewissenhafter Journalist. Nicht wenige hätten sich – im allgemeinen Kampf um Auflage – die »Story« nicht aus der Hand nehmen lassen. Hauptsache, man hat eine *news*, die die Leute lesen und erst einmal glauben. Das Dementi am nächsten Tag geht sowieso unter. Die Devise lautet oft: Recherchiere nicht zu sehr, mit jedem weiteren Anruf wächst die Gefahr, daß die Geschichte »kaputtgemacht« wird.

Trotz dieser kleinen Polemik: Im Ganzen haben wir der freien Presse gerade im Hinblick auf die Aufdeckung und Behandlung der Finanzskandale viel, sehr viel zu verdanken.

Aber zurück zu den Ereignissen des 15. Februar. Nach dem Gespräch mit Fischer gehen Würzbach, Geißler und ich eine Treppe hinauf in das Bundestagsrestaurant von Käfer. Überall an den Tischen sitzen Kolleginnen und Kollegen, die genau wie wir die Zeit überbrücken. Wir setzen uns in eine Ecke und bestellen. Am Nebentisch die beiden nibelungentreuen Paladine Kohls, Anton Pfeifer und Fritz Bohl. Sorgenvoll, doch kampfbereit. Helmut Kohl ist durch sie stets präsent. Man hört, daß er täglich Abgeordnete aus unseren Reihen in seinem Büro empfängt, mit vielen telefoniert und so hinter den Kulissen nach wie vor seine Fäden zieht. Das System Kohl jedenfalls lebt, auch wenn es nicht mehr so dominierend ist wie früher. Oder doch?

Alle sind gespannt, spüren, daß etwas in der Luft liegt. Warum tagt der Fraktionsvorstand so lange? – Wir wissen, daß der Hauptgegenstand im Fraktionsvorstand die sich widersprechenden eidesstattlichen Erklärungen von Wolfgang Schäuble und Brigitte Baumeister sind. Warum um alles in der Welt konnte der Fraktionsvorsitzende diesen Konflikt nicht im Gespräch bereinigen, bevor die Sache sich zuspitzte, publik wurde und jetzt für beide Seiten zu einer Frage der Ehre wird? Darüber gibt es die unterschiedlichsten Spekulationen: Schäuble habe alles versucht, aber Frau Baumeister habe sich, von Helmut Kohl darin ermutigt, jeder Einigung entzogen. Frau Baumeister werde von dunklen Kräften erpreßt. Die Fraktionsführung sei überfordert, habe die Sache fahrlässig schleifen lassen, und wir alle müßten jetzt die

Suppe auslöffeln. Jeder hat eigene Theorien und glaubt, eine hundertprozentig richtige Information erhalten zu haben. Am Vormittag hat der sogenannte Ehrenrat der Fraktion getagt, dem Rita Süssmuth, Heinz Riesenhuber und Carl-Dieter Spranger angehören. Obwohl sie sich mit allen Einzelheiten beschäftigt und die Beteiligten befragt haben, sieht sich Frau Süssmuth angesichts der verworrenen und komplizierten Sachverhalte nicht zu einem klaren Urteil in der Lage. Wie soll es der Öffentlichkeit möglich sein?

Um 16 Uhr gehen wir in den Fraktionssaal, der überfüllt von Kameras und Journalisten ist. Mehrere wollen mich interviewen, aber ich bleibe dabei, mich öffentlich nicht zu äußern. Es reden genug Leute in diesen Tagen allen möglichen Unfug in die Kameras. Was soll ich auch sagen: Daß wir noch ein bißchen mehr, sozusagen »total brutalstmöglich«, aufklären sollen? Daß Helmut Kohl jetzt endlich mit den Namen der Spender herauskommen möge? Daß wir einen Neuanfang brauchen? Ich führe lieber weiter Gespräche mit Kolleginnen und Kollegen.

Umringt von einem Pulk sich fast prügelnder Fotografen betritt schließlich Brigitte Baumeister den Saal und geht auf ihren Platz. Sie kommt bei Eckart von Klaeden und mir vorbei, gibt uns die Hand. Sie sieht blaß aus, allerdings auch entschlossen. Was hat sie durchgemacht in den letzten Wochen, bis hin zu Gerüchten über eine Affäre mit einem Mann aus der Rüstungsindustrie. Ich bin 1990 mit ihr in den Bundestag gekommen und mag sie. Sie ist nicht böse, gerissen, geldgierig oder intrigant. Eher überfordert und bis vor kurzem vielleicht etwas naiv. Sie ist selbst keine Strippenzieherin, sondern benutzt worden. Von wem wohl?

Die Stimmung bei der »Truppe« ist eindeutig, Schäuble sollte am besten zurücktreten. Kaum einer, der wirklich gegen ihn ist oder Aggressionen hegt. Im Gegenteil erkennen alle an, daß nun wirklich nicht er der Übeltäter ist, der uns die ganze Sache eingebrockt hat. Er hat ein ungeheures Pensum geleistet und aufgeklärt, was aufzuklären war. Dabei aber hat er eben auch Fehler gemacht, wie er ja selbst einräumt. Im Eifer des Gefechts hätte das jedem passieren können! Aber bei so sensiblen Fragen darf man, wenn man als Aufklärer glaubwürdig sein will, eben nichts, aber auch gar nichts verschweigen. Beim Ausmisten des Stalls ist eben ein wenig Dreck auch an seinen Schuhen hängengeblieben.

Schließlich, nach einer weiteren Stunde, kommt der Vorstand der Fraktion, an der Spitze Schäuble, in den Sitzungssaal. Michael Glos, Schäubles erster Stellvertreter, ergreift das Wort und schildert den einmütigen Beschluß des Fraktionsvorstandes. Dieser hatte zunächst Frau Baumeister aufgefordert, ihr Amt als Parlamentarische Geschäftsführerin zurückzugeben. Da sie dies ablehnte, empfahl der Vorstand nun der Fraktion, Frau Baumeister in der kommenden Woche abzuwählen, wozu eine Zweidrittel-Mehrheit notwendig wäre. Schäuble schloß sich diesem Vorschlag ausdrücklich an und schlug sogleich vor, den gesamten Vorstand, also auch den Vorsitzenden, in einer außerordentlichen Sitzung nach der Schleswig-Holstein-Wahl am 27. Februar neu zu wählen.

Die Fraktion reagiert kühl, es gibt einige Zwischenrufe aus den Reihen der nordrhein-westfälischen Abgeordneten, die kurz vorher mit großer Mehrheit für einen Rücktritt Schäubles votiert haben. Viele haben den Eindruck, daß mit Frau Baumeister nur ein »Bauernopfer« präsentiert werden soll und daß das eigentliche Problem ganz woanders liegt. Brauchen wir nicht einen neuen Fraktionsvorsitzenden? Vor wenigen Stunden hat Bundestagspräsident Wolfgang Thierse der CDU eine Strafe von DM 41,3 Millionen für die falschen Rechenschaftsberichte (Nichtangabe des Vermögens, das die hessische CDU heimlich auf Auslandskonten verbracht hatte) auferlegt. Das ist ein Tiefschlag für die Partei, die in den nächsten Jahren sehr viel kleinere Brötchen wird backen müssen. Ich halte es nicht für sehr klug, sich öffentlich über das Strafmaß wehklagend zu beschweren. Wir denken daran, unsere Mitglieder und Freunde zu bitten, uns mit Spenden bei der Bewältigung dieser Last zu helfen. Kann man dies ohne einen personellen Neuanfang?

An der Stimmung ist bereits zu merken, daß der Vorstand mit seinem Vorschlag nicht durchkommen wird. Jetzt wird das Thema Schäuble hochkommen. Wer meldet sich als erster? Wer traut sich, dem Vorsitzenden zu sagen, was inzwischen fast alle denken? Peter Altmaier aus dem Saarland meldet sich, einer der

Tiefschlag für die CDU am 15. Februar 2000: Generalsekretärin Angela Merkel und Schatzmeister Matthias Wissmann nehmen zur 41,3-Millionen-Strafe Stellung, die Bundestagspräsident Wolfgang Thierse wenige Stunden zuvor verhängt hat.

jüngeren Abgeordneten, der sich in der letzten Legislaturperiode insbesondere in der Frage des Staatsbürgerschaftsrechts immer wieder weit aus dem Fenster gehängt hatte und in der Fraktion oft auf starken Widerstand gestoßen ist. Ein kurzes Raunen geht durch den Saal: Ausgerechnet Altmaier, das kann kaum gutgehen.

Aber Altmaier macht etwas sehr Geschicktes. Er nutzt die Stimmung aus, daß niemand in der Fraktion gewillt ist, in der Angelegenheit Schäuble/Baumeister ohne nähere Information eine Entscheidung zu treffen. Wenn die Fraktionsführung sowieso gedenke, die Vorstandswahlen vorzuverlegen, dann bestünde keine Notwendigkeit, in der kommenden Woche über die Amtsenthebung von Frau Baumeister abzustimmen. Es gibt Beifall. Altmaier geht, ein wenig Stolz, ein wenig Erleichterung im Gesicht, auf seinen Platz zurück. Soviel Applaus hat er bei all seinen bisherigen Auftritten in der Fraktion (und es waren relativ viele) zusammen noch nicht erhalten. Er hat nun Ton und Richtung für die nachfolgenden Redner angegeben. Man muß gar nicht Schäuble angreifen, sondern kann die Vertagung der Baumeister-Entscheidung erzwingen und damit ein kraftvolles Signal setzen, daß der Fraktionsvorstand momentan nicht mehr das Vertrauen der Fraktion hat. Man kann das tun, ohne es direkt auszusprechen, sozusagen mit dem Florett: schneidend, aber elegant.

Daraufhin schlagen die schleswig-holsteinischen Abgeordneten Peter Kurt Würzbach, Dietrich Austermann und Angelika Volquartz vor, die Wahlen im Norden nicht abzuwarten, sondern bereits in der nächsten Woche die gesamte Führung neu zu wählen. Dies hätte positive Wirkungen auf die Wähler. Wenn schon vorgezogen würde, dann doch bitte gleich so, daß die Wahlkämpfer davon noch profitieren könnten. Die Fraktion zeigt Zustimmung: Jawohl, so wird es jetzt gemacht. Fast alle wissen, daß das gewünschte Signal für Kiel aber nur dann gesetzt wird, wenn es einen neuen Vorsitzenden gibt. Ohne Schäuble ein einziges Mal zu attackieren, bedeuten die Abgeordneten durch Akklamation, daß sie einen personellen Neuanfang wollen.

Ich empfinde Mitleid mit Wolfgang Schäuble, aber auch Erleichterung nach dieser Sitzung. Es gefällt mir, daß die Fraktion nach Jahren der Unmündigkeit endlich einmal wieder ihre Macht demonstriert hat und daß sie es auf eine entschiedene, aber nicht aggressive Weise getan hat. Kein »Königsmörder« stand auf, keine Schimpfkanonaden, keine Buh-Rufe, sondern eine ernsthafte Debatte und eine unsichtbare Hand, die die ganze Sache in die richtige Richtung trieb, eine Art Fraktionsgeist, der lange genug in der Flasche geschlummert hatte und nun auf einmal befreit war.

Unerträglich war es in der vorherigen Sitzungswoche gewesen. Auch damals war die Atmosphäre gespannt und für Wolfgang Schäuble, der sich bewundernswert unter Kontrolle hatte, ohne jeden Zweifel sehr schwer. Auch war das kein so ganz spontaner Aufstand, wie es vielleicht für viele den Anschein hat. Natürlich hatten nicht wenige den Rücktritt Schäubles in den letzten Tagen intensiv betrieben, auch Helmut Kohl hatte daran durch viele Einzelgespräche und Telefonate mit Abgeordneten direkt mitgewirkt. Heiner Geißler zeigte sich deprimiert. Er empfand den Aufstand als einen Sieg des Altkanzlers über Schäuble.

Aber das ist nach meiner Überzeugung nicht richtig. Wir alle wissen, daß Kohl zwar den Rücktritt Schäubles aktiv betrieben hat und seit Wochen streuen ließ, daß sein Nachfolger ungeeignet sei, den »Job« nicht machen könne und für den Absturz der Partei und schlechtes Krisenmanagement verantwortlich sei. Aber diese Kampagne aus dem Hintergrund war nicht entscheidend. In einer Abstimmung Kohl gegen Schäuble hätte der letztere klar die Mehrheit gehabt. Kohls Einfluß war zu diesem Zeitpunkt noch immer spürbar, aber er war schon keineswegs mehr dominant.

Entscheidend für die Stimmung in der Fraktion waren die Erlebnisse eines jeden von uns an der Basis. Auf dem Ball der CDU in Hannover am vorausgegangenen Wochenende und beim »Ricklinger Deichfest« in meinem Wahlkreis am Sonntagmorgen hatte ich kaum einen Bürger getroffen, der nicht die Befürchtung aussprach, daß mit Schäuble kein Neuanfang zu machen sei. Großer Respekt, großes Bedauern, aber eine klare Botschaft: Ein anderer muß es machen. Nicht Intrige, sondern diese Erfahrung führte zu dem Aufstand in der Fraktion. Es ist gut möglich, daß Schäuble diese Stimmung nicht nur gespürt hatte, als ihm am Mittag in der sogenannten »Schäuble-Runde« die Landesgruppen-Chefs von den Vorabend-Sitzungen berichtet hatten, sondern daß er auch für sich bereits die Entscheidung getroffen hatte, unmittelbar nach der Wahl in Kiel zurückzutreten. Dafür spricht sein Vorschlag der Vorverlegung der Vorstandsneuwahlen. In jedem Fall aber kann gesagt werden, daß hier niemand an seinem Stuhl klebte. Schäuble blieb bis zuletzt Herr der Lage.

Das erste Mal seit langer Zeit hege ich wirklich Hoffnung. Aber viele von uns, die wir uns später wieder in der Parlamentarischen Gesellschaft treffen, denken auch an Wolfgang Schäuble und wie er sich fühlen mag. Er sitzt bereits wieder in der Thüringischen Vertretung mit dem engeren Fraktionsvorstand und diskutiert das weitere Vorgehen. Er hätte auch einfach nach Hause gehen können, bitter und böse. Jeder hätte es verstanden. Aber er macht weiter, erfüllt seine Pflicht. Seine Rücktrittserklärung am nächsten Tag ist nur noch Formsache, aber er erledigt diese mit Stil. Schäuble muß, da sind wir uns fast alle sicher, auf irgendeine Weise in Fraktion und Partei weitermachen. Warum nicht, wenn die ganze Spendenaffäre aufgeklärt ist, als Ehrenvorsitzender? Die Stelle ist vakant.

Die Rücktrittserklärung ist sehr ergreifend. Schäuble wirkt müde, aber irgendwie auch erleichtert. Er hatte ja schon vor einem Monat seinen Rücktritt angeboten und seit dem November 1999 eine physische und psychische Belastung aushalten müssen, wie wohl kein Vorsitzender vor ihm. Schäuble sagt: »Die CDU befindet sich in der schwersten Krise ihrer Geschichte. In einer nicht für möglich gehaltenen Weise ist in der Vergangenheit gegen die Vorschriften des Parteiengesetzes und die Prinzipien von Transparenz und innerparteilicher Demokratie verstoßen worden. Die Aufklärung dieser Vorgänge war und ist schwierig und schmerzhaft für die Partei, für ihre Mitglieder und Sympathisanten. Aber zu diesem Weg gibt es keine Alternative, um verlorengegangenes Vertrauen wieder zurückzugewinnen und neue Glaubwürdigkeit zu begründen. Die Krise der CDU darf nicht zu einer Krise unserer Demokratie werden. Deshalb ist es von überragender Bedeutung, daß die Union als die große integrierende Kraft der Mitte erhalten bleibt. Diesem Ziel hat sich alles andere unterzuordnen. ... Deshalb ist in mir die Überzeugung gereift, daß ohne einen sichtbaren, also auch personellen Neuanfang sich die Union nicht aus der Umklammerung dieser Krise befreien kann ... Und ich kann diesem Neuanfang am besten damit dienen, daß ich nicht mehr für das Amt des Vorsitzenden kandidiere.«

Hier stellt einer sich wirklich in den Dienst seiner Partei und redet nicht nur davon.

Schäuble hat sich unglaublich unter Kontrolle. Wie sehr ihn aber der Rücktritt mitnehmen muß, zeigen die Reaktionen in seiner Familie. Zeitungsberichten zufolge erlitt seine 87jährige Mutter Gertrud Schäuble einen schweren Schlaganfall. Ich hatte vor kurzem Schäubles Tochter Juliane in Washington getroffen, die sogar in der Ferne dem daheim ablaufenden Drama nicht entfliehen konnte. Thomas Schäuble, Bruder von Wolfgang und baden-württembergischer Innenminister, verschwieg die Empörung nicht: »Ich verabscheue Helmut Kohl. Da kann ich für die ganze Familie sprechen.«

Licht am Ende des Tunnels

Am gleichen Abend trifft sich unser Kreis jüngerer Abgeordneter um 20 Uhr wieder im Cafe Döblin zur Berliner Runde. Angela Merkel ist unserer Einladung gefolgt und gibt uns eine offene Lageeinschätzung. Was die Fraktion angeht, so deutet alles auf eine breite Mehrheit für Friedrich Merz hin. Noch nicht geklärt ist allerdings die Frage des neuen Parteivorsitzenden. In den letzten Tagen hat es intern eine Tendenz gegeben, den thüringischen Ministerpräsidenten Bernhard Vogel oder seinen sächsischen Kollegen Kurt Biedenkopf zu einer Übergangskandidatur zu bewegen, eventuell mit Frau Merkel als Generalsekretärin. Keiner in unserer Runde findet diese Idee überzeugend. Die meisten von uns schätzen vor allem Biedenkopf sehr, der ja schon während der Kohl-Herrschaft eigene Wege ging. Aber was würde für ihn wohl »Übergang« bedeuten? Jemand wie er würde sich nicht darauf einlassen, sich auf zwei Jahre Moderation zur Wegbereitung für ein neues Team einzulassen. Außerdem: Was für ein Erneuerungssignal wäre es, jetzt einen 57jährigen Parteivorsitzenden durch einen 70jährigen zu ersetzen? Für unsere Generation der 35- bis 45jährigen wäre das ein absolutes Armutszeugnis.

Fast ohne Ausnahme raten wir Angela Merkel zur Kandidatur. Sie wäre fabelhaft für die Union. Keine Quotenfrau, kein »Quotenossi«, im Gegenteil: Sie wäre die erste Frau, die aus eigener Kraft ganz nach vorne kommt. Das sei für die Union genauso wichtig wie die Tatsache, als Partei der Wiedervereinigung endlich jemanden aus den neuen Ländern in eine absolute Spitzenposition in der deutschen Politik zu wählen. Vor die Alternative gestellt, einen der geschätzten und verdienten älteren Herren oder die junge energische Frau für den CDU-Vorsitz zu wählen, ist unsere Runde, heute knapp über zwanzig Abgeordnete, einstimmig für die zweite Alternative.

In der Fraktion scheint die Mehrheit für Friedrich Merz, den ich mindestens zehn Jahren kenne und schätze, offenkundig. Er ist intelligent, sachkundig, geradlinig, fleißig und verläßlich, kann sich international »bewegen« und versteht es, Leute zu integrieren und zu motivieren. Nur aus der CSU kommen Vorbehalte. Hier wird offenbar Volker Rühe für den (wahrscheinlichen) Fall einer Wahlniederlage bei der Landtagswahl in Schleswig-Holstein favorisiert. Aber schließlich setzt sich Merz in dem üblichen Gerangel durch. Am Donnerstag, dem 17. Februar 2000, nominiert ihn das CDU-Präsidium einstimmig für die Wahl zum Fraktionsvorsitzenden, auch die CSU stimmt zu.

Gewählt werden soll der Vorsitzende und sein Vorstand allerdings entgegen dem Fraktionsbeschluß erst nach der Wahl in Schleswig-Holstein. Auf diese Weise hat Volker Rühe die Möglichkeit, im Falle einer Niederlage in Kiel als stellvertretender Chef anzutreten. Außerdem aber können die Landesverbände und insbesondere die CSU-Landesgruppe auf diese Weise verstärkt Einfluß auf die Besetzung der unterschiedlichen Positionen unter Merz nehmen. Merz hat keine *carte blanche* für die Auswahl seiner Stellvertreter und Mitstreiter, sondern muß in wichtigen Fragen auch auf die Wünsche der regionalen und »soziologischen« Gruppen Rücksicht nehmen.

In einer kurzen Sitzung am Freitagmorgen um 8 Uhr stimmt die Fraktion dieser Verlegung zu. Schäuble macht schon wieder erste Späße, auch wenn er tiefe Ränder unter den Augen hat – wie sollte es auch anders sein. Die Stimmung in der Truppe jedenfalls ist gut. Die Schleswig-Holstein-Wahlkämpfer berichten von einem Stimmungswandel. Wir sehen Licht am Ende des Tunnels, jedenfalls bilden wir uns ein, daß da in der Ferne eine kleine Flamme in der Dunkelheit lodert...

Nach der auf die Fraktionssitzung folgenden Steuerdebatte im Bundestag, in der Merz seine erste Rede als designierter Fraktionschef hält und unsere Erwartungen voll erfüllt, fahre ich mit den Kollegen aus Sachsen-Anhalt und Niedersachsen mit der Bundesbahn nach Wolfenbüttel. Hier soll die erste einer ganzen Serie von Regionalkonferenzen der CDU stattfinden. Die Spitze der Union will sich der Basis stellen, in sie »hineinhorchen« und sie nach den schweren Wochen und Monaten wieder motivieren. Das neue Motto dieser Kampagne, welche außerdem die Notwendigkeit der Union für die politische Statik in Deutschland unterstreichen soll, lautet: *Verantwortung, Veränderung, Vertrauen.*

Dieser Slogan steht auf einer grünen Rückwand vor dem gediegenen Rednerpult in der Lindenhalle in Wolfenbüttel, einer großen Sporthalle, die mit etwa 800 CDU-Mitgliedern gefüllt ist. Sie sind aus allen Teilen Niedersachsens und Sachsen-Anhalts, zum Teil mit organisierten Busfahrten, angereist. Zahlreiche Journalisten, Kamerateams und Fotografen haben sich in die ostniedersächsische Provinz aufgemacht, um hier einen Eindruck davon zu gewinnen, wie die CDU-Basis die Ereignisse der letzten Tage und Wochen verkraftet hat.

Heinrich-Wilhelm Ronsöhr, der Braunschweiger CDU-Landesvorsitzende, nimmt es bei seiner Einleitungsrede vorweg: Die Basis habe sich als unendlich treu und verläßlich erwiesen. Dafür wolle er herzlich danken. Leicht sei es ihr nicht gemacht worden.

Friedrich Merz, der wirtschafts- und finanzpolitische Sprecher der CDU/CSU- Bundestagsfraktion, wird am 29. Februar 2000 zum Nachfolger Schäubles im Fraktionsvorsitz gewählt. Eine Woche später, an Aschermittwoch, spricht er sich für Angela Merkel als Parteivorsitzende aus.

Dann redet Angela Merkel. Ohne Schnörkel, ohne rhetorische Kunstgriffe, ganz natürlich. Das ist keine in Jahren der Parteiarbeit geschliffene, in Rhetorikseminaren getrimmte und auf vordergründige Wirkung schielende Parteipolitikerin, sondern eine couragierte Frau, die sich von ihrem einstigen Ziehvater Helmut Kohl emanzipiert hat und nun einfach sagt, was sie denkt. Nicht mehr »das Mädchen«, sondern eine selbstbewußte, hochqualifizierte Dame. Was für ein Glück für die Union in dieser Stunde!

Kohl habe erfolgreich regiert, führt Frau Merkel aus. Aber wer die Kraft habe, Gutes beim Namen zu nennen, müsse auch die Kraft haben, das Schlechte zu erwähnen. Wenn jemand sein Ehrenwort über das Gesetz stelle, dann halte das eine Partei, die in Deutschland seit eh und je für das Recht eingestanden sei, nicht aus. Die Basis dankt ihr die klaren Worte mit tosendem Beifall. Frau Merkel beklagt die mangelnde innerparteiliche Demokratie in der Vergangenheit. Wir müßten unterschiedliche Auffassungen aushalten und dürften nicht gleich, wenn uns eine Meinung nicht paßte, den Vorwurf erheben: Gehört der eigentlich noch zu uns? Dann redet sie und anschließend Christian Wulff über inhaltliche Themen: von der Sozialen Marktwirtschaft und der Gesundheitspolitik bis hin zu dem risikoreichen Beschluß der EU, der Türkei den Kandidatenstatus einzuräumen.

Später, in der Diskussion, an der sich über zwanzig Vertreter der CDU-Basis beteiligen, wird dann allerdings auch deutlich, daß man Frau Merkel zwar theoretisch zugestimmt hat, aber manche in Sachen Diskussionskultur noch einiges zu lernen haben. Wiederholt gibt es Buhs und empörte Zwischenrufe, wenn sich die Redner unkonventionell äußern. Der Diskussionsleiter, der sachsen-anhaltinische CDU-Chef Wolfgang Böhmer, beruhigt die Gemüter immer wieder.

Auch an diesem Abend gibt es zwei Lager. Die einen wollen in erster Linie weiter aufklären und aufarbeiten: Ein Ortsvorsitzender aus Salzgitter fragt, ob außer Kohl und Kanther wirklich niemand von Unregelmäßigkeiten gewußt haben sollte. Ein Hildesheimer bekundet Frau Merkel seine Unterstützung als neue CDU-Vorsitzende, zweifelt aber an der Realisierungschance: Sie ist eine

Frau, kommt aus den neuen Ländern und ist protestantisch. Ihre Wahl zur Vorsitzenden würden die Männer im Süden niemals zulassen. Ein Redner aus Schaumburg fordert bei der Wahl eine Kampfabstimmung, damit man sich wirklich zwischen Alternativen entscheiden könne. Es solle nicht wie früher alles vorher ausgemauschelt sein. Ein Peiner fordert, daß diejenigen, die der Partei nun finanziell Schaden zugefügt hätten, persönlich zur Kasse gebeten werden müßten.

Die andere Richtung äußert dagegen den Wunsch, die Partei nicht selbstquälerisch weiter zu belasten, sondern endlich »nach vorn« zu blicken. Wir hätten eine gute Justiz, der könnten wir getrost die Aufklärung überlassen. Wichtig sei jetzt, endlich wieder den politischen Gegner »anzunehmen«. Diese Meinung vertritt zum Beispiel der Ehrenvorsitzende der CDU-Niedersachsen, Wilfried Hasselmann. Aber ganz egal, wo die Redner stehen, für Helmut Kohl regt sich keine Hand, keine einzige. Auch die jüngste Meinungsumfrage des Politbarometers (Forschungsgruppe Wahlen) zeigt den totalen Absturz Kohls in der öffentlichen Meinung: In der Skala der zehn wichtigsten Politiker lag Helmut Kohl Mitte Februar bei -2, ein Antipathiewert, der in der Geschichte dieser Umfragen noch nie erreicht wurde. Zum Vergleich: Kurt Biedenkopf +2, Joschka Fischer +1.7, Angela Merkel +1.1, Volker Rühe +0.5.

Der Abend wird ein voller Erfolg für die CDU-Generalsekretärin. Eine junge Frau aus Hildesheim, die sie zur Kandidatur für den Parteivorsitz auffordert, erntet tosenden Applaus. Fast eine Akklamation: Mach es, Angela! Allerdings weiß kaum jemand an diesem Abend, daß auch Volker Rühe mit dem Gedanken spielt, bei einem ordentlichen Ergebnis in Schleswig-Holstein für den CDU-Bundesvorsitz zu kandidieren. Das wird erst in den nächsten Tagen wirklich deutlich. Auch Rühe hat in Niedersachsen viele Freunde.

Die Basis fährt an diesem Abend nach Hause – optimistischer gestimmt als zu irgendeinem Zeitpunkt in den letzten Wochen. Die Union hat ihre Hoffnungsträgerin. Angela Merkel indes bleibt bescheiden. Bei Thüringer Bratwurst, Camembert-Brötchen und einem Bier vor ihrer Rückfahrt nach Berlin zeigt sie ganz offen, daß sie sich vor der neuen Aufgabe auch ein wenig fürchtet, nicht zuletzt vor der großen physischen Belastung.

Aber auch Helmut Kohl bereitet ihr Sorgen. Nach Wolfgang Schäuble will er nun auch noch die in seinen Augen untreue Mitstreiterin früherer Tage zur Strecke bringen. Schon spicken seine Leute die Journalisten mit Halbwahrheiten über angebliche Hubschrauberflüge der Ex-Ministerin und über eine vermeintlich frühe Mitwisserschaft bei der 100 000-DM-Spende an Schäuble. Sein Schatten fällt bis hierher nach Wolfenbüttel. Frau Merkel fürchtet ganz offenkundig den Machtkampf. Jeder weiß, daß Helmut Kohl und seine Parteigänger noch immer Einfluß ausüben können, auch wenn sie angeschlagen sind. Ich bin mir an diesem Abend sicherer als je zuvor, daß der Neuanfang nur gelingt, wenn man sich mit der Herrschaft des Demokrators Kohl kritisch auseinandersetzt, sie aufarbeitet. Wenn wir ihn nur verdrängen, aus der verständlichen Angst vor den Leiden, die eine aktive Bewältigung der Vergangenheit mit sich bringen könnte, dann werden wir die Schatten Helmut Kohls nicht los. Es gilt, das Erbe des Kanzlers der deutschen und europäischen Einheit für Land und Partei hochzuhalten. Genauso gilt es, die Herrschaftspraktiken des Parteivorsitzenden Helmut Kohl für Land und Partei schonungslos offenzulegen und zu kritisieren. An diesem Abend entscheide ich mich endgültig, das Angebot der DVA für dieses Buch anzunehmen.

Am Montag, dem 21. Februar, spreche ich als Vorsitzender des Bundesfachausschusses Außenpolitik der CDU zusammen mit dem Europa-Parlamentarier Elmar Brok (EVP) auf einer Pressekonferenz über die bevorstehende Regierungskonferenz und die notwendigen institutionellen Reformen der Europäischen Union. Etwa zwanzig Journalisten sind gekommen. Es ist das erste Mal seit langer Zeit, daß wir den Eindruck haben, daß sich die Medien für eine inhaltliche Botschaft der CDU interessieren. Keine einzige Frage zur Finanzaffäre! Auch am Tag danach in der Fraktion wird endlich wieder über Themen jenseits von Finanzskandalen und Rücktritten gesprochen: Stromeinspeisungsgesetz, Renten- und Drogenpolitik.

Zuvor hat Friedrich Merz von seiner Begegnung mit Edmund

Stoiber in München berichtet und sein Konzept für eine Aufgabenteilung im neuen Fraktionsvorstand dargelegt. Allgemeine Zustimmung. Man ist beruhigt, der Neue scheint es gut zu machen. Freude kommt über den sich erstaunlich freundlich und humorvoll gebenden Schäuble auf. Er leitet nach wie vor die Sitzung und blickt kurz zurück. Von allen Aufgaben, die er bisher zu bewältigen gehabt habe, sei die Leitung der Fraktion die eindeutig schwerste gewesen. Sie sei so groß, daß wir nicht einmal einen Betriebsausflug machen könnten. Es falle bei so vielen Kollegen schwer, Bindungen jenseits der Tagesordnungen aufzubauen und zu pflegen. Dann, am Ende seiner Ausführungen, kündigt er an, uns nun etwas von Goethe vorzulesen. Das sei aber keineswegs das, was wir jetzt erwarten würden... (er meint natürlich den »Götz von Berlichingen«) Nein, verkündet er in die heitere Stimmung, es sei aus dem »Tasso«. Und er trägt vor:

So selten ist es, daß die Menschen finden,
Was ihnen doch bestimmt gewesen schien,
So selten, daß sie das erhalten, was
Auch einmal die beglückte Hand ergriff!
Es reißt sich los, was erst sich uns ergab,
Wir lassen los, was wir begierig faßten.
Es gibt ein Glück, allein wir kennen's nicht:
Wir kennen's wohl, und wissen's nicht zu schätzen.

Rühes Wunder und der (Vor-)Merz

Am letzten Tag im Februar wird Friedrich Merz (45) auf einer Sondersitzung der CDU/CSU-Bundestagsfraktion mit überwältigender Mehrheit zu ihrem neuen Vorsitzenden gewählt. Wolfgang Schäuble und Edmund Stoiber, die beiden Parteivorsitzenden, sind anwesend und finden lobende Worte für den neuen Mann. Ich schätze ihn seit langem. Er besitzt, davon bin ich überzeugt, alle charakterlichen und politischen Voraussetzungen für dieses schwere Amt. Er hat die Chance, innerhalb der Union eine Art (Vor-)Merz zu sein für den notwendigen Um- und

Aufbruch, den er selbst allein noch nicht darstellt, den er aber, wenn er es klug anstellt, wesentlich mitgestalten kann. Im Gegensatz zu 1848/49 darf der Umbruch aber nicht nach kurzer Zeit in sich zusammenbrechen. Friedrich Merz traue ich zu, daß er den Neuanfang kraftvoll mitgestaltet und in die Zukunft trägt. Merz ist durch und durch Verantwortungsethiker. In der Sitzung stellt er uns sein persönliches Motto vor – in der Erwartung, daß wir es uns zu eigen machen. Es stammt aus Lessings »Nathan der Weise«: »Begreifst du aber, wie viel andächtig schwärmen leichter als gut handeln ist?«

An diesem Tag meldet sich auch einer zurück, der in den letzten Monaten von morgens bis abends im Wahlkampf in Schleswig-Holstein unterwegs war: Volker Rühe. Ohne die Finanzaffären wäre er jetzt aller Wahrscheinlichkeit nach Ministerpräsident. So mußte er mehrere Monate gegen wahre Orkanböen ankämpfen, die aus Berlin und Hessen in den Norden wehten. Er wußte seit langem, daß er unter diesen Bedingungen keine Chance haben würde. Dennoch hat er bis zur letzten Minute Kurs gehalten, was der Wähler schließlich honorierte.

Die CDU unter Volker Rühe erreichte am 27. Februar immerhin 35,2 Prozent der Stimmen. Dieses Ergebnis bedeutete zwar zwei Prozent Verlust gegenüber 1996, stellte aber doch angesichts der Skandale der letzten Wochen fast ein kleines Wunder dar. In jedem Fall: Die Union war nicht abgestürzt, war Unkenrufen zum Trotz nicht auseinandergebrochen und hatte die Stammwähler mobilisiert. Sie hatte jedenfalls trotz schwerster Stürme nicht Schiffbruch erlitten. Die Mehrheit der Fraktion ist sich einig: Das ist Rühes Verdienst. Er erhält viel Beifall, aber bei den Wahlen zum stellvertretenden Fraktionschef auch relativ viele Gegenstimmen. Einige wollen ein Zeichen setzen, damit Rühe im April gar nicht erst als Parteivorsitzender antritt, worüber die Zeitungen in den vergangenen Wochen ausgiebig spekuliert hatten. Dennoch: Die Wahl von Friedrich Merz in Berlin und das Ergebnis von Volker Rühe in Kiel lassen uns wieder hoffen. Absolut verfrüht finde ich allerdings Kommentare, daß die Zeit der Krise bereits vorbei sei. Die Aufarbeitung der Vergangenheit, Voraussetzung für den Erfolg in der Zukunft, hat gerade erst begonnen.

Politik als Beruf(ung)

Erfahrungen im politischen Alltag

Noch ist die Politik nicht Beruf: Auf dem Deutschlandtag der Jungen Union am 29. Oktober 1977 (von links) der RCDS-Bundesvorsitzende, JU-Chef Matthias Wissmann, Helmut Kohl und der Stellvertreter Wissmanns, Franz-Josef Jung, später Generalsekretär der CDU-Hessen.

Als Jugendlicher: Politik macht Spaß

Mit 16 bin ich in die Junge Union eingetreten. Nicht, weil ich damals schon aus der Politik einen Beruf machen wollte, um Abgeordneter oder gar Minister zu werden. Nein, solche Überlegungen oder Träume kamen erst später, wenn auch – zugegebenermaßen – nicht allzuviel später. Nein, zunächst war es wirklich so etwas wie eine Berufung. Am liebsten wäre ich schon zwei Jahre früher in die JU eingetreten, aber das ging damals noch nicht. Mich interessierte nun einmal Politik, aus irgendwelchen Gründen, so, wie andere sehr frühzeitig mit dem Musizieren beginnen, Bücher verschlingen oder ihre Begabung für handwerkliche Tätigkeiten entdecken. Ich kannte jedenfalls schon als Zwölfjähriger die Namen aller damaligen Minister der Großen Koalition, diskutierte wenig später mit dem Ehepaar Wendt, das zwei Stockwerke über uns wohnte, die Ostpolitik Brandts, engagierte mich in der Schüler-Mitverwaltung und wurde Redakteur der Schulzeitung *Die Glocke* in der Schillerschule Hannover.

Es war die Zeit der ausgehenden Studentenrevolten, an der Schule gab es eine »Rote Zelle«, »links« zu sein war modische Pflicht. Da ich aber protestieren wollte, ging ich einen anderen Weg. Vor allem trieb mich der Gedanke, irgend etwas Sinnvolles mit meiner Zeit anzustellen, nicht nur »rumzugammeln«, wie das damals hieß. Das Leben würde selbst im besten Fall nur kurz sein, man mußte doch etwas »auf die Beine stellen«.

Wenige Wochen nach meinem 16. Geburtstag (1971) rief ich also bei dem örtlichen CDU-Vorsitzenden an und bat um ein Gespräch: Ich wolle Mitglied von CDU und Junger Union werden. Wir trafen uns, und der gute Mann war zunächst sehr reserviert. Ich trug, der damaligen Mode entsprechend, schulterlange Haare, einen Parka und sah ganz und gar nicht so aus wie der Jungchristdemokrat, den sich mein Gegenüber erhoffte. Später gestand er mir, daß er am Anfang geglaubt hätte, ich sei irgendein Juso, der sich mit ihm einen Scherz machen wollte. Aber schon bald verstand er, ein Mittvierziger namens Peter Jahn, daß ich es ernst meinte. Da es 1971 in der Hochphase der Popularität Willy Brandts und der SPD nicht allzu viele (ehrlich gesagt: kaum jemanden) gab, der sich darum riß, CDU-Mitglied zu werden, schien mir Jahn nach kurzer Zeit Anflüge von Glücksgefühlen zu entwickeln. Ob wir nicht hier im Bereich Anderten/Misburg an der Stadtgrenze von Hannover einen Ortsverband der Jungen Union gründen wollten? Es gäbe da einige »Karteileichen« von CDU-Mitgliedern unter 35, und vielleicht hätte ich ja auch noch ein paar Freunde. Die Jungsozialisten seien die einzige aktive politische Jugendorganisation am Ort, sie böten vor allem marxistische Schulungsseminare an, würden sich aber auch in ganz praktischen Fragen der Kommunalpolitik engagieren.

»Das können wir auch«, erkläre ich und bin Feuer und Flamme. Nach einigen Monaten habe ich etwa 15 junge Leute zusammen. Wir treffen uns im Hinterzimmer eines etwas schummrigen Lokals. In den nächsten zwei Jahren entwickeln wir zahlreiche Aktivitäten. Wir haben in unserer kleinen Gruppe einen Schlosserlehrling, der mit seinem Chef zusammen zwei fabelhafte Fußballtore in Heimarbeit bastelt. Wir holen uns bei der Gemeindeverwaltung die Erlaubnis, diese auf einem freistehenden Platz aufzustellen, und schon hat mein Heimatort einen richtigen Bolzplatz, der noch Jahre später Anklang findet. Wir helfen einer Bürgerinitiative beim Bau eines Abenteuer-Spielplatzes für Kinder, wir säubern ein häßlich aussehendes Grundstück in der Innenstadt von Müll und Unrat und fordern die Verwaltung auf, das in Zukunft selbst zu tun. Schließlich führen wir eine Fragebogenaktion durch, gehen von Tür zu Tür, um die Bürger nach ihren Wünschen und Beschwerden zu befragen. Mehrere regen an, einen direkten Zugang von unserem Ort zu dem hannoverschen Tiergarten zu schaffen. Diesen Vorschlag machen wir uns zu eigen. Wenig später wird dieser Weg tatsächlich angelegt.

Im wahrsten Sinne des Wortes haben wir von der Jungen Union dort eine kleine Spur hinterlassen. Wir organisierten aber auch Feten oder eine kleine Busreise für ein Wochenende nach Amsterdam und hatten nach einem Jahr über 70 Mitglieder. Im Bundestagswahlkampf 1972 unterstützten wir unseren damaligen Bundestagsabgeordneten, Dr. Herbert Gruhl, dessen Buch »Ein Planet wird geplündert« zu einem der auslösenden Faktoren für die »grüne« Bewegung avanciert. Leider gelang es der CDU nicht, den Querdenker Gruhl zu integrieren. Seine alarmierenden Thesen von der Umweltzerstörung faszinierten zwar Hunderttausende von Menschen, stießen in der Partei aber auf so viel Skepsis und Ablehnung, daß Gruhl schließlich aus der Partei austrat, um zum Mitbegründer der »Grünen« zu werden. Hätten wir ihn damals behalten, dann hätte die CDU jedenfalls den wertkonservativen Teil der Grünen in ihre Reihen integrieren können.

In jedem Fall machte Politik Spaß, man lernte eine ganze Menge interessanter Leute kennen, und vor allem hatten wir immer etwas ganz konkret zu tun. So blieb es auch, als ich 1973, Student in Göttingen, in den Ring Christlich-Demokratischer Studenten (RCDS) eintrat. Am Fachbereich Sozialwissenschaften gab es damals fast nur kommunistische Gruppen, Maoisten, Spartakisten, vielleicht noch ein paar versprengte Jusos. Zusammen mit einem Freund gründete ich eine eigene RCDS-Fachschaftsgruppe, die zum Erschrecken, aber mehr noch zum Amüsement der linken Gruppen für den Fachschaftsrat kandidierte. Wir erhielten auf Anhieb etwa 80 Stimmen, so jedenfalls meine Erinnerung, ein Erfolg, der die kommunistischen Studentenfunktionäre irritierte. Sie hatten gehofft, wenigstens die Sozialwissenschaften von reaktionären Elementen gesäubert zu haben.

Auch hier machte die Arbeit unendlich viel Spaß. Ich wurde Chefredakteur der RCDS-Zeitung *rational*, die wir mit primitiven technischen Mitteln bis morgens um vier oder fünf Uhr umbrachen, dabei aber auch viel lachten und feierten. Und so ging es weiter: Gruppenvorsitzender des RCDS in Göttingen, stellvertretender Bundesvorsitzender, Bundesvorsitzender. Dann lernt man Weizsäcker, Kohl und all die anderen Granden der CDU kennen.

Wenn man es trotzdem noch schafft, eine vernünftige Ausbildung abzuschließen, dann stellt sich ganz konkret die Frage, ob man das, was einem Freude bereitet, nicht auch zum Beruf macht. Viele meiner Mitstreiter sind dann Referenten von Abgeordneten geworden, Beamte in den Ministerien oder Mitarbeiter in den Fraktionen. Einige haben sich aber auch dafür entschieden zu kandidieren: für Stadträte, Landtage oder den Bundestag.

So wird dann aus der Berufung vielfach ein Beruf. Und sollte das etwa nicht so sein? Immer wieder höre ich abschätzig, daß viel zu viele junge Leute von der Schulbank direkt in die Politik gegangen seien. Das sollte natürlich nicht das einzige Karrieremuster für einen Politiker sein. Ohne Zweifel brauchen wir »Seiteneinsteiger«, Leute, die aus anderen Bereichen kommen und damit die Politik bereichern. Wir brauchen sogar mehr davon, viel mehr. Auch wenn einige von ihnen sich nach einiger Zeit nicht behaupten können, so bringen sie doch frischen Wind ins Parlament, stellen überkommende Riten in Frage und veranlassen uns Abgeordnete zu Selbstkritik und Reform.

Aber was ist eigentlich daran auszusetzen, wenn jemand kein Seiteneinsteiger ist, sondern seine Interessen und Leidenschaften frühzeitig entdeckt und pflegt, seine entsprechenden Talente fortentwickelt und sich dann im Heimatort entschließt, den 65jährigen Abgeordneten abzulösen? Gegen die politische Karriere von der JU in den Bundestag ist wenig einzuwenden, jedenfalls dann nicht, wenn die betreffende Person auf diesem Weg nicht völlig abstumpft und, »oben« angekommen, ausgebrannt und lustlos ist. Wie in jedem anderen Beruf gibt es natürlich auch in der Politik Verschleißerscheinungen. Tatsächlich gibt es viele Jungfunktionäre in allen Parteien, die schon mit 35 seltsam müde, fantasielos und total angepaßt wirken. Aber das sollte man nicht verallgemeinern. Ich kenne viele, die diesen Weg gegangen sind und trotzdem offen und neugierig, schwungvoll und tatkräftig geblieben sind.

Politik kann unwahrscheinlich schön sein, einen regelrecht erfüllen. Es gibt viel, was einem immer wieder »stinkt«. Aber ist das nicht überall so? Gibt es die zuvor beschriebenen Machtspiele nicht auch in Unternehmen, in Gewerkschaften, im Klerus, ja auch in jedem Lehrerkollegium und größeren Sportvereinen? Bauen dort nicht überall die jeweiligen Vorsitzenden, wenn sie fähig sind und lange amtieren, ihr eigenes »System« auf? Ich behaupte, daß es da ab und zu sogar schwarze Kassen gibt, füge aber gleich hinzu, daß das keine Entschuldigung für die Politik sein kann, die im öffentlichen Auftrag eben ganz besonders strenge Maßstäbe anzulegen hat.

Rückschläge und Enttäuschungen, auch Langeweile gibt es zwischendurch natürlich auch in der Politik. Aber nirgendwo kann man besser gestalten. Wenn man in eine Partei oder politische Jugendorganisation eintritt, kann man schon nach kurzer Zeit wirklich mitwirken. Man darf nur nicht warten, bis die anderen auf einen zukommen. Das tun sie nur selten. Darunter leiden unsere Parteien. Viele ältere Funktionsträger freuen sich nämlich in Wahrheit gar nicht über die Neuankömmlinge, sondern sehen sie als Konkurrenz oder zumindest als Zeiträuber, die einfach nur aufhalten. Aber wenn man sich nicht gleich entmutigen läßt, Ideen und Initiativen entwickelt, dann ist eine Partei zumeist auch sehr aufgeschlossen. Ein Seniorenbüro oder Jugendzentrum im eigenen Stadtteil, eine Ampelanlage an einer befahrenen Straße, Lärmschutzwände an einer stark frequentierten Eisenbahnstrecke, Gründung einer Initiative von Bürgern zur Unterstützung eines in der Nähe gelegenen Behindertenheimes oder auch einer Schule irgendwo in der Dritten Welt – überall gibt es etwas zu tun. Und es macht viel mehr Freude, am Nachmittag oder Abend an solchen Dingen mitzuwirken, als sich von Videos berieseln zu lassen.

Natürlich müssen auch die Parteien und Jugendorganisationen daran arbeiten, für die Bürger, zumal für junge Leute, attraktiver zu sein. Sie müssen rausgehen aus den Hinterzimmern abgelegener Lokale und »mitten ins Leben«, wie es so schön heißt. Nicht stundenlang über Satzungen und Protokolle palavern und große Reden zu bundespolitischen Fragen halten (das ist von Zeit zu Zeit natürlich auch wichtig), sondern vor allem vor Ort initiativ werden. Und dann muß der Sachverstand von Bürgern viel besser als bisher genutzt werden. Da gibt es Ärzte, Rechtsanwälte,

Soldaten, Handwerker. Warum sie nicht anrufen und sie bitten, an einem Antrag mitzuarbeiten, den man beim nächsten Kreisparteitag zur Gesundheitsreform, zur Lage der Bundeswehr, zum Mittelstand oder zur Familienpolitik einbringen könnte? Der Kreisparteitag kann verpflichtet werden, diesen Antrag auf dem Landesparteitag einzubringen, wo ähnliche Initiativen aus Städten und Gemeinden zusammenkommen. Daraus kann dann der Landesverband eine Beschlußvorlage für den Bundesparteitag formulieren. Genau das ist die Meinungsbildung von unten nach oben, die so dringend erforderlich ist und die in den letzten Jahren leider immer weniger beobachtet werden konnte. Aber man glaube mir: es geht!

Dennoch: Hier muß die Politik viel sensibler und aufgeschlossener werden. Wir halten allzuoft das Leben in den Parteien für das eigentliche Leben. Viele von uns, wenn sie sich politisch äußern, tun dies leider auch mit Blick auf den Beifall, den sie in der eigenen Truppe dafür bekommen und interessieren sich zu wenig dafür, was die Bürger außerhalb der Partei denken. Andere, wie zum Beispiel mein früherer Kollege Horst Eylmann, sind stärker in anderen »Kreisen« verhaftet, haben ihre sozialen Beziehungen eher außerhalb der Partei. Sie treffen mit ihren Kommentaren häufig viel eher Herz und Verstand des Bürgers – nicht selten mit der Konsequenz, in der eigenen Partei weniger beliebt zu sein. Muß es den Parteien nicht zu denken geben, daß oft diejenigen »im Volk« am besten gelitten sind, die in den Parteien als »Fremdkörper« gelten?

Kandidat für den Bundestag

Nach Studium, Forschungsarbeit in Amerika und Doktorarbeit an der Universität Bonn, nach achtjähriger Tätigkeit im öffentlichen Dienst – als Redenschreiber, Persönlicher Referent und Büroleiter, als Pressesprecher des Regierenden Bürgermeisters von Berlin und dann des Bundespräsidenten Richard von Weizsäcker – erreichte mich am 22. Mai 1989 ein Anruf des hannoverschen

Bundestagsabgeordneten Ludolf von Wartenberg. Er habe das Angebot angenommen, Hauptgeschäftsführer des Bundesverbandes der Deutschen Industrie (BDI) zu werden und verkünde in der morgigen Ausgabe der *Hannoverschen Allgemeinen*, daß ich sein Wunschkandidat für die Nachfolge sei. Je schneller ich mich entschiede, desto besser. Ich hatte gerade einen Vertrag bei der Matuschka-Gruppe, einer damals in hohem Maße erfolgreichen deutschen Firma in München, unterschrieben und ganz andere Pläne. Aber wenn der Heimatwahlkreis »frei« wird, dann muß man zugreifen! Ich schlief eine Nacht darüber, beriet mich mit meiner Frau und meinem Chef und verkündete am nächsten Tag meine Kandidatur.

Nun glaube niemand, daß alle in Hannover vor Freude im Sechseck gesprungen wären. Das Gegenteil war der Fall. Die örtlichen Funktionsträger waren keineswegs bereit, mich als Hannoveraner anzusehen, obwohl ich dort geboren und aufgewachsen war, meine Mutter und gute Freunde dort lebten. Nein, ich sei ein »Export«, wisse nichts über die Sorgen der Hannoveraner und solle bleiben, wo der Pfeffer wächst. Ein mir gut bekanntes Mitglied des Kreisvorstandes rief mich am selben Tag an und empfahl mir »als alter Freund«, meine Kandidatur im eigenen Interesse sofort zurückzunehmen. Die CDU in Hannover empfände meine Ambitionen als »Lachnummer«, eine fürchterliche »Bauchlandung« stünde bevor.

Natürlich ist man über solche »Lebenszeichen« alter Kumpel nicht besonders erfreut. Ich hatte mir zwar schon ausgerechnet, daß man mit einer Gegenkandidatur rechnen mußte, denn erfahrungsgemäß spekulieren Kommunal- und Landespolitiker nicht selten auf ein frei werdendes Bundestagsmandat. Aber daß ich sozusagen auf krasse Ablehnung stoßen würde, das hatte ich mir nicht im Traum gedacht. Nach wenigen Wochen hatte ich bereits vier Gegenkandidaten, ein Zeichen dafür, daß fast jeder mich für schlagbar hielt.

Wirklich nur eine »Lachnummer«? Ich ließ mich nicht entmutigen, sondern besuchte den Kreisvorsitzenden Ulrich Reymann, um mit ihm das weitere Procedere zu besprechen. Er war zunächst einmal verstimmt, daß ich erst jetzt zu ihm kam: er habe von meiner Kandidatur aus der Zeitung erfahren. Ich entgegnete, daß es mir nicht viel anders gegangen sei und berichtete von Wartenbergs »Überfall«. Reymann, der später ein verläßlicher Freund werden sollte, erklärte mir dennoch klipp und klar: »Wir wollen Sie hier nicht.« – Ich schluckte, ließ mich aber nicht beirren: »Das kann ich verstehen, das ist Ihr gutes Recht. Aber ich erwarte ein faires Verfahren, Vorstellungsrunden der Kandidaten in allen Ortsverbänden. Wenn Sie das nicht zusagen, werde ich mich öffentlich beschweren. Wenn ich verlieren sollte, gut. Aber, wenn hier alles nur zwischen einigen wenigen Leuten ›ausgemauschelt‹ wird, dann gibt es Ärger.« Reymann überlegt kurz und erklärt: »Sie kriegen ein faires Verfahren. Mein Wort darauf.«

Reymann hat sich an sein Ehrenwort gehalten. Er sorgte dafür, daß in jedem Ortsverband im Wahlkreis eine Veranstaltung stattfand, auf der sich die Kandidaten, von denen nachher lediglich noch drei, zum Schluß nur zwei übrig blieben, vorstellen durften. Fast alle Veranstaltungen waren hervorragend besucht, es gab spannende Debatten über die politischen Aufgaben der neunziger Jahre. In fast jedem Ortsverband wurde eine geheime »Testwahl« durchgeführt, die ich ausnahmslos gewann. Nominiert werden aber sollte ich durch eine Versammlung von etwa fünfunddreißig Delegierten, die an diese Voten nicht gebunden waren (inzwischen haben wir die Delegiertenwahl durch eine Direktwahl des Kandidaten abgelöst). Trotzdem gewann ich auch diese Wahl, wenn auch knapper als in den Verbänden. Nun war ich Kandidat der CDU im Wahlkreis 37 Hannover-Stadt für die am 2. Dezember 1990 stattfindende erste gesamtdeutsche Bundestagswahl.

Da Hannover seit eh und je »rot« wählt – ganz gleich, welche Kandidaten dort aufgestellt werden –, rechnete auch ich mir kaum Chancen auf ein Direktmandat aus, wollte aber den Wahlkampf genauso führen, als könnte ich es schaffen. Dennoch mußte ich versuchen, einen Platz auf der Landesliste zu ergattern. Mit Hilfe von »oben«, unter anderem von dem ehemaligen Ministerpräsidenten Ernst Albrecht und meinem hannoverschen Bezirksvorsitzenden Jürgen Gansäuer, klappte das schließlich auch – allerdings wieder erst nach heftigen Widerständen. Als »Neuling« sollte ich mich zunächst »hinten anstellen« und mich vier Jahre als Dauerkandidat bewähren. 1994 würde man mir dann gnädig eine Chance geben. Ich erkämpfte sie mir schon für 1990.

Neuling im Bundestag

Auf einmal ist man dabei. Aufgeregt fahre ich am Morgen des 4. Dezember 1990 nach Bonn. Wenig später beginnt die erste Fraktionssitzung. Über dreihundert Mitglieder gehören ihr an, dicht gedrängt, die ausscheidenden Kollegen noch dabei, sitzt man eng nebeneinandergepfercht, fühlt sich wie auf der Hühnerstange. Kann man hier überhaupt etwas ausrichten? Im Wahlkampf in Hannover war man noch ein kleiner König gewesen, mit Allzuständigkeit von der Pflegeversicherung über die Innere Sicherheit bis zum »Jäger 90«. Nun ist man mit einem Mal eine kleine Nummer. Die alle hier haben ebenso Überzeugungen, Aufträge ihrer Wähler daheim, und hinzu kommen ja noch mehr als doppelt so viele Abgeordnete anderer Fraktionen. Am ersten Tag in Bonn verspüre ich Machtlosigkeit und Ernüchterung. Worauf hast du dich hier eingelassen?

Dann betritt der Kanzler der Einheit den Saal, Jubel bricht aus. Kohl hält eine Rede, die sich von den unzähligen Erklärungen des Wahlkampfes kaum unterscheidet, dann redet der Fraktionsvorsitzende Alfred Dregger. Eine Debatte oder gar Beschlußfassung über irgendeine Frage gibt es nicht. Dabei beginnen doch schon die Gespräche über Regierungserklärung und Koalitionsvereinbarung, die unsere Arbeit für die nächsten vier Jahre festlegen sollen. Und darüber wollen wir nicht reden? Ich bin drauf und dran, mich zu Wort zu melden. Der neben mir sitzende Thomas Kossendey aus Oldenburg-Land hält mich nur mit Mühe zurück: »Wenn du jetzt redest, dann bist du hier gleich tot. Jeder glaubt, daß du dich wichtig machen willst. Glaubst du nicht, daß die anderen 300 alle auch was auf dem Herzen haben?

Hier reden nur diejenigen, die aus ihrer gewählten Funktion heraus etwas beizutragen haben oder Spinner.«

Ja, er hat recht, der Kossendey. Ich bremse meine Leidenschaft. Wie oft noch in den nächsten Jahren?

Einige Abgeordnete aber hatten keine wohlmeinenden Kollegen neben sich. Sie reden bei fast jeder Fraktionssitzung. Das Ergebnis ist unverkennbar: Nach anfänglicher Neugier hört bald niemand mehr zu. Einer von den Vielrednern hieß Claus Jäger, ein tiefkonservativer Schwabe. Wenn er sich in einer Sitzung ausnahmsweise einmal nicht meldete und der Vorsitzende gegen Ende fragte, ob noch Wortmeldungen bestünden, schallte es im Sprechchor: »Jäääger«. Der aufrechte Demokrat ließ sich niemals beirren. Respekt.

Dennoch ist es frustrierend, als gewählter Abgeordneter dazusitzen und auf die wirklich wichtigen Fragen gar keinen Einfluß nehmen zu können. Das tun nur die gewählten Sprecher und Obleute der Arbeitsgruppen, der Fraktionsvorstand, die Chefs der mächtigen Landesgruppen. Sie nehmen an den Koalitionsverhandlungen teil oder legen die Linie für die entsprechenden Beratungen fest. Wir normalen Abgeordneten dürfen, zumindest in dieser Phase, nur die Ergebnisse beklatschen. Am nächsten Tag fahre ich wieder in den Wahlkreis und lese in der *Hannoverschen Allgemeinen*, daß die neue Koalition über die Einführung einer Autobahngebühr nachdenkt. Die *HAZ* weiß mehr als der neugewählte Abgeordnete. Ein wenig schmerzt das schon. Später gewöhnt man sich daran.

Ein Hort innerparteilicher Demokratie ist die Fraktionssitzung in der Regel wirklich nicht, von eindrucksvollen Ausnahmen abgesehen, bei denen wirklich spannende und sachliche Debatten geführt wurden, die – vor Kameras ausgetragen – viel Sympathie für die Ernsthaftigkeit des Parlamentarismus geweckt hätten. In der Regel aber ist es Routine. Jeder, der etwas kritisch anzumerken hat, überlegt sich das genau, denn Kontroversen in der Fraktion stehen am nächsten Tag immer in den Zeitungen, vor allem in der *F.A.Z.*, die aus unseren Reihen viele (und offenbar qualifizierte) Zuträger hat. Der eigentliche Wert der Fraktionssitzungen ist ein anderer. Die Berichte vom Kanzler (solange wir regierten) und dem Fraktionsvorsitzenden sind nützlich, weil sie letztlich doch wichtige Informationen enthalten, die »Linie« der Fraktion in der anstehenden Woche angeben und die Truppe einschwören. Das ist nötig, denn sonst ist man als Fraktion nicht handlungsfähig.

Je schneller man versteht, daß man im Bundestag die Welt nicht verändern kann (zumindest nicht am Anfang), desto schneller kann man sich seine Arbeitsnischen suchen, wo man dann wirklich mitreden und mithandeln kann. Das beginnt mit der Vergabe der Ausschüsse. Man wird aufgefordert, beim Chef seiner Landesgruppe entsprechende Wünsche anzumelden. Am liebsten wäre ich in den Auswärtigen Ausschuß gegangen. Der aber ist für Neulinge absolut unerreichbar, auch dann, wenn diese sich seit Jahren mit diesen Themen beschäftigt haben, Fremdsprachen sprechen usw. Im Jahr 1998 oder 2002 könne ich es unter Umständen schaffen, erklärte mir ein Kollege. Vorraussetzung sei natürlich, daß ich mich ordentlich benehme. Diesen Rat im Ohr, verzichtete ich gleich darauf, entsprechende Wünsche zu äußern, und meldete lediglich meine Zweit- und Drittpräferenzen.

Die Arbeit meines Landesgruppenchefs erweist sich als effizient. Im Gremium seiner Kollegen, der sogenannten »Teppichhändlerrunde«, kann Klaus-Jürgen Hedrich fast alle Wünsche der niedersächsischen Kollegen berücksichtigen. Er machte gute Tauschgeschäfte mit seinen anderen Kollegen, gibt etwa den zweiten Platz im Finanzausschuß, den Niedersachsen bis dato innegehabt hatte, weg, erhält dafür einen zusätzlichen Sitz im Landwirtschaftsausschuß für einen Kollegen aus einer ländlichen Gegend. Er will für einen Niedersachsen einen Sitz im Verkehrsausschuß und bietet dafür die Obmann-Position im Sportausschuß. So läuft das Geschäft, im wesentlichen bestimmen die Landesfürsten. Einmischung von der Führung gibt es nur in seltenen Fällen, zum Beispiel wenn frühere Minister »versorgt« werden müssen. Sie wollen sowieso alle in den Auswärtigen Ausschuß, dort wimmelt es nur so von »a. D.s«. Ich habe trotzdem Glück und lande sanft im Verteidigungs-, Umwelt- und Petitionsausschuß. Damit war ich gut bedient – zu gut, wie ich schnell feststellen sollte.

Erstaunlich für mich war, daß bei der Ausschußbesetzung alle anderen Gründe wichtiger zu sein schienen als die Qualifikation.

Aus welchem Bundesland jemand kommt, welches Geschlecht jemand hat, ob jemand vom Alter jetzt »dran« ist oder ob der eigene Landesverband in einem Gremium schon jemanden positioniert hat und mit welchen Landesverbänden man sich zusammenschließt, um die eigenen Leute durchzusetzen – darüber wird gesprochen. Kaum aber darüber, ob jemand vielleicht von einem Gebiet besonders viel versteht.

In den Petitionsausschuß schickt man gerne die Parlamentsneulinge. Das hat allerdings seinen guten Sinn, da man hier mit der ganzen Brandbreite der Themen und Bürgersorgen konfrontiert wird und parlamentarische Arbeit gut lernen kann. Dieser Ausschuß tagt jeden Mittwoch von acht bis neun Uhr. Auch wenn man seine Aufgabe ernst nimmt, kann man die Arbeit gut bewältigen. Schwer ist es allerdings, zwei andere Ausschüsse zusätzlich zu betreuen. Der Verteidigungs- und der Umweltausschuß sowie die entsprechenden Arbeitsgruppen der Fraktionen tagen fast immer zeitgleich. Am Anfang versuche ich noch, beflügelt vom Engagement in beiden Bereichen, meinen Pflichten hier wie dort zu entsprechen. Man läuft dann zwischen den Ausschüssen hin und her, versucht sich von den Parlamentsdienern rechtzeitig zu einer Abstimmung rufen zu lassen und liest die Unmengen an Ausschußmaterialien. Nach zwei Monaten habe ich jedoch erkannt, daß diese Doppelaufgabe nicht seriös zu bewältigen ist. Die Gefahr ist unverkennbar, daß man sich verzettelt, keine Tätigkeit richtig wahrnimmt und deshalb – auf kurz oder lang – Kritik von ungeduldigen Kollegen aufkommen wird. Ich entscheide mich für die Priorität Verteidigung und teile meinem Landesvorsitzenden mit, daß ich im Umweltbereich nur noch als stellvertretendes Mitglied fungieren wolle.

Hier in den Ausschüssen, vor allem aber auch in den Arbeitsgruppen der Fraktionen, wird wirklich gearbeitet. Hier werden junge Mitglieder in der Regel nicht gebremst. Vielmehr freuen sich die meisten Arbeitsgruppen-Vorsitzenden, wenn die Neulinge Arbeitsgebiete als Berichterstatter übernehmen und sich engagieren. Denn hier verhält es sich wie überall. Mitreden wollen viele, wenn es aber um die konkrete Arbeit geht, müssen Leute gesucht werden. Hier bietet sich die große Chance für neue

Abgeordnete. Zur Haushaltsberatung hatte ich fünf oder sechs Anträge ausgearbeitet, mit Kollegen abgestimmt, in der Arbeitsgruppe und dann in der Koalitionsrunde mit der F.D.P. durchgesetzt. Dabei wurde einem jede Mithilfe des Arbeitsgruppen-Vorsitzenden und seines Referenten sowie der Beamten auf der Hardthöhe zuteil. Das war ein sehr positives Erlebnis. Wer nicht nur flammende Reden halten will, sondern zu konkreter Arbeit bereit ist, der kann damit quasi sofort beginnen. Ihm werden keine Fesseln angelegt.

Den gleichen Eindruck hatte ich in meiner Landesgruppe. In einer Sitzung legte ich ein umfassendes Papier zur Weltausstellung im Jahr 2000 in Hannover vor, das eine rege Diskussion unter den Niedersachsen provozierte. Am Ende der Sitzung wurde ich zum Expo-Beauftragten meiner Landesgruppe ernannt. Wer sich in ein Gebiet hineinkniet, hat alle Möglichkeiten.

Nach anfänglichen Enttäuschungen begann das Parlamentarierleben nun auf einmal Freude zu bereiten. Und wenn man sich ein wenig eingefunden hat, kommen Arbeitsfelder plötzlich von ganz alleine auf einen zu. Eines Tages rief der stellvertretende Fraktionsvorsitzende, Karl-Heinz Hornhues, an und fragte, ob ich nicht sein Nachfolger als Vorsitzender der Deutsch-Polnischen Gesellschaft, Bonn, werden wolle. Und ob ich wollte! Ich war dankbar, auf diese Weise einen Bezug zur auswärtigen Politik zu erhalten. Aber schon bald muß man damit beginnen aufzupassen, daß man nicht zu viele Engagements eingeht, daß man sich auf Wesentliches konzentriert und die übernommenen Aufgaben auch wirklich ausfüllen kann.

Besonders interessant finde ich das Verhältnis zu den ostdeutschen Abgeordneten, die sich in der Fraktion natürlich noch viel fremder vorkommen als wir »Wessi-Neulinge«. Am Anfang hatte ich gehofft, daß von den Kollegen aus den neuen Bundesländern eine gewisse Auflockerung und frischer Wind ausgehen würde. Diese Hoffnung ist nach meinem Eindruck nur zu einem sehr geringen Teil erfüllt worden. Das ist auch ganz verständlich. Die meisten der neuen Kollegen äußerten, daß sie täglich darum ringen mußten, mit der Flut der neuen Kontakte, Informationen und Vorlagen fertig zu werden. Manche fühlten sich von der

Bonner Hektik überfordert, weil sie weniger Erfahrung und Kenntnis auf dem bundespolitischen Parkett hatten als ihre westlichen Kollegen: Welche Papiere muß man lesen, welche wandern gleich zu den Akten? Welcher Informationsdienst ist seriös, welcher kann im Papierkorb landen? Die Professionalität der Westler bei der Bearbeitung der täglichen Aktenberge – woher sollte die zum Beispiel ein Abgeordneter aus Sachsen haben, der bis zum August 1990 Naturwissenschaftler war und nie damit rechnete, plötzlich im gesamtdeutschen Bundestag zu sitzen? Die meisten von uns Neulingen aus dem Westen hatten ja schon anderweitige politische Erfahrungen sammeln können.

Gab es genug Unterstützung durch die Westkollegen? Fanden diese neben ihrer eigenen aufzehrenden Arbeit genug Kraft und Zeit, sich den neuen Kollegen zuzuwenden? War es richtig, auf jede Institutionalisierung der Zuwendung zu den neuen Ländern – etwa in Form eines Ausschusses zur Deutschen Einheit oder eines »Aufbauministeriums« – zu verzichten? Die Junge Gruppe in meiner Fraktion hatte mit einem Modell der Partnerschaften zwischen einzelnen Abgeordneten begonnen. Der Kollege Heinz-Jürgen Kronberg aus Weimar äußerte einmal, daß er in der Jungen Gruppe die einzig wirkliche Kommunikationsmöglichkeit zwischen Ost- und West-Abgeordneten sah. Stefan Schwarz aus Rheinland-Pfalz, damals 32 Jahre alt, hatte eine Bürogemeinschaft mit Kersten Wetzel (29) aus Thüringen, Elisabeth Grochtmann (35) aus Mecklenburg-Vorpommern eine Wohngemeinschaft mit Susanne Rahardt-Vahldieck (37) aus Hamburg.

Nur Gauner im Bundestag?

Die Finanzskandale und Lügen, die dem Bürger im Winter 1999/2000 bekannt wurden, haben das alte Vorurteil wieder aufleben lassen, daß Politik generell ein schmutziges Geschäft sei und Politiker ganz allgemein raffgierig, lügnerisch und korrupt seien. Ich glaube nicht, daß ich in Gefahr bin, die Irrungen, die Erstarrungen und Schwächen unserer politischen Ordnung zu unterschätzen. Ich will nichts von dem, was es an unerträglichen Skandalen gegeben hat, unter den Teppich kehren oder verniedlichen. Aber aus der Erfahrung von zehn Jahren Mitgliedschaft im Deutschen Bundestag möchte ich mir dennoch erlauben, gegen destruktive Pauschalkritik an meinem »Berufsstand« einige Einwände zu formulieren.

Auch wenn es falsch wäre, die Finanzskandale bis hin zu den »jüdischen Vermächtnissen« als Einzelfälle abzutun und nicht auch strukturelle Systemfehler darin zu sehen, so wäre es nach meiner tiefen Überzeugung ebenso falsch, die parlamentarische Demokratie, die Parteien und Politiker insgesamt für korrupt zu erklären. Bei aller notwendigen Reform an Haupt und Gliedern müssen wir maßvoll bleiben und dürfen »das Kind nicht mit dem Bade ausschütten«. Ohne Mißstände entschuldigen oder aufrechnen zu wollen, sei einem Politiker doch der Hinweis gestattet, daß es vielleicht auch in anderen Bereichen der Gesellschaft Fehlentwicklungen, Korruption und Lüge gibt. Man denke an die Dopingaffären im Sport oder an mehrere bekannt gewordene Fälle von Beamtenbestechung im Baubereich (etwa in meiner Heimatstadt Hannover).

Antje Vollmer hat mit Blick auf die sogenannte Dienstwagen-Affäre der ehemaligen Bundestagspräsidentin Rita Süssmuth festgestellt: »Wenn aber Spitzenbeamte mit unstimmigen Benzinzetteln oder mit anfechtbaren Gehaltsbescheinigungen nicht zu ihrer Bundestagspräsidentin gehen und auf Korrektur drängen, sondern die äußerst lukrative Nebeneinnahme durch Zuträgerarbeiten für politische Magazine vorziehen, dann verändert sich die Republik auch. Eine bestechliche, käufliche oder korrupte Verwaltung kann mindestens soviel Schaden anrichten wie der vergleichsweise leicht zu schassende Politiker, der außerdem erheblich umfangreicherer öffentlicher Kontrolle unterliegt.«

Frau Vollmer will hier bestimmt die Politik nicht reinwaschen. Aber ist der Hinweis darauf, daß in der Politik Skandale eher aufgedeckt werden, weil die Beobachtung größer und der Wettbewerb härter ist, nicht vielleicht doch ganz zutreffend? Was würde wohl in anderen Bereichen, zum Beispiel in der Wirtschaft oder auch in der Medienwelt, zutage befördert, wenn dort eine genauso harte Nachfrage und Recherche der Medien stattfände? Und hat nicht Hans Magnus Enzensberger zu Recht darauf hingewiesen, daß es schon aus statistischen Gründen unwahrscheinlich sei, daß die politische Klasse »gewissermaßen naturwüchsig mit Defekten behaftet ist«. Genetische Eigenschaften gehorchen der Gaußschen Normalverteilung. Die Summe der Schweinehunde dürfte in jeder gesellschaftlichen Gruppe in etwa gleich sein.

Keine Frage, die Politik muß sich bemühen, besser und ehrlicher zu sein als die anderen Bereiche der Gesellschaft. Wir bekleiden öffentliche Ämter und werden aus den Steuergeldern der Bürger bezahlt. Deshalb müssen wir uns besonders um Korrektheit und Ehrlichkeit bemühen, müssen schon den Anschein vermeiden, als wollten wir aus unserer politischen Tätigkeit einen Vorteil ziehen. Aber so ganz kann ich mir dennoch nicht den Hinweis versagen, daß es Ellenbogeneinsatz, Eifersüchteleien und Egoismus auch in anderen Bereichen unserer Gesellschaft gibt, genauso wie Intrigen, Seilschaften und Vorteilsnahme!

Sogenannte Kavaliersdelikte haben sich bei uns seit langem zum Gesellschaftssport entwickelt. 95 Prozent der Bürger haben in ihrem Leben schon einmal »geklaut«. 20000mal im Monat wird an Tankstellen unbezahlt Benzin gezapft, beim Selbstwiegen von Obst im Supermarkt wird ein Schwund von etwa 15 Prozent festgestellt, und jede Minute wird in Deutschland ein Fahrrad gestohlen. Ganz zu schweigen von den Bleistiften und Notizblöcken, die aus Büros in Betrieben mitgenommen werden, den Aschenbechern, Bügeln, Schuhanziehern, Bademänteln und Gläsern, die ehrenwerte Bürger zahlreich und wie selbstverständlich aus Hotelzimmern und Restaurants entwenden, den kleinen Steuerhinterziehungen (»selbst schuld, wenn du alles angibst!«), der gängigen Spesenschinderei, den geschönten Reisekostenabrechnungen oder der Schwarzarbeit. Überall werden Augen zugedrückt, erweist man sich kleine Gefallen. Politiker sind keine Engel, aber die Menschen in anderen Sparten und Lebensbereichen auch nicht. Noch einmal: eine Entschuldigung für Fehlverhalten in der Politik ist dies nicht, nicht einmal eine Entlastung. Aber vielleicht rechtfertigt es die Bitte, manchmal nicht pauschal und selbstgerecht zu urteilen.

Nur Mittelmaß im Bundestag?

Ein weiterer Pauschalvorwurf, dem sich die Abgeordneten heute ausgesetzt sehen, liegt in der angeblich mangelhaften Qualifikation. Wir Politiker gelten als Mittelmaß, weil wir außer Parteipolitik angeblich nichts gelernt haben, vor Entscheidungen viel zu lange debattieren, immer nur an den nächsten Wahltermin denken und in phrasenhaften Worthülsen oft schwer verständlich, aber ohne Substanz daherreden. Es fehlen, so wird häufig argumentiert, die großen, unabhängigen Politiker früherer Jahre wie Adenauer und Strauß, Dehler oder Brandt.

Ohne Zweifel sind wir Abgeordnete in der Regel keine intellektuellen Überflieger. Wir sind in der Regel auch keine besonderen Literatur- oder Kunstkenner und schreiben – mit der Ausnahme unseres früheren Kollegen Peter Glotz – auch nicht zwei Bücher im Jahr. Nicht selten wirken unsere Abgeordneten in der Tat wie das Gegenteil des rhetorischen Naturtalents Rainer Barzel. Daß man als Politiker dauernd und stundenlang in Sitzungen mit oft keineswegs erfreulichen Debatten hockt, ist auch richtig.

Was aber wäre die Alternative? Wollen wir einen Philosophenstaat, in dem nur die intelligentesten Köpfe regieren? Wollen wir ein Parlament von Eliteschülern oder Strebern? In unserem Bundestag sitzen zum Glück auch Sekretärinnen, Volksschullehrer, Arbeiter, Hausfrauen und kleine Angestellte. Sie sind oft keine Weltbeweger. Aber sie kennen die Sorgen der Bürger aus erster Hand, und sie verstehen ihr Handwerk. Kaum jemand macht sich eine Vorstellung davon, daß Politik nicht nur aus den großen Debatten besteht, die in den Medien Widerhall finden, sondern aus mühsamer Detailarbeit an Gesetzesparagraphen und Entschließungen. Wer die Flut unserer Gesetze kennt und die damit einhergehenden Ansprüche und Forderungen von betroffenen Personen, Gruppen und Verbänden, der kann sich leicht eine Vorstellung davon machen, was ein einzelner Abgeordneter zu bewältigen hat.

Sicher gibt es Politiker, die der Aufgabe nicht gewachsen sind, die sich nur durchwursteln, in ihren täglichen Aktenbergen versinken, sich bei Interviews notorisch verhaspeln, keine Prioritäten setzen können, mit Mitarbeitern nicht umzugehen wissen und andere Schwächen haben. Aber gibt es überforderte Menschen nicht überall? In jeder Berufssparte gibt es Menschen, die in Wahrheit nicht mithalten können, und überall gibt es Mittelmäßigkeit. Das Parlament ist ein Spiegelbild der Gesellschaft.

Der verehrte Soziologe Erwin K. Scheuch beklagt die mangelnde Beratungsfähigkeit der Politiker. Sie seien nicht offen für die konstruktive Zuarbeit der Wissenschaft. Ist das wirklich wahr? Oder ist es nicht manchmal so, daß qualifizierte Berater fehlen, zum Beispiel Sozialwissenschaftler, die nicht nur von der Theorie, sondern auch von der Praxis etwas verstehen und verständlich formulieren können? Wo sind die großartigen intellektuellen Entwürfe aus dem wissenschaftlichen Bereich? Wo sind die realisierbaren Zukunftsvisionen aus Professorenhand? Was zum Beispiel die wahren Belastungen der deutschen Einheit anging, so haben sich nicht nur die meisten Politiker geirrt, sondern auch viele Wissenschaftler. Die Regierung Kohl vertraute bei der sogenannten »Steuerlüge« unter anderem auf die Gutachten der Sachverständigen. Wenn Herr Scheuch über die Mittelmäßigkeit der Politiker redet, sollte er auch seinen eigenen Berufstand unter die Lupe nehmen. Wie viele Professoren sitzen ihr Leben lang auf einer Planstelle, die sie sich mit einer halbwegs gelungenen Veröffentlichung in den siebziger Jahren erworben haben? Wie viele lehren heute in den Vorlesungen den gleichen Stoff von den gleichen Karteikarten, die sie schon vor dreißig Jahren benutzten? Mir liegt es fern, eine Pauschalkritik gegen Universitätsprofessoren zu beginnen. Aber wenn die Frage nach der Qualität gestellt wird, sollte der Blick nicht an einer einzigen Berufssparte oder gesellschaftlichen Gruppe hängen bleiben.

Ein 1992 erschienenes Buch von Günter Ogger über »Nieten in Nadelstreifen« kritisiert zahlreiche bekannte Wirtschaftsführer dafür, daß sie in den fetten achtziger Jahren entscheidende Weichenstellungen für die magere Zukunft nicht getroffen hätten. Im Einzelfall ist die Kritik sicher oft überzogen, aber ein wenig Gerechtigkeit widerfährt dem beschimpften Politiker schon, daß jemand sich einmal die Mühe macht, eine andere Gruppe kritisch zu durchleuchten, zumal in letzter Zeit gerade Wirtschaftsführer versucht sind, die Nase zu rümpfen über die vermeintlich schwachen Politiker und ihre unproduktiven, langen Sitzungen. Manche glauben, daß einige gute Manager im Parlament leicht »aufräumen« könnten und daß dann alles bald viel besser laufen müßte. Zum Glück wird in der Wirtschaft in den meisten Fällen zügig und kompetent entschieden, zum Glück wird in der Politik vor einer Entscheidung ausführlich debattiert. Der demokratische Staat kann nicht wie ein Unternehmen geführt werden. In ihm führt kein Weg an den mühsamen Prozessen der Willensbildung in einer pluralistischen Gesellschaft, an der schwierigen Kompromißsuche und der langwierigen Überzeugung Andersdenkender vorbei.

Dies gilt zumal in Zeiten des Umbruchs, der Orientierungslosigkeit und plötzlich entstandener neuer Probleme. Die Demokratie ist die beste Staatsform, aber sie ist nicht perfekt. Vielmehr braucht sie Zeit, um sich von manchen traditionellen Vorstellungen zu verabschieden. Sie muß für die notwendigen neuen Wege, etwa die Weichenstellung in der Außenpolitik nach Ende des Ost-West-Konflikts, Mehrheiten finden. Das erfordert viel Geduld – und auch Sitzfleisch. Politik ist eben – in den Worten Max Webers – das »Bohren dicker Bretter«. Wer vorgibt, für die großen Herausforderungen unserer Zeit, auf Völkerwanderung, Treibhauseffekt, Bevölkerungsexplosion oder nukleare Weiterverbreitung, Patentrezepte anbieten zu können, der täuscht andere und sich selbst. Es gibt keine schnellen und einfachen Antworten auf langwierige und komplexe Fragestellungen.

Viel von dem Unmut, der gegenüber Politikern artikuliert wird, ist in Wahrheit Ausdruck einer tiefgreifenden Zukunftsangst. Die Bürger spüren, daß der Gürtel enger geschnallt werden muß. Sie ahnen die gewaltigen Anstrengungen, die für die Sanierung Mittel- und Osteuropas erforderlich sind. Sie fürchten größere Völkerwanderungen aus dem Süden, das Ozonloch, die wachsenden Müllberge, die steigende Kriminalität und das Drogenproblem. Andere ängstigen sich vor dem Wiederaufleben der Rechtsradikalen und des Terrorismus. Es ist wahr, daß die Politik nicht den Eindruck vermittelt, als hätte sie die Probleme im Griff. Schlimmer: Nicht selten wird so getan, als ob es wirkliche Probleme gar nicht gäbe. Das entmutigt die Bürger noch mehr. Politiker geraten immer wieder in Versuchung, die Politik zu beschönigen: Die Bürger wählen nun einmal nicht gern die sorgenvoll schauenden Verkünder von Wahrheiten, sondern lieber die strahlenden Propheten kommenden Glücks. Und so finde ich nirgendwo die gegenwärtige Kritik an Politikern und Parteien einsichtiger als an dieser Stelle. Die Politiker dürfen sich eben nicht in Versuchung bringen lassen. Letztlich wird der Vertrauen gewinnen, der den Menschen die Wahrheit sagt, auch wenn sie unbequem ist. Es schafft keine Zuversicht, die Probleme zu vernebeln.

Nur Faule im Bundestag?

Ein weiterer Vorwurf, dem sich die Mitglieder des Bundestages ausgesetzt sehen, betrifft ihren angeblich mangelnden Fleiß. Wo sind die eigentlich? Das fragen sich unzählige Bundesbürger, wenn sie auf *Phoenix* die Debatten sehen, die vor allem am Freitagvormittag nicht selten vor fast leeren Bänken stattfinden. In Berlin, so scheint es, ist es mit der Präsenz der Abgeordneten im Plenum noch schlechter geworden. Weil es zuviel andere Ablenkungen gibt? Weil das Nachtleben so sehr fordert, daß die Herren Politiker am folgenden Tag nicht aus den Federn kommen? Schön wär's!

In Wahrheit ist es so, daß die Anwesenheit im Plenum, so wichtig und erwünscht sie auch uns Abgeordneten selbst erscheint, oft einfach nicht zu schaffen ist. Nicht selten sind gerade die, die ständig im Plenum sitzen, auch die, die am wenigsten zu tun haben. Ich weiß zum Beispiel nicht, wie ich meine Post aus dem Wahlkreis beantworten, meine Reden und Aufsätze schreiben, meine Berichterstattungen recherchieren und meine Ausschußsitzungen vorbereiten soll, wenn ich ständig im Plenum sitze und mir Debatten zu Themen anhöre, von denen ich doch viel weniger verstehe als die Experten aus meiner Fraktion. So geht man dann zu den Generalaussprachen, wo die »Großkopferten« sprechen, aber eilt zurück ins Büro, wenn sich die Experten des Gesundheits- oder Landwirtschaftsausschusses über ihre Themen auslassen. Nicht, daß ich das für unwichtig hielte! Aber ich kann eben zu Fragen der Agrarpolitik recht wenig Eigenes beitragen. Außerdem gibt es in meinem Wahlkreis in Hannover nur noch ganz wenige Bauern, und die kann ich getrost an meinen niedersächsischen Kollegen Heinrich-Wilhelm Ronsöhr verweisen, der außerdem Sprecher der CDU/CSU-Kollegen im Agrarausschuß ist.

Im Grunde ist man jenseits der großen Debatten nur dann im Plenum, wenn die Sachgebiete auf der Tagesordnung stehen, für die man selbst eine Zuständigkeit übernommen hat, bei mir also inzwischen außen- und vor allem europapolitische Fragen. Wenn über die Gemeinsame Außen- und Sicherheitspolitik der Europäischen Union debattiert wird, dann ist die Anwesenheit für mich Pflicht. Warum soll aber mein Kollege Kurt-Dieter Grill aus Lüchow-Dannenberg, energiepolitischer Sprecher der CDU/CSU, die ganze Zeit über dabeisitzen? Ich freue mich natürlich, wenn er kommt (und meiner Rede lauscht). Aber ich habe Verständnis dafür, wenn er sich gerade mit einer Besuchergruppe aus seinem Wahlkreis trifft, mit einem Journalisten in der Cafeteria ein Hintergrundgespräch über eine Gesetzesinitiative der CDU/CSU-Fraktion führt oder sich in seinem Büro mit anderen Kollegen aus seinem Ausschuß trifft, um die Debatte über das Stromeinspeisungsgesetz in der nächsten Woche abzustimmen.

Allerdings gehe ich nach Möglichkeit auch dann ins Plenum, wenn ein Bereich debattiert wird, der zwar nicht unmittelbar meine Sachzuständigkeit betrifft, aber doch in meinem Wahlkreis aus bestimmten Gründen mit großer Aufmerksamkeit verfolgt wird. Wenn ich zum Beispiel eine Reihe von Bürgerbriefen zum Thema Tierschutz erhalte, dann muß ich mich natürlich damit verantwortlich beschäftigen, bei den Debatten zuhören und mir mein eigenes Urteil bilden. Das gelingt aus zeitlichen Gründen leider nicht immer. Oft ist man verführt, einfach im Büro zu bleiben und seine Aktenberge zu bearbeiten, nebenbei den Parlamentssender laufen zu lassen, durch den man ebenfalls alles mitbekommt.

Aber der Bürger kann beruhigt sein: Wenn wir auch nicht immer im Plenum sind, so liegen wir dennoch nicht irgendwo in der Sonne zum Bräunen. Natürlich gibt es auch bei uns weniger

Eine typische Sitzungswoche in Berlin 8.–13. November 19

	Montag	Dienstag	Mittwoch
08-10	Fahrt nach Berlin	AG Europa der CDU/CSU (Mauerstraße)	Obleutegespräch EU-Ausschuß des Bundestages (Wilhelmstraße)
10-12	Bearbeitung der Korrespondenz, Lagebesprechung	Ordensverleihung Geremek (Palais am Festungsgraben)	
12-14	CDU-Bundesfach-ausschuß Europapolitik (Abgeordnetenhaus Berlin)	CNN Live-Interview »10 Jahre Mauerfall« (CNN-Bühne, Brandenburger Tor)	Essen mit Parlamen riern aus Estland, Rumänien, Slowake und Ungarn (Restaurant Dressler)
14-16	Diana Geddes (The Economist)	Sondersitzung des Bundestages »10 Jahre Fall der Mauer«	
16-18	Gespräch mit pol. Journalisten (Mauerstraße)		EU-Ausschußsitzun (Reichstag)
18-20	Gipfelgespräch Kohl, Bush, Gorbatschow (10 Jahre Fall der Mauer, Axel-Springer-Haus)	Fahrt nach Braunschweig (Hbf-Zoo)	»Tore der Freiheit« Ausstellungseröffn (debis-Haus mit dem polnischen Ministerpräsidenten)
20-22	Landesgruppe Niedersachsen (Automobilforum Unter den Linden)	Talkshow der Braun-schweiger Zeitung » 10 Jahre Fall der Mauer« 22.30: Fahrt nach Berlin	Dinner German Marshall Fund of the USA (Guy-Restaurant)

onnerstag	Freitag	Samstag	Sonntag
ühe-Runde urz-Vortrag zum hema »Ost-Timor« Vilhelmstraße)	Plenarsitzung des Deutschen Bundestages (Reichstag)	Kreismitglieder- versammlung der CDU- Hannover	Frühstück mit Richard Perle (Berater von George Bush jr.) Diskussionsrunde
lenarsitzung des eutschen undestages eichstag)	11.30: Professor Livingstone (Johns Hopkins University)		
	12.30: Frau Winkler (Israel. Journalistin) 13.30: Gerry Hamilton (American Council on Germany)	12.25: Abfahrt nach Dresden	13.15: Abfahrt nach Hannover
espräch mit anitätsoffizieren us Hannover eichstag)			
oordinierungs- espräch Polen arlamentar. Gesellschaft)		Tagung: Konferenz der New Atlantic Initiative	
9.30: Reemtsma- ledientreff otel Dorint)	19.00: Bundes- presseball (Hotel Interconti)		
		Übernachtung in Dresden	

fleißige Kollegen, wie wohl in jedem Beruf. Man kann es als Abgeordneter auch relativ leicht sein, zugegeben. Bis das jemand im fernen Wahlkreis merkt, können manchmal Jahre vergehen. Ich kenne schon Kollegen, die sich ganz schön bequem eingerichtet haben, vielleicht gar nicht mehr wiedergewählt werden wollen und sich sagen, daß sie nun nach einem Leben harter Arbeit die letzte Legislaturperiode etwas ruhiger angehen lassen wollen. Ist das so unterschiedlich in anderen Berufen? Natürlich haben wir auch Schmarotzer und Vortäuscher von Fleiß und Aktivität. Natürlich haben wir auch Aktivisten, die dauernd alle wild machen, aber nichts wirklich Sinnvolles geschafft kriegen. Aber gibt es das alles nur in der Politik? Der durchschnittliche Abgeordnete liegt nicht auf der faulen Haut, sondern arbeitet nach meiner Einschätzung etwa 70 Stunden in der Woche, oft sogar mehr. Das Schaubild gibt die Termine einer Parlamentswoche wieder, wie sie für meinen Kalender typisch ist.

Nur Absahner im Bundestag?

Die öffentliche Kritik hinsichtlich der Diäten, der Altersversorgung und sonstiger »Privilegien« hat berechtigte und dringend refombedürftige Seiten, aber auch Aspekte, die ich als ungerecht empfinde. Die Diäten sind meiner Meinung nach nicht zu hoch. Die Altersversorgung finde ich in Ordnung, und was die sonstigen »Vorteile« des Abgeordneten angeht, so stellt sich bei näherem Hinsehen schnell heraus, daß es damit nicht weit her ist. Die Zahl derer jedenfalls, die aus materiellen Gründen für den Bundestag kandidieren, dürfte an zwei Händen abzuzählen sein. Was allerdings verändert werden muß, sind die Pensionen und Übergangsgelder, die an aktive Politiker ausgezahlt werden und sich zu Summen addieren, die zu Recht Anstoß erregen.

Wenn ich meine Einkünfte mit dem Lohn eines Polizisten oder einer Krankenpflegerin vergleiche, fühle ich mich gut bezahlt. Wenn ich aber sehe, was ein guter Handwerksmeister, ein eingesessener Rechtsanwalt und Notar, der Bezirksvertreter einer mittelgroßen Firma, der Geschäftsführer eines Getränkegroßmarktes oder der Abteilungsleiter bei den Stadtwerken verdient, dann fühle ich mich wahrlich nicht als Abzocker. Auch im Vergleich zu den Beamtengehältern haben wir Abgeordnete in den letzten Jahren Boden verloren. Ursprünglich sollten wir das verdienen, was ein Ministerialdirigent oder Bundesrichter verdient (B 6). Aus Angst vor öffentlicher Kritik hat das Parlament jedoch jahrelang auf eine angemessene Steigerung der Diäten verzichtet, Deshalb sind wir inzwischen auf der Ebene des Leitenden Ministerialrates (B 3) angekommen. Meine Studienfreunde, die in die freie Wirtschaft gegangen sind, belächeln das, was ich im Jahr nach Hause bringe. Einen Wirtschaftsanwalt, mit dem ich studiert habe, fragte ich, warum er, ein politisches Talent ohne Zweifel, nicht für den Bundestag kandidiere? Ein mitleidiges Lächeln war die Folge: Wie solle er seiner Familie erklären, demnächst mit einem Drittel seines jetzigen Verdienstes nach Hause zu kommen?

Wer eine gutgehende Arztpraxis oder eine erfolgreiche Rechtsanwaltskanzlei führt, kann schon deshalb nur schwer für den Bundestag kandidieren, weil er seine berufliche Existenz eigentlich aufgeben müßte und ganz sicher nicht nach vier, acht, zwölf oder gar sechzehn Jahren wieder dort anknüpfen könnte, wo er einmal aufgehört hat. Und was ist, wenn man aus einer erfolgreichen beruflichen Stellung, zum Beispiel als Handwerksmeister oder Einzelhändler, sich zur Kandidatur entschließt, aber schließlich die Lehrerin von gegenüber gewählt wird? Schon als Kandidat wird man durch die Presse gezerrt, muß über seine finanziellen und privaten Verhältnisse Auskunft geben und sich der Kritik stellen: Da äußert irgendein dem Kandidaten bis dato gar nicht bekannter Ortsvorsitzender der Partei plötzlich Vorbehalte hinsichtlich des Charakters und der Qualität des Kandidaten. Das liest dann der ganze Ort am nächsten Tag in der Zeitung. Außerdem muß man sich ja zu einer Partei bekennen, was Abstriche bei der Kundschaft mit sich bringen wird. Ein Zahnarzt in Hannover-Linden jedenfalls wird bestimmt nicht auf die Idee kommen, sich dort für die Union als Landtagsabgeordneter zu bewerben! Sein Kollege in Vechta wird wohl wenig Neigung verspüren, sich als SPD-Kandidat zu »outen«... Wer tut sich so was schon an, daß er für das mäßige Geld öffentlich durchleuchtet wird, jeden Tag auf dem Präsentierteller steht, ständig im fernen Berlin fernab der Familie arbeitet und seine Wochenenden auf Jubiläums- und Sportveranstaltungen, Schützenfesten oder Frühschoppen verbringt!

Ich bin wahrlich nicht wegen des Geldes in den Bundestag gekommen. Ich verdiene weniger als das, was ich in meinem letzten »Job« als Geschäftsführer in der Privatwirtschaft erhielt und auch weniger als das, was ich heute erhalten würde, wenn ich 1989 im öffentlichen Dienst geblieben wäre. Darüber bin ich allerdings keineswegs traurig. Geld ist für vieles wichtig, und es ist ganz schön, davon ein wenig zu haben. Aber ich möchte mit keinem der Gleichaltrigen tauschen, die heute in besser bezahlten Positionen sitzen. Denn: Meine Arbeit macht mir Freude. Und am Ende des Jahres hat man doch das Gefühl, an der einen oder anderen sinnvollen Sache mitgewirkt zu haben: an der Rettung eines vom finanziellen Ruin bedrohten Sterbehospizes im Heimatort, an der Durchsetzung der Finanzierung der Expo 2000 in Hannover einschließlich des erforderlichen Ausbaus der Straßen- und Schienennetze mit Bundesmitteln, den Erhalt eines Bundeswehrstandortes im Regierungsbezirk, der Schaffung von Lärmschutzwänden an einer bestehenden Güterbahn, der Verbesserung der deutsch-polnischen Beziehungen, der parlamentarischen Mehrheit für die NATO-Osterweiterung oder dem Zustandekommen einer deutschen Initiative für eine Konvention gegen Landminen. Deshalb, nicht wegen des Geldes, bin ich im Bundestag. Und die meisten Kollegen auch!

Was die Altersversorgung angeht, so gibt es darüber ganz abenteuerliche Gerüchte. Nach achtjähriger Parlamentszugehörigkeit hätte ich ab dem 65. Lebensjahr 35 Prozent meiner früheren Entschädigung erhalten, also 4 069 Mark. Ob das angesichts einer durchschnittlichen Verweildauer zwischen 9 und 10 Jahren wirklich zu üppig ist? Oder ist das nicht vielleicht doch in den meisten Fällen eine berechtigte und der Verantwortung und Stellung des Abgeordneten angemessene Alterspension? Nach 18 Jahren als Abgeordneter werde ich ab dem 55. Lebensjahr 75 Prozent, das heißt 8 719 Mark monatlich erhalten. Die Altersversorgung ehemaliger Bundestagsabgeordneter wurde 1995 gesenkt, so daß Abgeordnete, die nach 1995 in den Bundestag eingetreten sind, nach zwei Wahlperioden nur 24 Prozent ihrer früherer Entschädigung erhalten, das sind 3090 Mark im Monat. Nach 23 Jahren Parlamentszugehörigkeit erhalten sie 69 Prozent ihrer früheren Diät: im Monat 8884 Mark. Wenn wir hier kürzen, werden noch weniger qualifizierte Bürger bereit sein, für den Bundestag zu kandidieren. Es ist wahr: Man kandidiert nicht für die Rente. Aber aller Idealismus hat auch eine Grenze.

Hinsichtlich der Übergangsgelder und Addierung von Pensionen besteht jedoch dringender Reformbedarf. In der letzten Legislaturperiode etwa gab es den Fall meiner Kollegin Cornelia Yzer, die als Parlamentarische Staatssekretärin im Bundesbildungsministerium zum 1. Mai 1997 Hauptgeschäftsführerin des Verbands der forschenden Arzneimittelhersteller wurde. Ihre Abgeordnetendiät erhielt sie weiter, sie hatte Anspruch auf ein Übergangsgeld von 180000 Mark und hatte in ihrer zweiten Wahlperiode bereits Anspruch auf eine Rente von 9000 Mark monatlich erworben. Die verschiedenen Einkünfte der 35jährigen Rechtsanwältin summierten sich auf ein Jahresgehalt von über 400000 Mark. Verständlicherweise zog sie damit den Unmut der Öffentlichkeit auf sich. Der Fehler lag jedoch im System, nicht bei Frau Yzer. Sie hat kein Gesetz gebrochen, ihre Tätigkeit vielmehr lediglich im Rahmen der geltenden Gesetze ausgeübt. Warum sollte sie auch nicht? Hätte nicht jeder von uns in ihrer Situation ähnlich gehandelt? (Das Thema der Übergangsgelder und Diäten wird im letzten Kapitel noch einmal aufgenommen.)

Was die sonstigen »Privilegien« angeht, so fällt es mir schwer, sie so zu nennen. Da gibt es zunächst die Bahnfahrkarte 1. Klasse für die Zeit der ganzen Legislaturperiode. Sicher könnte ich damit in der ganzen Bundesrepublik herumfahren, in Oberstdorf zum Skilaufen oder zum Segeln auf der Schlei. Alles umsonst. In den zehn Jahren, in denen ich im Bundestag sitze, habe ich die Karte nur ganz selten privat nutzen können. Man hat einfach keine Zeit. Dafür aber benutze ich sie fast hundertmal im Jahr für die Strecke Berlin-Hannover-Berlin, also für die Fahrt von der Hauptstadt in den Wahlkreis und zurück. Die Netzkarte ist so etwas wie ein Job-Ticket für Abgeordnete. Würden wir jede

Fahrt einzeln lösen und dann abrechnen, so würde das den Bund viel teurer zu stehen kommen und darüber hinaus eine eigene Bürokratie für 665 Abgeordnete erfordern.

Das nächste »Privileg« ist der Fahrdienst. Innerhalb Berlins können wir auf ihn zurückgreifen und uns von zu Hause abholen sowie von Termin zu Termin bringen lassen. Das ist, kein Zweifel, angenehm und eine große Erleichterung bei der Wahrnehmung von sechs bis zehn Terminen am Tag. Man verliert keine Zeit durch Warten auf Busse oder durch Parkplatzsuche, kann im Wagen arbeiten und beim Abendtermin auf einem Empfang, einer Buchvorstellung oder dem Parlamentarischen Abend einer Firma auch mal ein Bier trinken. Es sind Dienstfahrten, um die es geht, keine Privatvergnügen. Wir haben nicht unseren eigenen Fahrer, sondern einen Fahrdienst, der im Falle der Anforderung seine Dienste zur Verfügung stellt. Ich gestehe, daß ich kein schlechtes Gewissen habe, ihn in Anspruch zu nehmen.

Schließlich: Unsere angeblich so riesigen Luxusbüros. Meine Situation ist die, daß ich als Vorsitzender des Ausschußes für die Angelegenheiten der Europäischen Union ein 20 qm großes Büro und ein 20 qm großes Vorzimmer für meine zwei Mitarbeiter habe. Das Büro liegt in der Mauerstraße, früher war hier das DDR-Innenministerium untergebracht. Man fährt mit dem alten VEB-Fahrstuhl in den sechsten Stock, geht einen schmalen, flachen und endlos langen Gang hinunter und erreicht irgendwann mein Büro. Hier aber kann ich beim besten Willen keine wichtigen Gäste empfangen. Ich würde mich schämen. Wenn also die bulgarische Außenministerin oder der französische Botschafter einen Termin wollen, treffe ich mich mit ihnen im Hotel Adlon oder der Parlamentarischen Gesellschaft. Einige Zimmer den Gang entlang hat der Vorsitzende des Sportausschusses, Friedhelm Beucher, sein Büro. Er sagte mir neulich, daß er sich weigere, Egidius Braun, den DFB-Präsidenten, hier zu empfangen. Er würde jeden Respekt vor dem Parlament verlieren.

Nun, wir leben in einem Provisorium. Aber in der Öffentlichkeit ist durch die Medienberichterstattung der Eindruck entstanden, als hätten sich die Parlamentarier Luxusbüros ergattert. Das ist nicht der Fall. Mein zukünftiges Büro im Neubau des Paul-

Löbe-Hauses wird übrigens auch kaum größer sein. Meine Kollegen Ausschußvorsitzenden in Frankreich oder Spanien würden nur den Kopf schütteln. Ein wenig Repräsentation gehört schon dazu, Neid und falsche Bescheidenheit haben bei uns zum Teil groteske Blüten getrieben.

Und was ist eigentlich mit der Humanisierung der Arbeitswelt? Meine Mitarbeiter müssen unter Bedingungen arbeiten, die sich Sekretärinnen, Sachbearbeiter und Referenten in der Wirtschaft und in Behörden verbitten würden. Aber aus Angst vor der Boulevardpresse kuschen wir alle.

Nur Traumtänzer im Bundestag?

Verbreitet ist das Vorurteil, wir Abgeordneten aus Berlin seien bürgerfern, würden die wahren Sorgen der Menschen nicht kennen und lebten abgehoben im »Raumschiff« Bundestag. Als Beweis für diese These werden Argumente wie dieses vorgetragen: Theo Waigel habe bei einer Umfrage angeblich nicht einmal gewußt, wieviel heute beim Bäcker für ein Brötchen bezahlt werden müsse. Ernster zu nehmen ist der gängige Vorwurf angesichts der Debatte über die doppelte Staatsangehörigkeit oder des 630-Mark Gesetzes, daß die Politiker gar nicht wüßten, wie es an der »Basis« aussehe. Es mag abgehobene und weltfremde Abgeordnete geben, die keinen hinreichenden Bezug zur Basis haben. Vor allem gibt es immer wieder offenkundige Fehleinschätzungen des Meinungsbildes im Wahlkreis, da Politiker aller Parteien in Gefahr sind, sich in erster Linie in »ihren Kreisen« zu bewegen, von ihren (meist gleichgesinnten) Freunden angesprochen zu werden und daher manchmal nur einen Ausschnitt der Wirklichkeit mitgeteilt zu bekommen. Ich ärgere mich manchmal schon über die vielen Stunden, die ich im Kreis-, Bezirks- und Landesvorstand der Partei sitze, und frage mich, ob es nicht sinnvoller wäre, in dieser Zeit in Jugendzentren zu diskutieren, Altenheime zu besuchen oder mit Unternehmern und Betriebsräten im Wahlkreis zu diskutieren.

Dennoch: Im allgemeinen geht der Vorwurf mangelnder Bürgernähe am Kern des Problems vorbei. Viel größer ist nämlich die Gefahr, daß die Politiker über dem Versuch, es allen im Wahlkreis recht zu machen, ihre Arbeit in Berlin vernachlässigen. Im Wahlkreis wird in erster Linie über die Wiederwahl eines Abgeordneten entschieden. Hier liegt für die meisten Politiker der Schlüssel zur politischen Existenzsicherung. Also wird er fast immer einen Schwerpunkt seiner Arbeit im Heimatort setzen. Aus der eigenen Erfahrung weiß ich, daß ein enormer Einsatz nötig ist, um die ständig steigenden Ansprüche der Bürger und Gruppen im Wahlkreis zu befriedigen. Als Abgeordneter wird man zwar einerseits gern beschimpft, andererseits aber sind wir für jede mittlere und größere Versammlung als Dekorationsobjekt zur Unterstreichung der Wichtigkeit des jeweiligen Anlasses unabkömmlich. Wehe, man ist bei einer Jubiläumsveranstaltung einmal nicht anwesend, während der Konkurrent der anderen Partei gesehen wird und dafür in der Lokalpresse sogar noch Erwähnung findet! Schon wird man als hoffnungslos basisfern hingestellt: »Seit er in Berlin sitzt, sieht man ihn kaum noch.«

Hans Magnus Enzensberger sieht die Ursache eines Realitätsverlustes der Politiker darin, daß sie vornehmlich gefilterte Informationen erhielten. Auf diese Weise werde ihnen zu einem positiven Zerrbild über sich selbst verholfen. Das entspricht nicht meinen Erfahrungen. Umgekehrt ist es. Negative Kritik wirkt viel länger nach als ein aufmunternder Brief. Natürlich freut man sich, wenn sich ab und zu ein positives Echo vernehmen läßt. Nur passiert es eben eher selten. Unmut artikuliert sich spontaner und heftiger und veranlaßt zur Überprüfung des eigenen Handelns. Aber wer schreibt einem schon, wenn er zufrieden ist?

»Unser Mann (unsere Frau) in Berlin« – wird von den Bürgern als allzuständig angesehen: ob es darum geht, einem Studienrat eine Klassenreise nach Polen aus öffentlichen Mitteln zu finanzieren, einer alleinerziehenden Mutter bei der Wohnungssuche behilflich zu sein, bei der Durchsetzung eines bereits mehrfach abgelehnten Rentenanspruchs zur Seite zu stehen oder dem Beförderungsanspruch eines verkannten Genies im öffentlichen Dienst Nachdruck zu verleihen – die Erwartungen sind immer hoch. Hinzu kommen die Anfragen von Bürgerinitiativen und anderen Organisationen. Die örtliche *amnesty international*-Gruppe verlangt mein Engagement für die Menschenrechte in Birma, eine Friedensgruppe fordert mich auf, Fragen zum Thema Bundeswehr-Einsatz in anderen Erdteilen zu beantworten, eine Bürgerinitiative möchte meinen vollen Einsatz für den Erhalt einer Silberlinden-Allee!

Nicht selten wird man gebeten, Gesetze oder Drucksachen herauszusuchen und an Persönlichkeiten daheim zu schicken, einem heimischen Unternehmer einen Kontakt in den neuen Bundesländern zu vermitteln oder einfach dem Bundeskanzler einmal deutlich die Meinung zu sagen. Da die meisten Mitbürger im Wahlkreis sich wenig Gedanken über die große Arbeitsbelastung eines Abgeordneten machen und zudem in der Regel davon überzeugt sind, ihr Anliegen sei das allerwichtigste, treten manche Bürger entsprechend auf: »Ihrer kurzfristigen Antwort sehe ich mit Interesse entgegen« oder: »Da ich Sie gewählt habe, erwarte ich von Ihnen in den nächsten Tagen eine konkrete Antwort« sind Formulierungen, mit denen man häufig konfrontiert wird. Ferner ist es Mode geworden, dem Abgeordneten gleich mitanzudrohen, daß im Falle einer nicht hinreichenden Antwort die Politikverdrossenheit steigen würde und man sich für diesen Fall ernsthaft überlegen müsse, beim nächsten Mal die »Republikaner« zu wählen.

Fast immer wird erwartet, daß das jeweilige Interesse verabsolutiert und vordringlich durchgesetzt wird. Dabei soll der Abgeordnete gefälligst seine Berliner Kontakte und sonstigen Beziehungen spielen lassen. Denn plötzlich hat der jeweilige Bürger nichts mehr gegen »Seilschaften« oder »Vitamin B«, bei seinem Anliegen geht es schließlich um die wohlverstandene Durchsetzung völlig legitimer Interessen. Der Abgeordnete droht zum Lobbyisten seines Wahlkreises, zum Erfüllungsgehilfen eines jeden zu denaturieren, der sich seiner zu bedienen geruht. Vor kurzer Zeit schrieb mir ein Bürger, ich möge für ihn den Verursacher einer bestimmten Äußerung recherchieren, schließlich sei ich sein Volksvertreter. Ein Arzt aus meinem Wahlkreis ließ mein Büro wissen, ich möge ihn zu einer von ihm bestimmten Zeit anrufen, schließlich habe er eine florierende Praxis, die er nicht vernachlässigen dürfe. Will man nicht seine Selbstachtung verlieren, so muß man als Politiker dem scheinbaren Zwang widerstehen, es allen recht machen zu wollen.

Oft sind es dieselben Leute, die einerseits verlangen, man müsse einen aufrechten Gang bewahren und sich als Vertreter des gesamten Volkes verstehen, und andererseits mit größter Unerbittlichkeit die Durchsetzung ihres unmittelbaren Anliegens fordern. Wer mit seiner Meinung nicht durchkommt, der versucht es nicht ein zweites Mal, sondern erklärt resigniert seine allgemeine Politikverdrossenheit. Jeder glaubt, daß seine Meinung »der Bürgerwille« ist, und fordert entsprechend, daß die Politiker ihn umgehend umsetzen. Manchmal habe ich an einem Abend zwei Veranstaltungen, in denen mir genau gegenteilige Auffassungen als »Bürgerwille« entgegengehalten werden. Georg Paul Hefty hat in der *F.A.Z.* die Politikverdrossenheit als ein »Wohlstandssyndrom« bezeichnet und ausgeführt: »Der mündige Bürger, der sich noch einer bestimmten Weltsicht unterwarf, um sich das Prädikat zu verdienen, hat sich in Richtung des egozentrischen Bürgers verändert, der die Weltanschauung an seiner privaten Elle mißt.«

Es ist ein Fortschritt, daß die Menschen in ihrem »MdB« nicht mehr einen hohen Vertreter der Obrigkeit sehen, vor dem sie respektvoll die Hacken zusammenschlagen. Sie müssen Zugang zu ihm haben und ihn ansprechen können. Das gehört zum Wesen des demokratischen Prozesses. Entscheidend aber ist die Form, in der Abgeordnete angesprochen werden. Muß es unbedingt ein Telefonanruf ins private Heim am Sonntagabend sein? Gibt es vielleicht neben dem eigenen Anliegen noch wichtigere? Ist der Bundestagsabgeordnete wirklich zuständig oder nicht vielmehr sein Kollege im Landtag, im Stadt- oder Bezirksparlament? In der Regel freuen sich Abgeordnete darüber, wenn Bürger ihnen Vertrauen entgegenbringen und zu ihnen kommen. Aber man möchte genauso behandelt werden wie jeder andere Mitbürger.

Ich habe mir inzwischen angewöhnt, bei anmaßenden Briefen und einem unverschämten Ton entsprechend zu reagieren. Wir Politiker tragen selbst zur Demontage unseres Ansehens bei, wenn wir uns aus Angst vor Stimmenverlusten alles gefallen lassen. Einmal habe ich eine anspruchsgierige Bürgerin höflich, aber bestimmt aus meiner Bürgersprechstunde hinauskomplimentiert. Sie hatte eine Kollegin von mir ausfällig beleidigt. Nicht die Gefahr der Bürgerferne treibt mich um, sondern die Sorge, daß wir Politiker auf der Jagd nach Wählern uns hier und da zum Hanswurst machen lassen und bei der Zunahme der Wahlkreisaufgaben unserer Kontroll- und Initiativfunktion in Berlin nicht ausreichend nachkommen, geschweige denn noch Zeit zum Lesen guter Bücher oder einfach zum Nachdenken erübrigen.

Warum Berufspolitiker?

Ein weiterer Vorwurf wird gegen den Typus des Berufspolitikers erhoben. Die meisten Volksvertreter seien als Schüler oder Student in eine Partei eingetreten und hätten seitdem nichts anderes als Parteipolitik gelernt. Sie seien in Wahrheit berufslos, deshalb abhängig, manipulierbar und hilflos der Fraktionsdisziplin unterworfen. Außerdem fehle es ihnen aufgrund ihrer einseitigen Karriere an Erfahrungen in der echten Berufs- und Lebenswelt. Besser als diese blassen Politprofis würden es dagegen Freiberufler, Professoren und andere Angehörige hochkarätiger Berufsgruppen machen, die man für einige Jahre gewinnen müßte und die gerne ihren Idealismus zur Verfügung stellten, wenn sie nur auf ein ihnen angemessenes Umfeld träfen. Im übrigen könne man durchaus, sofern man Arbeit zu organisieren und delegieren verstehe, neben dem Mandat seinen Beruf ausüben.

Solche Feststellungen stoßen fast immer auf Zustimmung. Die Wahrheit treffen sie allerdings nicht. Der Trend zum Berufspolitiker ist in allen modernen Demokratien vorhanden und nicht rückgängig zu machen. In einer immer arbeitsteiligeren und organisierteren Gesellschaft mit zunehmend komplexeren Problemen kann die Politik von der Professionalisierung nicht verschont bleiben. Der Feierabendpolitiker ist ein Ideal aus vergangenen Zeiten. Man mag das beklagen, aber eine Alternative gibt es nicht, es sei denn um den Preis geringerer parlamentarischer Kontrolle und vor allem größerer Bürgerferne. Denn diejenigen, die den

Typus des Berufspolitikers höhnisch kritisieren, sind nicht selten die ersten, die von ihrem Abgeordneten verlangen, rund um die Uhr zur Verfügung zu stehen, allen Ansprüchen und Forderungen aus dem Wahlkreis gerecht zu werden, überall als dekorativer Vertreter aus Berlin aufzutreten, Kontakte zu vermitteln usw. Die Wahrheit ist, daß ein engagierter Bundestagsabgeordneter heute mindestens zwei Berufe mit dem Mandat übernimmt: die parlamentarische Kontrollarbeit in Berlin und die Vertretung der unzähligen Wahlkreisanliegen. Außerdem ist man Prügelknabe für alle möglichen Organisationen, die den einzelnen Abgeordneten für alles verantwortlich machen, was seine Regierung oder seine Partei in Berlin beschließt.

Bevor ich ein Mandat übernommen habe, war ich, wie erwähnt, acht Jahre im öffentlichen Dienst und eineinhalb Jahre in einem privaten Unternehmen tätig. Einen finanziellen Anreiz für das Mandat gab es nicht. Ich hatte deshalb anfänglich gehofft, wenigstens zum Teil meine berufliche Tätigkeit fortsetzen zu können. Nach wenigen Monaten wurde mir klar, daß dies aus rein zeitlichen Gründen nicht möglich sein würde. Hinzu kam aber ein anderes Argument, nämlich die latente Gefahr, sich durch eine Nebentätigkeit in der Wirtschaft den Vorwurf einer Verquickung von ökonomischen und politischen Interessen zuzuziehen. Auch hier ist eine gewisse Doppelmoral im Spiel: Einerseits fordert man lautstark, daß Manager und Unternehmer sich stärker im Parlament engagieren sollen, andererseits werden dann gerade diese Personen in der Öffentlichkeit mit größtem Mißtrauen beäugt. Fast immer schwebt das Damoklesschwert über ihnen, gewollt oder ungewollt mit einem bestimmten Gesetz zum Beispiel einer entfernten Tochterfirma zu einem Vorteil verholfen zu haben. Wer will schon damit leben?

Die meisten Abgeordneten haben eine vernünftige Ausbildung absolviert und auch berufliche Erfahrungen gesammelt, bevor sie ins Parlament kamen. Und daß Menschen sich schon als Schüler oder Studenten engagieren, sollte man ihnen nun wirklich nicht vorhalten. Erwin K. Scheuch jedenfalls war in den sechziger und siebziger Jahren sehr dankbar dafür, daß es an den Hochschulen nicht nur die heftig kritisierenden linken Studenten gab, sondern auch einige Vertreter aus dem RCDS. Damals wurden wir jungen Leute zu politischem Engagement angehalten, ja gedrängt. Und heute? Ich freue mich über jede junge Frau und jungen Mann, die sich bei der Jungen Union, den Jungen Liberalen oder den Jungsozialisten engagieren, in Bürgerinitiativen mitarbeiten oder im AStA ihrer Universität die Anliegen der Studenten vertreten. Wenn sie aus dieser Tätigkeit Interesse und Liebe zur Politik entwickeln, so ist das zu begrüßen und ihnen nicht vorzuwerfen. Wenn sie es gleichzeitig noch schaffen, neben ihrem politischen Engagement eine vernünftige Ausbildung zu absolvieren und einen Beruf zu ergreifen – so ehrt sie das auch dann, wenn sie schon nach relativ kurzer Zeit ganz in die Politik überwechseln.

Es ist demgegenüber eine Illusion zu glauben, daß etablierte Ärzte, Rechtsanwälte, Handwerker oder Professoren so einfach für vier oder acht Jahre Bundestag zu gewinnen wären, schon gar nicht bei den heutigen Diäten. Wie sollen sie auch nach kurzer Unterbrechung wieder in ihren Beruf zurückkehren können? In allen Bereichen unserer Gesellschaft vermehrt sich das notwendige Wissen in einem unglaublichen Tempo, so daß sich kaum jemand erlauben kann, auch nur für wenige Monate seinen Beruf links liegen zu lassen. Wo immer wir können, sollten wir in der Politik offen sein für qualifizierte Seiteneinsteiger. Aber die Annahme ist blauäugig, daß die Politik ohne den Berufspolitiker und ganz ohne die »Ochsentour« auskommen könnte. Anstatt mit Verachtung auf diejenigen herabzublicken, die seit zwanzig oder dreißig Jahren in Orts-, Kreis- und Landesverbänden der Parteien Verantwortung tragen, sollte man sich eher darüber freuen, daß immer noch viele Menschen dazu bereit sind, diese Anstrengungen auf sich zu nehmen, zumal in einer Zeit, in der ihnen ihr Engagement von kaum jemandem gedankt wird und sogar die ehrenamtlich tätigen Parteimitglieder »vor Ort« wegen der Spendenaffäre im fernen Berlin angepöbelt werden.

Wir müssen neue Wege bei der Kandidatenaufstellung diskutieren, interessante Leute aus anderen gesellschaftlichen Bereichen für unsere Landeslisten gewinnen und Fachleute stärker in die parteipolitische Arbeit einbinden. Aber dazu müssen diejenigen, die zum Beispiel aus einer wirtschaftlichen Spitzenposition ins Parlament kommen, auch wissen, was sie erwartet. Für eine erfolgreiche politische Laufbahn qualifizieren erfolgreiche Tätigkeiten in anderen Sparten nur zum Teil. In der Politik muß man mit Menschen umgehen können, Geduld haben, fähig zum Kompromiß sein, sich selbst verleugnen können, permanente Beobachtung ertragen und über ein »dickes Fell« verfügen. Wenn Leute von außen in der Politik nicht reüssieren, kann daran der politische Prozeß schuld sein, aber eben auch die mangelhafte politische Qualität des Neulings.

Besonders häufig wird seit geraumer Zeit die sogenannte Fraktionsdisziplin kritisiert, die im Widerspruch zur Gewissensfreiheit des Abgeordneten nach Artikel 38 des Grundgesetzes stehe. Politiker, die nicht über eine gute berufliche Basis außerhalb des Parlaments verfügten, könnten – so lautet das Argument – gar nicht unabhängig entscheiden, vor allem dann nicht, wenn sie über eine Landesliste in den Bundestag gekommen und folglich auf die Zustimmung der Partei angewiesen seien. Richtig an diesem Argument ist ohne Frage, daß von der Fraktionsführung, stärker sogar noch von den Fraktionskollegen, ein gewisser Druck ausgeübt wird, sich in wichtigen Fragen nicht von der offiziellen Linie zu entfernen. Im Zusammenhang mit der Debatte um den § 218 haben einzelne Abgeordnete sogar offene Drohungen hinnehmen müssen, daß sie bei abweichendem Verhalten nicht wieder aufgestellt oder nicht erneut abgesichert würden. Wenn solche Fälle dann öffentlich gemacht werden, ist die Erregung in der Öffentlichkeit groß.

Allerdings ist sie auch hier nicht frei von doppelten Standards. Einerseits wünschen sich die Bürger unabhängige Abgeordnete, die auch einmal wagen, gegen den Strom zu schwimmen. Andererseits aber zeigen Umfragen, daß die Wähler nach wie vor innerparteiliche Debatten nicht schätzen und eine sich einheitlich gebende Partei belohnen. Einerseits fordert man eigenständig urteilende Parlamentarier, andererseits wird das Ergebnis der Eigenständigkeit oft kritisiert: »Nie wissen die in Berlin, was sie wollen. Einigt euch endlich!« Als ich in Sachen Schwangerschaftsabbruch und Grundrecht auf Asyl eine andere Position als die Partei bezog, war ich für kurze Zeit für die Medien interessant. Wenig später erschien ich als »Außenseiter« in den Kommentaren.

Solange die Politiker den Eindruck gewinnen müssen, daß Sachstreit zu Sympathieverlusten führt, werden es kritische Abweichler schwer haben. Bürger sollten mehr als bisher innerparteiliche Sachauseinandersetzungen goutieren und die Parteien mit Liebesentzug bestrafen, die ihre eigenständigen Köpfe deckeln.

Ganz ohne Fraktionsdisziplin geht es sicherlich nicht in der parlamentarischen Demokratie. In Zukunft wird sich aber sowieso zeigen, daß sie immer häufiger durchbrochen wird. Der Grund dafür liegt in der pluraler gewordenen Gesellschaft. Sie hat dazu geführt, daß heute in einer Partei Menschen mit ganz unterschiedlichen Wertvorstellungen und Lebensentwürfen zusammenarbeiten und die frühere weltanschauliche Homogenität verloren ging. Die SPD zum Beispiel ist viel weniger Arbeiterpartei als vor zwanzig Jahren, die CDU weniger durch kirchliche Milieus geprägt, als es etwa noch in den siebziger Jahren der Fall war. Hinzu kommt, daß durch die ostdeutschen Abgeordneten die Brandbreite der Strömungen in den großen Volksparteien noch größer geworden ist. Diese Entwicklung führt im Übergangsstadium dazu, daß sich manche Bürger enttäuscht abwenden, da sie das frühere weltanschauliche Profil vermissen. Letztlich aber ist der Weg zu offeneren und pluralistischen Volksparteien unausweichlich. Das erschwert die Führungsaufgabe der Vorstände, aber erleichtert dem Abgeordneten die Suche nach Freiräumen und persönlicher Mitgestaltung.

Spenden im Wahlkreis

Da so viel über Geldkoffer, anonyme Spenden und Bestechungsversuche berichtet wurde, möchte ich einmal schildern, wie ich meinen eigenen Bundestagswahlkampf vor Ort in Hannover finanziere. Am Beispiel des Wahlkampfes 1998 zeige ich auf, wie sich meine Einnahmen zusammensetzen und was ich ausgebe.

Für den persönlichen Wahlkampf bekomme ich keinerlei finanzielle Mittel von der Bundes- oder der Landespartei. Die sind vorgesehen für die Plakate der Spitzenpolitiker, für den Druck von Informationsbroschüren, die im ganzen Bundesgebiet (also auch in meinem Wahlkreis) verteilt werden, und für die im ganzen Land geschalteten Anzeigen, für die Kinowerbung, die Fernseh- und Radiospots.

Wenn ich von meinem Wahlkampf rede, so meine ich den persönlichen Bundestagswahlkampf als Kandidat. Ich trete seit 1990 im Wahlkreis 37 (Hannover-Stadt) an. Im Wahlkreis wohnen etwa eine Viertelmillion Bürger. Er umfaßt die Hälfte der Stadt, die grobe Richtlinie ist: Alles links der Bahnlinie gehört zu meinem Wahlkreis. Meine Gegenkandidatin von der SPD ist Edelgard Bulmahn, Landesvorsitzende der SPD in Niedersachsen und seit der letzten Bundestagswahl Bundesministerin. Die SPD hat diesen Wahlkreis seit dem 19. Jahrhundert immer gewonnen, noch in den siebziger Jahren galt er als eine ausgesprochene »rote Hochburg«. Aufgrund seiner soziologischen Struktur ist er für einen CDU-Abgeordneten auch bei besten Rahmenbedingungen nur schwer zu gewinnen. Ich bin also auf eine Absicherung auf der Landesliste meiner Partei angewiesen.

Im Gegensatz zu einer landläufig verbreiteten Meinung sind fast alle Abgeordneten, die über Landeslisten in die Parlamente einziehen, zugleich auch Kandidaten in ihren Wahlkreisen. Theoretisch ist es möglich, daß eine Partei jemanden auf einer Landesliste absichert, ohne daß er in einem Wahlkreis direkt antritt. Bei uns in Niedersachsen aber gilt die Regel, daß man nur dann auf der Landesliste auf einen aussichtsreichen Platz kommen kann, wenn man zuvor in einem Wahlkreis die Nominierung zum Kandidaten erreicht hat. Die Landeslisten-Abgeordneten sind deshalb nicht, wie oft behauptet, abgehoben und basisfern. Vielmehr erwartet die Partei von ihnen, daß sie sich genauso wie der siegreiche Direktkandidat im Wahlkreis engagieren, Heimatbelange in Berlin kraftvoll vertreten und zu Hause Präsenz zeigen. Vor allem wird von dem auf der Landesliste abgesicherten Kandidaten erwartet, daß er genauso Wahlkampf führt, als gäbe es die Landesliste gar nicht.

Aus Erfahrung weiß ich, daß ein gut geführter, sichtbarer Bundestagswahlkampf in meinem Wahlkreis zwischen 80 000 und 100 000 DM kostet. Die Mitgliedsbeiträge der hannoverschen CDU stehen dafür nicht zur Verfügung, denn die werden durch den laufenden Betrieb des Kreisverbandes, die Geschäftsstelle, den Geschäftsführer, das Sekretariat völlig in Anspruch genommen. Die öffentlichen Mittel fließen nicht bis auf die lokale Ebene herunter. Meinen Bundestagswahlkampf habe ich also ausschließlich mit Spenden zu finanzieren.

Das bedeutet, daß man bereits zu Beginn des Wahljahres mit dem »Sammeln« anfängt. Für mich ist das eine der unangenehmsten Aufgaben. Man schreibt Briefe an Unternehmer, Rechtsanwälte und Ärzte, stellt die eigenen Leistungen und die der Partei dar; vor allem bietet man an, für ein Gespräch zur Verfügung zu stehen. Diesen Briefen fügt man einige Materialien aus der eigenen Arbeit bei. Wie dankbar ist man, wenn dann allein aufgrund dieses Briefes ein bestimmter Betrag eingeht! Meistens aber muß man nachfassen. Noch einmal anrufen oder aber eben persönlich vorstellig werden. Manchmal gestaltet sich das sehr interessant. Der Besuch wird mit einem Gang durch den Betrieb und einem Erfahrungsaustausch über die Probleme des Unternehmens begonnen und endet in einem kleinen Konferenzsaal mit einer Diskussion über die allgemeine politische Lage. Ein solcher Termin dient beiden Seiten. Ich erhalte interessante Informationen von einem Unternehmer im Wahlkreis, andererseits erhält dieser einiges politische Hintergrundwissen und gewinnt einen direkten Draht zu seinem Abgeordneten. Über Geld wird gar nicht gesprochen, und einige Tage später stellt man erfreut fest, daß ein Betrag von beispielsweise 3 000 DM auf dem Konto eingegangen ist.

Es gibt aber auch andere Situationen. Da wird man von Anfang an als Bittsteller behandelt, als »armes Würstchen« aus der Politik, das nun dort um ein paar Mark bettelt, wo die wirkliche Macht- und Sachkompetenz versammelt ist: in einem guten mittelständischen Unternehmen. Man muß sich lange Vorträge über die Unfähigkeit und Feigheit der Politik anhören, welche die für die Konkurrenzfähigkeit erforderlichen Weichenstellungen nicht vornehme und überhaupt der Wirtschaft in Deutschland keine Perspektive mehr biete. Der Gegenüber gibt sich felsenfest davon überzeugt, ein viel besserer Bundestagsabgeordneter sein zu können als ich. Er ist sicher, daß es nur vier, fünf gute Manager brauche, um den ganzen Laden in Berlin einmal auszumisten. Nachdem man dann zwei Stunden mit ihm diskutiert und debattiert hat, zückt er mit großer Geste einen Scheck (500 DM?) und entläßt einen im sicheren Gefühl, ein großer Philanthrop zu sein. Solche Gespräche empfindet man nicht selten als erniedrigend.

1998 habe ich insgesamt 78 Spenden erhalten, davon 61 Spenden von 30 bis 1000 DM (siehe Schaubild). Einmal habe ich 10000 DM erhalten, übrigens von einem Unternehmer aus Baden-Württemberg, der meinen politischen Weg seit langem verfolgt und mich aus reinem Idealismus wiederholt unterstützt hat. Keine einzige Spende über 10 000 DM, kein einziger Betrag wurde in bar übergeben, und nicht ein einziges Mal wurde auch nur der Schatten eines Versuches gemacht, für das gegebene Geld eine Gegenleistung einzufordern. Seit ich Bundestagsabgeordneter bin, habe ich nicht einen einzigen Versuch der Bestechung erlebt.

Was sind denn die Motive der Unternehmer, die für einen Abgeordneten spenden? Das erste und überragende Motiv ist politischer Idealismus. Die meisten Spenden erfolgen aufgrund der Überlegung, einer Partei und ihrem Abgeordneten in einer politischen Auseinandersetzung zu helfen, weil man Programm und Person überzeugend findet. Ein zweites Motiv besteht darin, über die Spender einen Kontakt zur Politik herzustellen, um dieser einen besseren Einblick in die Sorgen und Probleme eines mittelständischen Unternehmers zu verschaffen. Was soll aus der Baubranche in Hannover nach der Expo 2000 werden? Fällt sie nicht in ein tiefes Loch? Was kann man dagegen unternehmen? Die Asienkrise hat zu einem drastischen Exportrückgang auf dem asiatischen Markt geführt. Was kann die Politik tun, um diese Krise zu überwinden bzw. den Unternehmen, deren Existenz vom Export in dieser Region abhängt, im Übergang zu helfen? Andere Unternehmer wiederum klagen über die viel zu hohe Steuerbelastung in Deutschland, über zuviel Bürokratie, über

Finanzierung des Bundestagswahlkampfes 1998 im Wahlkreis 37, Hannover-Stadt (Dr. Friedbert Pflüger)

Spenden-Übertrag 1995-1997	8.000 DM
Zuschuß CDU-Bund (wg. Kohl-Veranstaltung)	5.000 DM
Spenden CDU-Mitglieder im Wahlkreis	6.000 DM
Spende Pflüger	3.700 DM
Einzelspenden*	91.520 DM
insgesamt	114.220 DM

*Einzelspenden detailliert aufgeführt (in DM)	1 x	10.000	10.000
	2 x	8.000	16.000
	1 x	6.000	6.000
	2 x	5.000	10.000
	4 x	3.000	12.000
	1 x	2.500	2.500
	5 x	2.000	10.000
	1 x	1.500	1.500
	10 x	1.000	10.000
	1 x	800	800
	1 x	750	750
	3 x	600	1.800
	11 x	500	5.500
	2 x	300	600
	2 x	250	500
	7 x	200	1.400
	1 x	150	150
	18 x	100	1.800
	3 x	50	150
	1 x	40	40
	1 x	30	30
			91.520

Ärger mit der städtischen Verwaltung. Sie wollen ihren Abgeordneten sensibilisieren.

Ein weiteres Motiv besteht darin, sich über eine Spende einen Zugang für die Situation zu schaffen, in der man vielleicht einmal etwas braucht: einen Gesetzentwurf aus den Ministerien zum Beispiel oder eine Hintergrundinformation über eine Ausschußsitzung. Es ist ganz klar, daß ein Spender von mir und meinem Büro im Hinblick auf solche Anfragen besonders schnell und zuvorkommend bedient wird. Schließlich gibt es das Motiv, sich über eine Spende gesellschaftlich zu verankern. Natürlich rate ich jedem, der ein Buch kaufen will, das Buch in dem Buchladen zu kaufen, dessen Eigentümer mir im Wahlkampf geholfen hat. Wenn ein Spitzenpolitiker der CDU zu einer Veranstaltung kommt, so ist es klar, daß jeder Spender einen Ehrenplatz erhält. Und wenn man die Einladung zu einem gesellschaftlichen Abendessen in das Haus eines großzügigen Spenders erhält, so sagt man zu, wenn es der Terminkalender irgendwie erlaubt. Insofern kann man sagen, daß manche Spenden zwar keine direkte Verpflichtung für ein bestimmtes politisches Handeln nach sich ziehen, wohl aber einen gewissen informellen Kontakt einrichten, der sehr angenehm sein kann und unter Umständen sogar in eine Freundschaft mündet.

Hier lauern natürlich auch wieder Gefahren: Was ist, wenn die so gewachsene Freundschaft plötzlich in eine Einladung zu einem Kurzurlaub auf Gran Canaria mündet? Eine solche Einladung habe ich einmal erhalten und abgelehnt, allerdings – zugegebenermaßen – weniger aus grundsätzlichen Erwägungen als vielmehr aus Termingründen. Aber darf ich mich in meinem ganzen Leben nie wieder von einem Unternehmer in sein Ferienhaus auf Juist oder zu einem einwöchigen Segeltörn in der Ägäis einladen lassen? Wie verhält es sich, wenn ein befreundeter Unternehmer mich einlädt, in seiner Loge dem ATP-Tennisfinale in Hannover beizuwohnen? Die Karte ist über 1 000 DM wert. Mache ich mich nun abhängig, wenn ich die Einladung annehme? Ich habe mich die letzten Male (übrigens schon vor dem Spendenskandal) entschieden, als »Gegenleistung« eine Spende an die Weihnachtshilfe der *Hannoverschen Allgemeinen* zu zahlen. Aber es ist klar, daß Grauzonen bleiben. Und es ist klar, daß wir als Politiker es uns hundertmal überlegen müssen, bevor wir uns auf Einladungen einlassen, die jeder andere mit großer Freude und ohne jedes schlechte Gewissen annehmen würde.

Wohin fließt das Geld, das mir im Wahlkampf gespendet wurde? Einige Beispiele: Mein Wahlprospekt (Auflage: 80 000) kostete 9 100 DM (Gestaltung und Druck). Für Kleinanzeigen in Lokalblättern wie *Ahlemer Bote, Maschseebote oder MAZ*-Wochenspiegel habe ich 8 050 DM ausgegeben. Je mehr man in Annoncen investiert, desto mehr sind die Redakteure dieser Wochenblätter geneigt, über meine Aktivitäten als Abgeordneter auch im redaktionellen Teil zu berichten – und umgekehrt. Mein Wahlplakat (Auflage: 1 000) kostete mich einschließlich des Honorars für den Fotografen 6 444 DM. Für eine Jazz-Band, die ich dreimal zu Veranstaltungen (Frühschoppen, Sommerfest, Stand in der Innenstadt) engagierte, zahlte ich 3 856 DM. 7 660 DM kosteten die Kleinwerbemittel, nämlich Kugelschreiber, Lineale, Streichholzbriefchen, Samentüten, Luftballons, Fähnchen und Baseballcaps (»Pflügerteam« für Wahlhelfer).

Sind solche Sachen nicht herausgeworfenes Geld? Ganz und gar nicht. Natürlich wählt kaum jemand die CDU, weil er einen Kugelschreiber erhalten hat. Auch nicht wegen eines freundlich lächelnden Herrn auf einem Wahlplakat. Dennoch gilt wie in der Werbung allgemein: Wenn man nicht durch Plakate, Ballons, Stände im Stadtbild präsent ist, dann geht man unter. Wenn man in der Stadt Flugblätter verteilt, so ist die Chance, sie loszuwerden, um ein Vielfaches größer, wenn ich gleichzeitig einen Kugelschreiber oder ein kleines Lineal mitgeben kann. Und wehe, ein Ehepaar mit Kindern kommt vorbei und man hat keinen Luftballon und nicht einmal ein Fähnchen von der CDU dabei! Diese Werbemittel entscheiden keine Wahl, aber ohne sie hätte man keine Chance.

Weiteres Geld wird benötigt für ein Fahrrad, das man der Tombola eines CDU-Ortsverbandes spendet, einen Pokal für ein Fußballturnier der Jungen Union, für Getränke anläßlich einer Fachveranstaltung für Ärzte mit (dem ehemaligen) Bundesgesundheitsminister Horst Seehofer. Für eine von der Bundespartei angebotene Wanderausstellung »Arbeit für alle«, die der

CDU-Sozialexperte Hermann Kues im Beisein der DGB-Spitze Hannovers eröffnete, habe ich 2128 DM ausgeben müssen. Eine Anzeige im Stadionblatt, eine Ballspende und die entsprechende Durchsage im Stadion bei einem Spitzenspiel von Hannover 96 haben mich 2990 DM gekostet. Dazu kommen Druckkosten für unzählige Flugblätter und Einladungen, Portokosten in Höhe von 10000 DM, Telefonkosten der Geschäftsstelle und des Wahlkampfteams, Bewirtungskosten für Mittagessen mit dem Wahlteam, einzelnen hannoverschen Persönlichkeiten oder Journalisten, Bezinkosten, Parkgebühren und vieles mehr. Kein Wahlkampf ist möglich ohne einen gemieteten Wahlkampfbus mit wirksamer Werbeaufschrift. Damit fährt der Kandidat und sein Team aus freiwilligen Helfern von der Jungen Union im Wahlkreis herum, von Veranstaltung zu Veranstaltung, von Stand zu Stand.

Wenn ich mir Einnahmen und Ausgaben meines Wahlkampfes in Hannover ansehe (und so ähnlich wird es auch in anderen Wahlkreisen aussehen), so wüßte ich nicht, was daran grundsätzlich falsch liefe. Umgekehrt ist wahr: Keine Ehrenwörter sind notwendig. Nichts ist korrupt oder kriminell. Ich brauche nichts zu verschweigen, niemanden zu täuschen. Und abgesehen von dem »Klinkenputzen« beim Spendensammeln macht ein Wahlkampf auch wirklich Spaß. Man ist mit motivierten jungen Leuten umgeben, die sich aus Idealismus und Lernbegierde ein Bein ausreißen. Man kommt in den vier bis acht Wochen mit Tausenden von Menschen in persönlichen Kontakt, besucht Unternehmen, Krankenhäuser, Sozialstationen, Polizeireviere, Sportvereine, diskutiert in Kirchengemeinden, Gewerkschaften, Berufsschulen und nimmt unzählige Eindrücke und Erlebnisse für seine Arbeit im Bundestag mit. Ein Wahlkampf ist nicht nur Show und Werbung, sondern vor allem auch ein intensives Bildungsprogramm für den Abgeordneten. Keine Frage außerdem, daß der Wahlkampf zur allgemeinen Politisierung der Bevölkerung beiträgt. Es fällt schwer, in einer Zeit, in der an jeder Ecke Plakate und Stände sind, sich dem politischen Leben ganz zu entziehen. Von Zeit zu Zeit tut eine solche Politisierung einer Gesellschaft sehr gut.

Den Neubeginn wagen

Eine Reform an Haupt und Gliedern

Mutig und geschickt leitet Angela Merkel, einst von Helmut Kohl in die Parteiführung und ins Kabinett geholt, die Abnabelung vom Altkanzler und Ehrenvorsitzenden in die Wege. Sie entwickelt sich rasch zur großen Hoffnungsträgerin der Partei. Nicht zuletzt an der Basis erringt sie beträchtliche Sympathien.

Die Chance der Krise

Deutschland erlebt im Winter 1999/2000 den größten Politskandal in seiner Nachkriegsgeschichte. Ein Ende ist nicht abzusehen, die Arbeit der Untersuchungsausschüsse im Bund, in Hessen und in Nordrhein-Westfalen sowie die Ermittlungen der Staatsanwaltschaften und die politikwissenschaftliche und zeithistorische Aufarbeitung werden sich lange hinziehen. Parteien und Politikern steht ein langes »Tal der Tränen« bevor, wie der Politikwissenschaftler Wilhelm Hennis meint. Dies gilt in erster Linie für die CDU, aber die durch die Aufdeckung von Skandalen und Lügen erzwungenen Rücktritte des niedersächsichen Ministerpräsidenten Gerhard Glogowski am 25. November 1999 und des nordrhein-westfälischen Heinz Schleußer am 26. Januar 2000, der West-LB-Filz um Freiflüge, Vetternwirtschaft und Spenden sowie andere Vorfälle zeigen, daß es um mehr geht als um die Krise einer Partei.

Tatsächlich haben wir es mit einer Vertrauenskrise des Parteiensystems insgesamt zu tun. Das ohnehin schon geringe Vertrauen der Bürger in Politik und Parteien ist generell tangiert. Die CDU leidet bei Wahlen und in den Meinungsumfragen am meisten darunter, tatsächlich aber zeigen die Erhebungen der Forschungsinstitute, daß das Mißtrauen der Bürger in die Glaubwürdigkeit und Problemlösungskompetenz unserer parlamentarischen Demokratie beunruhigende Ausmaße erreicht hat. Nach einer Studie des Bundesverbandes der Deutschen Banken vom Januar 2000 ist das Vertrauen der Westdeutschen in die Demokratie im letzten Jahr um 10 auf 61 Prozent gesunken. In Ostdeutschland glaubten im Oktober 1998 noch knapp über die

Hälfte der Menschen, daß mit der Demokratie die Probleme in Deutschland zu lösen seien. Ende 1999 waren es nur noch 39 Prozent. Eine Emnid-Umfrage vom Februar 2000 zeigt, daß nicht nur die CDU dramatisch an Vertrauen verloren hat, sondern die Parteien insgesamt. Ende 1998 setzten noch 31 Prozent der Bürger »großes Vertrauen« in die CDU, 34 Prozent in die SPD. Anfang 2000 sind diese Werte auf 8 bzw. 12 Prozent gesunken.

Die Krise der CDU lastet auch auf Staat und Parlament. Die größte Oppositionspartei im Bund ist vor allem mit sich selbst beschäftigt, der Prozeß der Klärung, Aufarbeitung und Selbstreinigung wird geraume Zeit benötigen. Die Nachwirkungen werden noch lange zu spüren sein, selbst wenn keine weiteren Enthüllungen den Neuanfang der Partei mehr überschatten. Es ist deshalb schwer und kostet viel Kraft, die nach wie vor wenig überzeugende Arbeit der Regierung Schröder in dem Maße kritisch zu verfolgen, zu kontrollieren und mit politischen Gegenentwürfen zu konfrontieren, wie es im Sinne der Verfassung erforderlich wäre. Dennoch sind Staat und Gesellschaft nicht in Gefahr. Im Gegenteil: Die Ereignisse des Winters 1999/2000 zeigen, daß in der Bundesrepublik Deutschland Fehlverhalten, Lüge, Korruption und persönliche Bereicherung von Volksvertretern aufgedeckt, verfolgt und geahndet werden. Die These von der angeblichen »Krisenunfähigkeit der deutschen Demokratie« ist widerlegt, was in hohem Maße auf die Unabhängigkeit der Justiz und die Freiheit der Presse zurückzuführen ist. In anderen politischen Systemen werden die Skandale unter den Teppich gekehrt. In der freiheitlichen Demokratie kommen sie früher oder später ans Tageslicht.

Die Krise der CDU und der Vertrauensschwund von Politik und Parteien können vor allem eines werden: die größte Chance zur Reform der deutschen Parteiendemokratie seit der Nachkriegszeit, auch der CDU selbst. Wenn sie verantwortlich genutzt wird, waren die Skandale, die das Land seit Monaten erschüttern, nicht der Anfang vom Ende der Parteiendemokratie, sondern der Beginn ihrer Erneuerung und Reform! Der CDU selbst gibt die aktuelle Krise zudem die nötige Chance zu einem personellen und inhaltlichen Neuanfang. Zu lange hat die Union seit der Wahlniederlage im Herbst 1998 die überfällige Aufarbeitung der Gründe der Niederlage und die Formulierung einer programmatischen Alternative zur rot-grünen Regierungspolitik vor sich hergeschoben. Jetzt muß die CDU ihre Zukunft endlich in die eigenen Hände nehmen!

Nach den verständlichen Reaktionen von Schock, Wut und Enttäuschung muß die Union ihre politische Handlungsfähigkeit wiedergewinnen. Wir alle müssen uns aus der Angststarre des Winters befreien und den langfristigen Folgen der Krise ins Auge sehen. Zu lange sind viele Verantwortliche dem »Hasensyndrom« verfallen und haben auf neue Enthüllungen nur mit immer neuen Hakenschlägen reagiert. Es geht nicht mehr um taktische Manöver, sondern darum, die Chance zur Erneuerung nicht verstreichen zu lassen. Nicht umsonst wurde im Verlauf der Krise immer wieder auf das eherne »Gesetz der Oligarchie« verwiesen, das der Soziologe Robert Michels schon in den zwanziger Jahren dieses Jahrhunderts aufgestellt hat. Übertragen auf die CDU übernimmt demnach eine neue politische Führung geradezu zwangsläufig die strukturellen Fehler ihrer Vorgänger. Eben dies gilt es zu widerlegen! Wir müssen den Beweis erbringen, daß ein Aufbruch möglich ist. Nach den Ungeheuerlichkeiten um »jüdische Vermächtnisse«, schwarze Konten und unehrenhafte Ehrenworte gibt es für die Union keinen Weg mehr zurück. Zumindest eine gute Seite haben die Affären und Skandale für die Partei: Sie haben die verkrusteten Machtstrukturen aufgebrochen. So kann der alte Schmutz abfallen. Nun gibt es die historische Möglichkeit zu einer Umkehr, zu einer Verjüngung und inneren Demokratisierung. Eine bessere Chance werden wir nicht bekommen – wir müssen sie nutzen!

Dem Ganzen verpflichtet

Das pathetische Wort von der »geistig-moralischen Wende«, das die Ära Kohl begleitete, wirkt im Rückblick nur noch peinlich. Die CDU hat nun eine Aufgabe, die ebenso schlicht wie schwierig ist: Sie muß beweisen, daß sie zu einem wirklich demokratischen Neuanfang fähig ist. Grundlage dazu muß eine glaubwürdige Neuverpflichtung auf Verfassung und Rechtsstaat sein. Es darf in Zukunft keinen Zweifel mehr geben, was für die Union wichtiger ist: die Treue zu Gesetz und Verfassung oder persönliche Absprachen, Netzwerke und Kungeleien. Welche historischen Katastrophen und Irrwege waren nötig, bis den Deutschen die Verfassung – und die gewählten Politiker als ihre sichtbaren Repräsentanten – zur festen Grundlage ihres Staatsverständnisses wurden! Bei den Bürgern ist dieser »Verfassungspatriotismus« nicht abhanden gekommen – im Gegenteil: Über nichts empörte sich die Öffentlichkeit mehr als darüber, daß Parteiinteressen dem Grundgesetz und geltenden Gesetzen übergeordnet wurden. Ausgerechnet bei den politischen Parteien, die im Mittelpunkt der modernen Demokratie stehen, muß er nun neu verankert werden.

Im Kern der anstehenden Reformen geht es letztlich um das Verhältnis von Demokratie und Parteienstaat. Die Politik muß zurückfinden zu einem demokratischen Ethos des »Staates«, das im System Kohl zuletzt abhanden zu kommen drohte. Mit einigem Recht hat man Kohl den (hoffentlich!) letzten Vertreter des archaischen Typs eines »vorstaatlichen Politikers« (*Die Zeit*) genannt. Wenn ein Bundeskanzler die Öffentlichkeit wissen läßt, daß ihm seine Partei wichtiger war als sein Amtseid, und er sich weigert, wegen eines persönlichen Ehrencodex seinen Beitrag zur Aufklärung von Gesetzesbrüchen zu leisten, ist das demokratische Ethos, das die Geltung von Recht und Regeln für alle über alles stellt, verloren gegangen.

Im Grunde ist eine Rückbesinnung darauf vonnöten, welchen Instanzen die Loyalität von Politikern und öffentlichen Amtsträgern verpflichtet ist. Allem voran steht dabei immer noch die Verpflichtung gegenüber Moral und Gewissen. In einer Partei mit dem »C« im Namen und dem christlichen Menschenbild im Herzen des Programms sollte das eine ganz besondere Verpflichtung sein. Moral und Gewissen – das mag für manche heute altmodisch klingen, doch haben die dramatischen Ereignisse der letzten Wochen gezeigt, daß Politiker ohne ein moralisches und demokratisch definiertes Grundethos das politische System an den Rand einer Krise bringen können. Wenn Politik sich nur noch an Interessen und Macht orientiert und das ethische Fundament aus dem Auge verliert – es bestenfalls noch als Dauerfloskel predigt –, dann wenden sich die Menschen, zuerst die jungen Leute, entsetzt ab. Dann suchen sie nach anderen politischen Modellen und werden anfällig für die vermeintlich einfachen Antworten von rechts- und linksaußen.

Als zweite Loyalität folgt für den Politiker die Verpflichtung gegenüber dem Staat als Gemeinwesen; drittens die Bindung gegenüber der eigenen Partei und schließlich viertens die Loyalität gegenüber dem gewählten Vorsitzenden dieser Partei. Diese Reihenfolge wurde im Laufe der Jahre verändert, wenn nicht sogar ganz umgekehrt. Unbedingte Loyalität gegenüber dem Parteivorsitzenden war absolute Voraussetzung, wenn man im System Kohl etwas erreichen wollte. Doch die Interessen einzelner Politiker und der Partei, eigene politische Ziele und die persönliche Macht müssen dem staatlichen Interesse untergeordnet bleiben! Die Bürger, die uns Politikern ihre Stimme geben, haben einen Anspruch darauf, daß wir ihren Staat und seine Verfassung achten.

Der Staat als Verpflichtung und nicht als Beute: das ist es, worauf sich die Parteien wieder besinnen müssen. Was wird aus einer Demokratie, in der die Parteien zuerst und vor allem ihre eigenen Interessen im Auge haben, fragen heute viele Menschen besorgt. Der Politikwissenschaftler Peter Graf Kielmansegg nennt es das Dilemma der modernen Demokratie, daß sie die Sorge für das Gemeinwohl Organisationen anvertraut muß, die »möglicherweise sich selbst mehr verpflichtet sind als dem Ganzen« (*F.A.Z.*). Aber die Parteien müssen Wege finden, sich selbst und ihre Repräsentanten wieder auf das Gemeinwohl einzuschwören. Nur so können sie das Vertrauen zurückgewinnen, ohne das eine Demokratie nicht funktionieren kann. Eine Demokratie, die das politische Kapital des öffentlichen Vertrauen verspielt, wird »in letzter Konsequenz handlungsunfähig« (Kielmansegg) – um nichts weniger geht es. Die Wähler müssen wieder Vertrauen in die Politik fassen können – dann können wir auch umgekehrt wieder einfordern, daß in einer gesunden Demokratie die Politiker einen grundsätzlichen Vertrauensvorschuß der Bürger bekommen. Nur so können politische Entscheidungsträger den Mut haben, auch unpopuläre Maßnahmen durchzusetzen, die oft gerade im Sinne des Gemeinwohls nötig sind.

In seiner frühen Parteienkritik hat der damalige Regierende Bürgermeister von Berlin und spätere Bundespräsident Richard von Weizsäcker wiederholt darauf hingewiesen, daß es für die Parteien – trotz Parteiengesetz – bislang keine klaren Richtlinien und Vorschriften gebe, vergleichbar denen für unsere offiziellen Verfassungsorgane. Vielleicht ist auch dies eine Spur, der man im Laufe der öffentlichen Debatte nachgehen sollte. Darüber hinaus verdient der Vorschlag des niedersächsischen Landesvorsitzenden Christian Wulff, einen neuen Ehrenkodex für Politiker auszuarbeiten, Beachtung. Um das Ansehen von Politikern zu verbessern, plädiert Wulff dafür, alle Abgeordnete wie in Schleswig-Holstein einen Amtseid ableisten zu lassen. Darin sollen sich die Mandatsträger verpflichten, »unbestechlich und uneigennützig dem Land zu dienen« – unmißverständlich und öffentlich. Man mag einwenden, daß solche Riten nicht vor Fehlverhalten schützen, auch Helmut Kohl, Manfred Kanther oder Gerhard Glogowski hätten schließlich einen Amtseid geleistet. Aber dennoch: Wenn wir den Eid für Abgeordnete einführen und als ein öffentliches Gelöbnis zu Beginn einer Legislaturperiode zelebrieren – wird dann nicht vielleicht doch die Hemmschwelle für Betrug, Korruption und Vorteilsnahme angehoben? Worauf es vor allem ankommt, ist die Stärkung bzw. Schaffung eines neuen demokratischen Ethos.

Es wird weniger darum gehen, neue Gesetze zu erlassen oder bestehende umzuschreiben, als dafür zu sorgen, daß die geltenden Gesetze eingehalten werden. Der Staat, so ist in der aktuellen Diskussion auch der Heilige Augustinus zitiert worden, unterscheidet sich von einer organisierten Räuberbande nur durch das Recht. Niemand weiß das besser als wir Deutschen: Die Begrenzung von Willkür und Machtmißbrauch ist der Grundgedanke unserer Verfassung. Die transparente Anwendung demokratisch legitimierter Gesetze ist und bleibt eine der vordringlichsten Aufgaben der Politik. Dabei darf es keine Zweideutigkeiten, kein selektives Rechtsverständnis mehr geben: Recht muß wieder Recht sein und nicht, was dem Parteivorsitzenden oder der Partei nützt. In allen mit der Parteispendenaffäre verbundenen Verfahren muß das geltende Recht unmißverständlich zur Anwendung kommen – ohne Ansehen der Person oder Organisation. Nur dies kann das öffentliche Vertrauen stärken, daß in unserem Rechtsstaat doch nicht Macht vor Recht kommt. Darüber hinaus müssen sich die Parteien klarer als bisher der Legalität und Demokratie verpflichten – und der Vorherrschaft parteiinterner Regeln von Gehorsam und blinder Gefolgschaft eine klare Absage erteilen. Gerade die großen Parteien müssen dafür sorgen, daß demokratische Gesetze für alle gelten – vor allem und insbesondere für alle jene, die sie selbst erlassen haben.

Für eine Rekultivierung der politischen Institutionen

Noch fragt die skeptische Öffentlichkeit, ob die Mobilisierung der Selbstreinigungskräfte in der CDU, auch in der deutschen Parteiendemokratie allgemein, gelingen wird. Wird es möglich sein, einen klaren Bruch zu vollziehen? Anstatt der unseligen »Landschaftspflege« muß die deutsche Politik ab sofort die »Rekultivierung der politischen Institutionen« (Warnfried Dettling) zu ihrer zentralen Aufgabe machen. Um dies und nichts weniger geht es nach den aktuellen Affären.

Es geht darum, Macht und Herrschaft in der Demokratie zeitlich und durch ein funktionierendes und transparentes System der *checks and balances*, der Gewichte und Gegengewichte, zu begrenzen. Es geht darum, die politischen Entscheidungen wieder aus Küchenkabinetten, Parteipräsidien und »Elefantenrunden« der Parteiführer herauszuführen und dorthin zu verlagern, wo sie verfassungsgemäß hingehören: in das Kabinett und das Parlament. Es geht nicht darum, wegen der Finanzskandale und Lügengeschichten das ganze System über Bord zu werfen und die Republik neu erschaffen zu wollen. Im Gegenteil gilt es, die von den Vätern und Müttern des Grundgesetzes vorgesehenen Prinzipien erst einmal wieder zu beherzigen und im Alltag durchzusetzen. Dazu gehört auch die Stellung der Parteien, die bei der *Willensbildung* des Volkes mitwirken, aber sich den Staat nicht zur Beute machen sollen. Dazu gehört die Stärkung, nicht weitere Schwächung des einzelnen Abgeordneten und seine im Grundgesetz verbriefte Gewissensfreiheit. Die Wiederbelebung der Institutionen des Grundgesetzes gegenüber den Intuitionen, Instinken und Intrigen eines charismatischen Führers und seiner Entourage ist eine große Aufgabe, die die besten Köpfe braucht und an der alle gesellschaftlichen Kräfte mitwirken müssen, nicht nur die Berufspolitiker, sondern auch die zuständigen Wissenschaftler und Experten – vor allem aber die breite Öffentlichkeit.

Gefordert ist ein Zusammenschluß der reformwilligen Kräfte aus dem ganzen Spektrum der Parteien. Angesichts ihrer besonderen Betroffenheit sollte die CDU dabei versuchen, die treibende Kraft zu sein. Wenn die CDU sich als integrierende Kraft der Mitte behaupten möchte, muß sie jetzt selbst ein »Bündnis für Reform« auf den Weg bringen und sich an die Spitze dieser Bewegung stellen.

Als ersten Schritt schlage ich die Bildung einer unabhängigen »Kommission für die Erneuerung der Demokratie« vor. Sie sollte zwölf Monate Zeit bekommen, um einen umfassenden Reformbericht zu erarbeiten – nach dem Modell der »drei Weisen« (Richard von Weizsäcker, Jean-Luc Dehaene, Lord David Simon), die Ende 1999 einen vielbeachteten Bericht zur inneren Reform der Europäischen Union vorlegten. Damit es der Kommission gelingen kann, mit Kompetenz und Autorität Wege zu einer umfassenden Parteienreform in Deutschland aufzuzeigen, sollten folgende Aspekte berücksichtigt werden:

- Die Zusammensetzung der Mitglieder sollte grundsätzlich partei- und generationsübergreifend sein. Das bedeutet, daß die Vorherrschaft der »alten Herren« in diesen Gremien gebrochen wird. Natürlich ist es unfair, wenn die *tageszeitung* die Sachverständigenkommission, die Präsident Johannes Rau zur Reform der Parteienfinanzierung um sich versammelt hat, als

»Seniorenheim ... trauriger Expolitiker« bezeichnet. Der Sachverstand erfahrener und honoriger Politiker ist und bleibt willkommen. Aber ob sie allein die vielbeschworene Erneuerung der deutschen Parteiendemokratie schaffen werden? Sollten nicht auch die Überlegungen der heute politisch aktiven jüngeren Praktiker mit einbezogen werden? Und warum immer nur Männer? Ich bin nach der Bildung der CDU-Kommission zur Ausarbeitung neuer Finanzregeln mehrfach von der »Basis« gefragt worden, ob wir nicht auch einige kluge Frauen für eine solche Kommission gehabt hätten? Wenn man in Deutschland endlich einmal dazu überginge, neben der Nutzung von Sachverstand und Erfahrung der Männer auch öfter die Ideen und den Esprit von Frauen, auch von jüngeren Frauen, zu nutzen: es täte dem Land gut. Aber es scheint nach wie vor so zu sein: In Deutschland muß man männlich sein und weiße Haare haben, bevor man als Experte richtig anerkannt ist. Vor allem in der CDU ist es an der Zeit, daß die Jungen jetzt das Heft selbst in die Hand nehmen. Wir wollen die Siebzig- und Achtzigjährigen ehren, ihren Rat suchen und von ihren Erfahrungen profitieren, aber dafür brauchen sie nicht in allen Gremien zu sitzen. Das System Kohl hat übrigens den Verjüngungsprozeß in der Union erheblich verzögert. Heute gelten ja selbst Fünfzigjährige als Nachwuchs! In dem Alter war Kohl schon sieben Jahre CDU-Vorsitzender. Jetzt müssen wir endlich beweisen, daß wir sehr wohl Antreiber und nicht nur »Getriebene« (*Süddeutsche Zeitung*) des politischen Geschehens in unserer Partei sind. Neben den prominenten »Jungen Wilden« auf der Länderebene wie Christian Wulff, Peter Müller, Ole von Beust oder Günther Oettinger verfügt auch die Bundestagsfraktion über einen ausgezeichneten »Nachwuchs«. Die Personaldecke der CDU ist keineswegs dünn. Man muß den »Jungen« nur etwas zutrauen, und die Medien müssen etwas genauer hinschauen! Für die »Erneuerungskommission« würden zum Beispiel folgende Abgeordnete in Betracht kommen: Norbert Röttgen (35) aus Nordrhein-Westfalen, Martina Krogmann (35) aus Niedersachsen, Annette Widmann-Mauz (34) aus Baden-Württemberg oder Arnold Vaatz (44) aus Sachsen – alles kompetente Politikerinnen und Politiker mit der Erfahrung aus dem Bundestag und gleichzeitig aufgrund der relativ kurzen Mitgliedschaft im Parlament distanziert genug, um die Dinge kritisch betrachten zu können.

- Neben den Praktikern des Alltags müssen führende Experten und Wissenschaftler in die Arbeit der Kommission eingebunden werden, die sich durch fundierte Analysen und Vorschläge zum deutschen Parteiensystem profiliert haben. Ich könnte mir neben Wilhelm Hennis, dem Nestor der deutschen Politikwissenschaft, oder Ernst-Wolfgang Böckenförde, dem streitbaren Bonner Staatsrechtler, auch Christine Langfried (ihr Standardwerk heißt »Parteienfinanzierung und politische Macht«), Monika Frommelt, Rechtswissenschaftlerin an der Universität Kiel, oder den Gießener Politikwissenschaftler Claus Leggewie, aber auch erbitterte Parteienkritiker wie Hans-Herbert von Arnim (der schon 1993 der Kommission zur Reform der Parteienfinanzierung angehörte), ja selbst Erwin K. Scheuch vorstellen. Auch wenn ich ihre Angriffe gegen Politiker und Parteien oft überzogen, verallgemeinernd und manchmal sogar ein wenig destruktiv finde, so sollten wir gerade jetzt auch diese Stimmen hören. Die theoretisch-wissenschaftlichen Ansätze dieser Persönlichkeiten und die Erfahrungen von politischen Praktikern – eine Kombination, von der beide Seiten viel gewinnen könnten, die aber beiden viel Disziplin abverlangen wird.
- Die vielleicht wichtigste Aufgabe wäre der Einbezug von Vertretern der Zivilgesellschaft. So leistet der Verein »Transparency International« seit Jahren wertvolle Arbeit für mehr Transparenz in den modernen Demokratien. Seit 1993 gibt es ein »Deutsches Chapter«. Auch in der aktuellen Debatte hat der Verein sehr detaillierte und fundierte Verbesserungsvorschläge ausgearbeitet. Warum sollten wir dieses Potential nicht nutzen und einen Vertreter von »Tansparency« in die Kommission bitten?
- Außerdem ist im Zeitalter des Internet nichts einfacher, als die Stimme des Bürgers zu hören. Wäre es nicht sinnvoll, unter der bereits vorhandenen Diskussionsadresse

www.bundestag.de/forum

einen *chat-room* einzurichten, in dem sich engagierte Bürger zu der laufenden Debatte äußern und Vorschläge einbringen können? Ich sehe nicht, was dagegen spräche. Sicherlich wird es einigen personellen Aufwand kosten, um die Aktion publik zu machen und alle eingehenden Vorschläge zu verarbeiten. Aber ist eine gute Parteienreform, die nicht nach wenigen Jahren wieder im Fiasko endet und überarbeitet werden muß, nicht einigen Aufwand wert? Letztlich könnte die aktive Beteiligung der Bürger an dieser Debatte wesentlich dazu beitragen, die Politikverdrossenheit im Land zu bekämpfen.

Ziel der Kommission müßte es sein, konkrete Vorschläge für eine Reform von Parlament und Parteien an Haupt und Gliedern vorzulegen: von den Diäten, Nebeneinkünften und der Altersversorgung der Abgeordneten über Vorschläge zur Beschränkung des Einflusses der Parteien in der Gesellschaft bis hin zur Wägung verstärkter Bürgerbeteiligung in Staat und Gesellschaft. Die Ergebnisse dieser Kommission sollten dann dem Bundestagspräsidenten übergeben werden, der sie veröffentlicht. Der Bundestag sollte diese Vorschläge in einer eintägigen Debatte diskutieren, wobei jeder Abgeordnete Rederecht haben sollte. Aus dieser Debatte heraus könnten Fraktions- oder überparteiliche Gruppenanträge entstehen, die dann die Grundlage weiterer Beratungen in Plenum und Ausschüssen bilden sollten. Diese Beratungen sollten mit größtmöglicher Beteiligung der Öffentlichkeit, vielleicht auch mit Anhörungen der beteiligten Ausschüsse, durchgeführt werden. Und schließlich sollten, wo nötig, aus dieser parlamentarischen Arbeit Gesetzentwürfe – etwa eine Reform des Parteiengesetzes – entstehen. So könnten die Bürger das Vertrauen in die repräsentative Demokratie wiedergewinnen. Im Laufe von eineinhalb Jahren könnte so ein quälender parteipolitischer Skandal in eine befreiende Erneuerung der Demokratie überführt werden.

Der geordnete Rückzug der Parteien

Kaum eine Vorschrift des Grundgesetzes, heißt es in diesen Tagen, sei so häufig und so kontinuierlich verletzt worden wie Artikel 21. Dabei geht es keinesfalls nur um den Passus, wonach die Parteien über »Herkunft und Verwendung ihrer Mittel sowie ihr Vermögen« Rechenschaft abgeben sollen. Kontrovers ist vielmehr die ungeheure Machtausdehnung der Parteien, deren Aufgabe sich laut Grundgesetz darauf beschränken sollte, »bei der politischen Willensbildung des Volkes« mitzuwirken.

Schon Anfang der neunziger Jahre hatte Richard von Weizsäcker versucht, eine Debatte über die »Machtversessenheit« und »Machtvergessenheit« der politischen Parteien anzustoßen. Damals blieb sie auf die politische Eliten beschränkt, hoch umstritten gerade in den Parteien. Weizsäckers Gesprächs-Buch mit Werner Perger und Gunter Hofmann (1992) führte zum endgültigen Zerwürfnis zwischen Kanzler und Präsident. Kohl zeigte seine Ablehnung von Weizsäckers Parteienkritik in aller Offenheit. Er war erbost – vielleicht, weil der Präsident den Nagel auf den Kopf getroffen hatte? Zugegeben, auch ich fand Weizsäckers Parteienkritik zu pauschal und brachte dies in einem Brief an ihn zum Ausdruck. Die Parteien sind nicht nur ein notwendiges Übel, vielmehr benötigen sie auch immer wieder Rückendeckung. In seiner Rede zum Deutschen Nationalfeiertag am 3. Oktober 1992 in Schwerin sagte er dann folgendes:
»Die Parteien bleiben die wichtigsten Träger der politischen Willensbildung. Das kann und das soll nicht anders sein. Es gefährdet ihre Glaubwürdigkeit nicht, wenn sie die Macht ihrer Wahlämter voll ausfüllen und verantwortlich wahrnehmen, wenn sie dort, wo sie ja sagen, Taten folgen lassen und wenn sie sich nicht um der Wählerstimmen willen fürchten, dort klar und deutlich nein zu sagen, wo es nötig ist.«

Längst ist freilich der Moment gekommen, an dem die Parteien selbst öffentlich bekennen müssen, daß sie zu stark geworden sind. »Die Kraft der Institutionen, die Qualität der Herrscher und die Tugend der Bürger« – auf diese einfache Formel hat der

Wissenschaftler Hennis das Geheimnis eines gerechten und funktionierenden Staates reduziert. Aber bei den Grenzen zwischen Staat, Parteien und Gesellschaft hat es über die letzten Jahrzehnte tektonische Verschiebungen gegeben, die korrigiert werden müssen. Was jetzt ansteht, hat der ehemalige Bundesverfassungsrichter Ernst-Wolfgang Böckenförde unmißverständlich formuliert: die »Rückbildung des Parteienstaates zu einer lebendigen Parteiendemokratie« (*F.A.Z.*). Der Verfassungsauftrag zur Mitwirkung an der politischen Willensbildung gibt den Parteien kein Monopol. Sie sind kein Staat im Staate und dürfen nicht einmal den Eindruck erwecken, als ob sie es sein wollten – im Gegenteil: Die Stärke und Gesundheit der Institutionen des demokratischen Rechtsstaats, von Justiz, Parlament und Bürgergesellschaft liegen in ihrem ureigenen Interesse.

Bei der anstehenden Reform sollte die CDU dort ansetzen, wo sie zum schlimmsten Mißbrauch am meisten beigetragen hat, und selbst das Signal zu einem geordneten Rückzug der Parteien geben. Es geht um eine freiwillige Selbstbeschränkung der politischen Parteien, den Rückzug aus all jenen Bereichen, in denen Parteien nichts zu suchen haben. Die Vorschläge des nordrhein-westfälischen CDU-Vorsitzenden Jürgen Rüttgers weisen in die richtige Richtung. Warum sprechen wir in der Partei nicht offen über die strukturellen Fehlentwicklungen des Parteienstaates (»Deutschland AG«)? Warum machen nicht mehr Mitglieder der CDU Mut, »bisher Undenkbares« zu denken und zu tun, nämlich sich selbst zu beschränken und Macht abzugeben. Es wird Zeit, daß diese Stimmen innerhalb der Partei mehr Gehör finden!

Den skeptisch gewordenen Bürgern muß bewiesen werden, daß es möglich ist, den Parteienproporz dort zurückzudrängen, wo er nichts zu suchen hat: bei der Postenvergabe im öffentlich-rechtlichen Mediensektor, in Bundes- und Landesgerichten, in städtischen Behörden, Schulleitungen, Banken und Sparkassen etc. Womit ist zu rechtfertigen, daß kommunale Versorgungs- und Verkehrsbetriebe für die Versorgung verdienter Parteileute herhalten müssen? Warum müssen die Parteien in Landesbanken und Sparkassen, ja sogar in Krankenhäusern, Kultur, Sport und an den Universitäten mitsprechen? Jürgen Rüttgers hat recht: Ist es nicht absurd, daß Schulleiterstellen nach parteipolitischen Kriterien besetzt werden? Man sehe sich nur den Regierungsbezirk Hannover an und frage nach den Parteibüchern der Rektoren und Direktoren! So wird Loyalität von Lehrern belohnt und die Macht der Partei in die Gesellschaft getragen. Dabei sollten Lehrer gerade keine Multiplikatoren politischer Gesinnungen sein, sondern Pädagogen, die unserem Nachwuchs Toleranz beibringen. Ab und zu, alle paar Jahre, gibt es dann einen Posten für die Opposition, damit sie stillhält. Für hochqualifizierte, ehrgeizige Lehrer, die der CDU zugerechnet werden, ist diese Situation zutiefst frustrierend. Warum eigentlich kann die Schulgemeinschaft aus Lehrerkollegium und Elternschaft – bei Mitsprache gewählter Schülervertreter – ihren Rektor nicht selber wählen? Sicher wird die fachliche Qualifikation dann wichtiger sein als die Frage, ob er ein Parteibuch besitzt.

Noch schlimmer als mit dem falschen Parteibuch sind bei derartigen Nominierungen und Personalsachen, zum Beispiel in den Medien, diejenigen dran, die gar kein Parteibuch besitzen, die sich keinem politischen Lager zuschlagen wollen. Sie haben in der jetzigen Situation keine Lobby. Deshalb werden sie durch den Rückzug der Parteien gestärkt.

Immerhin, ein Thema wird inzwischen bereits kontrovers diskutiert: die Wahl der Richter des Bundesverfassungsgerichts und der Obersten Bundesgerichte. Offiziell werden sie durch den Bundestag gewählt, in der Praxis werden die Personalvorschläge jedoch in eigens dafür geschaffenen Gremien zwischen Regierung und Opposition ausgehandelt. Immer öfter kursierte dafür in den letzten Wochen der Begriff des »Kuhhandels«. Der langjährige Verfassungsrichter Helmut Grimm hat sich öffentlich gegen diese Terminologie verwahrt und das seiner Meinung nach falsch gezeichnete Bild einer »Parteipolitisierung« des Gerichts kritisiert. Durch die erforderliche Zwei-Drittel-Mehrheit verhindere das gängige Verfahren in der Regel immerhin, daß »doktrinäre Parteigänger« zum Zuge kommen. Ohne Zweifel ist das ein wichtiger Einwand. Dennoch kann der unschöne Parteienschacher hinter den Kulissen (der sich trotzdem regelmäßig in den Medien findet) nicht der einzige Weg zur Ernennung der obersten Richter des Landes sein. Warum sollte man nicht über ein Vorschlagsrecht des Bundespräsidenten nachdenken? Oder der Gerichte selbst? Auch hier gilt es, das »Undenkbare« zumindest einmal durchzudenken. Eine Aufgabe für die Erneuerungskommission.

Besonders problematisch ist der Einfluß der Parteien in den Medien. Seit Jahrzehnten werden die Rundfunkräte der öffentlich-rechtlichen Anstalten von Rundfunk und Fernsehen direkt oder indirekt durch die Parteien ernannt. Damit bestimmen die Parteien an einer Stelle mit, wo die politische Willensbildung in der Gesellschaft ihre Wurzeln hat – wo jedoch der Verfassungsauftrag die Parteien wohl nie so mächtig sehen wollte. Jürgen Rüttgers spricht aus, was auf der Hand liegt: Es geht nicht, daß die Kontrollierten die Kontrolleure kontrollieren! Meist bleiben die politischen Hebel unsichtbar, aber immer wieder werden Beispiele bekannt, wie ungeniert sich die Politik bei unliebsamer Kritik einmischt. So verriet Wilhelm Hennis mitten in der aktuellen Debatte, daß zweimal Interviews mit ihm nicht gesendet wurden und der Vorsitzende des ZDF-Fernsehrates, Konrad Kraske, sich einmal sogar schriftlich beim Programmdirektor über seine »politisch-polemischen Beiträge« beschwerte.

Wie sind solche Vorfälle mit der Pressefreiheit einer reifen Demokratie zu vereinbaren? Als Helmut Kohl sich von dem der CDU nahestehenden, aber unabhängigen Büroleiter des ZDF in Bonn, Wolfgang Herles, zu Beginn der neunziger Jahre wiederholt ungehörig kritisiert fühlte und der Journalist es auch noch wagte, in einem Buch (»Nationalrausch«) kritische Anmerkungen zur Wiedervereinigung zu veröffentlichen, intervenierte der Kanzler beim ZDF. Es dauerte nicht lange, und der »Bericht aus Bonn« wurde von einem anderen Journalisten moderiert (der natürlich nichts dafür konnte, auf diese Weise seinen Kollegen auf eine Position in der zweiten Reihe verdrängt zu haben). Der Vorgang trägt vordemokratische Züge: Ein Kanzler sucht sich die Journalisten, die ihn »kritisch« begleiten sollen, selbst aus! Bei den privaten Fernsehanstalten, wo die Parteien allerdings nicht in den Aufsichtsgremien sitzen, gibt es graue Einflußzonen: »Wo Leo Kirch eine Mehrheit besitzt, hat auch Kohl Mitspracherechte«, so eine Binsenwahrheit in Bonn und Berlin.

Nirgends ist es wichtiger, klare Trennlinien zu ziehen, als in der Wirtschaft. Auch hier gibt es eine einfache Formel: Weniger Staatswirtschaft bedeutet weniger Parteienwirtschaft. Das *Wall Street Journal* hält eine zu starke Präsenz des Staates in der Wirtschaft für den wichtigsten Grund von Korruption. Umgekehrt muß auch der Einfluß der privaten Wirtschaft auf politische Entscheidungsprozesse eingeschränkt bleiben. Auch hier heißt die Devise: Es darf nicht zusammenwachsen, was nicht zusammengehört! Die »Rote-Kassen-Wirtschaft« in Nordrhein-Westfalen ist dafür das eklatanteste Beispiel. Wie kann es sein, daß eine einfache öffentlich-rechtliche Landesbank zur drittgrößten Großbank in Deutschland heranwachsen konnte – mit über 10000 Mitarbeitern, einer Bilanzsumme von 700 Milliarden Mark und Filialen in 35 Ländern der Erde? Offiziell hat auch die WestLB nur den Auftrag, Land und Kommunen bei ihren öffentlichen Aufgaben – bei wirtschafts- und strukturpolitischen Projekten, bei der Wohnungsbauförderung etc. – zu unterstützen. Vor allem ist sie dabei dem Gemeinwohl verpflichtet (nur darum haftet der Staat für sie mit seinen Steuereinnahmen). Politiker-Flüge, Geburtstagsempfänge oder das Sponsoring für die Kapelle beim Hochzeitsfest des Ministerpräsidenten haben mit dem Bürgerwohl kaum noch etwas zu tun, dafür aber viel damit, daß sich eine Landesregierung an der Öffentlichkeit vorbei eine »geheime Nebenkasse« (*Der Spiegel*) eingerichtet hat, die jetzt auch noch im Verdacht der Untreue und Steuerhinterziehung steht.

Genau in diesen undurchschaubaren Netzen, die auch in anderen Bundesländern zwischen Landesbanken und den amtierenden Regierungen (deren Minister die Bank kontrollieren sollen) bestehen, wuchern jene »informellen Machtstrukturen«, die für das System Kohl typisch waren. Kein Wunder, wenn die Landesbanken dem Verdacht ausgesetzt sind, chronisch als Selbstbedienungsladen der jeweiligen Landesregierung für Wohltaten und Vergünstigungen mißbraucht zu werden. Muß man in Nordrhein-Westfalen nicht von einem System Neuber sprechen? Wirkt er nicht überall mit, zieht seine Fäden, macht sich die Parteien durch kleine Zuwendungen gefügig, schafft sich persönliche Verbindungen und Verpflichtungen? Ein Beispiel dafür ist der sogenannte »IC 72« Investment Club, in dem Prominente (nur Männer!) wie der damalige Wissenschaftsminister Johannes Rau, Finanzminister Schleußer, Friedrich Nowottny, Wolfgang Clement oder der Preussag-Chef Michael Frenzel regelmäßig zusammenkamen, gemeinsam ihr Geld anlegten(!), informell Probleme besprachen und Posten besetzten. Nichts Illegales, kein Zweifel – aber doch ein Instrument zur Einflußnahme auf Politik, Wirtschaft und Medien, ein Mittel zur Vorbereitung von Entscheidungen – eine eigene Art der »Landschaftspflege«. In dieser verschworenen Gemeinschaft ging es, so ein vom *Spiegel* am 14. Februar 2000 zitierter »Insider«, um die Frage: »Wer wird was in NRW?« Das hieß in der Praxis: Hier wurden Seilschaften begründet, Beziehungen geölt – *Die Woche* sprach gar von »Neubers Amigo-System«. Alles lief getreu des rheinischen Klüngelmottos: »Mer kenne uns, mer helfe uns.« *Der Spiegel* schreibt: »Wo immer die Regierung Rau einen Coup an Verfassung oder Parlament vorbei landen wollte – ›Friedel (Neuber) macht das‹, hieß es in der Staatskanzlei.« Wer eine Bank zur geheimen Nebenkasse eines Landes macht, handelt undemokratisch. Wer Regierungsarbeit aus Quellen finanziert, die das Parlament nicht kennt und kontrolliert, mißachtet das Budgetrecht der Volksvertretung, das höchste Gut der parlamentarischen Demokratie.

Im Januar 1990, die Mauer war noch gar nicht abgebaut, eröffnete die WestLB eine Filiale in der noch existierenden DDR. Zum Leiter der Vertretung wurde Hans-Christian Hoffmann ernannt, ein Spitzenbeamter aus der Bonner NRW-Vertretung. Was niemand ahnte: Hoffmann und drei Referenten wurden von der WestLB bezahlt, waren aber dem Chef der Staatskanzlei, Wolfgang Clement, unterstellt. Schon in den achtziger Jahren hatte man auf ähnliche Weise die NRW-Vertretung in Brüssel finanziert. Schlimmer noch: Aus dem Verbindungsbüro des Landes wurde offenbar mit Mitteln der WestLB der Wahlkampf der SPD in Brandenburg organisiert und finanziert. Ob es der Bürgerrechtler Joachim Gauck so meinte, als er zum zehnten Jahrestag des Falls der Mauer über die Gefühlslage der ehemaligen Bürger der DDR erklärte: »Sie hatten vom Paradies geträumt und wachten auf in Nordrhein-Westfalen«?

Friedel Neuber, ehemaliger Juso-Chef vom Niederrhein und schon mit 27 Jahren SPD-Landtagsabgeordneter, ist einer der Drahtzieher in Nordrhein-Westfalen. Am meisten profitiert hat davon die SPD. Sie hat es cleverer gemacht als Helmut Kohl. Die Parteispitze hat nicht selbst Schwarzgelder gesammelt, sondern von den Machenschaften anderer profitiert. Die Konzentration der öffentlichen Debatte auf ein, zwei Privatflüge Johannes Raus führt allerdings in die Irre. Der eigentliche Skandal ist die Nutzung einer öffentlich-rechtlichen Bank zum Aufbau, Ausbau und Erhalt einer Partei, ferner der Filz, die Patronage und die damit an Parlament und Öffentlichkeit »vorbeigeschleußten« Gelder.

Es ist richtig: Jede Partei kehre vor der eigenen Tür. Aber es muß erlaubt sein, wenigstens an einer Stelle in diesem Buch auch darauf hinzuweisen, daß nicht nur die CDU gegen Geist und Buchstaben von Verfassung und demokratischer Rechtsordnung verstoßen hat! In der Norddeutschen Landesbank (NordLB) geht es kaum anders zu, nur provinzieller. Wer wüßte nicht, daß der Vorstandsvorsitzende, Manfred Bodin, vom damaligen Ministerpräsidenten nach Parteibuch ausgesucht wurde? Er war die dritte Wahl Schröders – ohne die Mitgliedschaft in der SPD hätte er den Sprung vom Sparkassenchef in Essen an die Spitze einer der größten deutschen Banken kaum geschafft. Als Minister Glogowski für seinen Sohn einen Praktikumsplatz benötigte oder einer seiner Kollegen für eine Ausstellung im Wahlkreis ein *sponsoring* wünschte: ein Anruf beim Vorstand der NordLB genügte. Kaum war Gerhard Glogowski wegen der Begünstigungsaffäre als Ministerpräsident zurückgetreten, besorgte ihm die Landesregierung einen Aufsichtsratposten bei der NordLB. Es ist alles ein einziger Filz, und wenn nur jemand bereit wäre, ihn kritisch zu untersuchen – was würde da noch alles zutage treten!

Nach einer Infratest dimap-Umfrage vom Februar 2000 sind immerhin 84 Prozent der Deutschen davon überzeugt, daß es noch viel mehr unaufgedeckte Affären gibt. Vielleicht macht sich ja einer der deutschen Enthüllungsjournalisten einmal die Mühe, die Kraken der NordLB zum Beispiel in der Braunschweiger Medienlandschaft zu untersuchen. Ganz abgesehen davon, daß diese öffentlich-rechtliche Bank lange Zeit mit Anzeigen und Broschüren bei ihren Kunden dafür geworben hat, ihr Erspartes (zur Umgehung der Quellensteuer?) bei der NordLB-Tochter in Luxemburg anzulegen. Haben der neue CDU-Fraktionsvorsitzende Friedrich Merz und der EU-Kommissar Mario Monti nicht recht, wenn sie die Privatisierung der Landesbanken fordern?

Zu Recht führen solche Verfilzungen zwischen Macht und Geld zunehmend zu billigen Schlagzeilen. So stürzt sich die *Bild am Sonntag* natürlich begierig auf den Erfolgsweg des CSU-Politikers und Sparkassenpräsidenten Heinrich Schmidhuber, wenn an dessen Ende eine Jahrespension von 525000 Mark steht! Man kann es der Öffentlichkeit kaum verübeln, wenn sie hinter dem Aufstieg vom einfachen Sparkassenlehrling zum CSU-Mitglied, bayerischen Landtagsabgeordneten, Vorstandsvorsitzenden der größten bayerischen Sparkasse und Präsidenten des deutschen Sparkassen- und Giroverbands irgendwelche parteipolitische Seilschaften vermutet. Natürlich verfehlt der Hinweis, daß auch Schmidhubers Nachfolger ein ehemaliger CSU-Landrat ist, seine Wirkung nicht. »Man muß früh in eine Partei eintreten, acht Jahre im Landtag sitzen und dann Sparkassenpräsident werden«, titelt die Zeitung höhnisch.

Es geht nicht um Herrn Schmidhuber. Er erhält die Pension, die er legal erworben hat. Wer würde freiwillig darauf verzichten. Nein, es geht um die Systemfehler, die zu solchen Beträgen führen. Der Unmut vieler Bürger über solche Strukturen in der Parteiendemokratie ist verständlich. In der Tat sind solche Machtstrukturen zutiefst undemokratisch. Außerdem schaden sie der Demokratie, weil sie Mißtrauen und Politikverdrossenheit fördern. Es kann nur einen Ausweg geben: die Entstaatlichung von öffentlichen Banken und halb-öffentlichen Unternehmen und auch hier ein geordneter Rückzug der Parteien, vor allem aus Aufsichträten und Beiräten aller Art. Die konkreten Regeln dafür aufzustellen und entsprechende Vorschläge zu unterbreiten – auch das wäre eine Aufgabe für die Erneuerungskommission.

Wider das Freund-Feind-Denken, zurück zur demokratischen Streitkultur!

Immer wieder ist in der aktuellen Diskussion auf die Bedeutung der politischen Kultur hingewiesen worden. Was ist damit gemeint? Das verantwortliche Handeln aller: der politischen Mandatsträger, der Verfassungsorgane, der Bürger. Nur aus einem Dialog zwischen Politik und Öffentlichkeit, heißt es, könnten jetzt Anstöße zu einer Weiterentwicklung der deutschen Parteiendemokratie erfolgen. Aber wie bei allen Reformüberlegungen, so scheint es mir auch hier, daß die Union zunächst bei sich selbst anfangen sollte.

Ein wichtiger Faktor, der dazu beigetragen hat, das System Kohl über so lange Jahre zu stabilisieren, war die systematische Pflege einer ganzen Welt von Feindbildern. Nach diesem »Innen-außen«-Schema war die Außenwelt ein »Reich des Bösen«, das sich gegen die Partei verschworen hatte. Getreu dem Motto »Wer nicht für uns ist, ist gegen uns« wurde alles in ein klares Schwarz-Weiß-Raster eingeordnet, in dem es wenig Grautöne gab. Alles was »außen« war, war gegen uns: Gegen uns waren die Sozen. Gegen uns war die Presse. Gegen uns waren die Grünen, die Linken, die Intellektuellen, die Gewerkschaften, zuletzt auch die Kirchen. Bei einer Wahl ging es um das Ganze: Entweder wir gewinnen, oder es siegt das Böse. Das galt es zu verhindern, mit allen Mitteln. Und wie Trutz Graf Kerssenbrock sagt: »Wenn Krieg ist, spielt es auch keine Rolle, woher das Geld für die Kriegskasse kommt.« Wenn bei einem Regierungswechsel »Feinde« anstatt politischer Gegner in die Zentralen der Macht einziehen, dann *müssen* eben die Akten vernichtet, die Karteien gelöscht werden. Es klingt übertrieben, aber so war die Stimmung bei vielen in der Partei, die ihnen, oft ohne daß sie es merkten, in Fleisch und Blut übergegangen war.

In dieser Logik verkommt die Politik zum alltäglichen Krieg, die Partei zu einer blinden Kampfgemeinschaft. Da ist ein Wahlkampf nicht mehr ein öffentliches Ringen um bessere Lösungswege für die Gesellschaft, sondern die »Fortsetzung der Politik mit anderen Mitteln«. Schnell kommt es dann dazu, daß der Zweck die Mittel heiligt, daß Macht vor Recht kommt. Längst hat alles mehr mit Wagenburg zu tun als mit Demokratie oder politischer Kultur. Vielleicht ist es eine Frage von Generation und Alter, aber mich hat dieses »Freund-Feind«-Denken immer abgestoßen: Ich konnte und kann so nicht denken. Möglicherweise war es auch die politische Sozialisation bei Richard von Weizsäcker, dem Parteien eher als »notwendiges Übel« denn als Segen erschienen, und die überparteilich orientierte Erfahrung des Bundespräsidialamtes, die mich geprägt hat. Ich kann meine sozialdemokratischen oder grünen Kollegen nicht als Inkarnation des Bösen und Gefährlichen sehen – im Gegenteil: für viele empfinde ich Sympathie und Respekt.

Mit Gernot Erler, dem für Außenpolitik zuständigen stellvertretenden Fraktionsvorsitzenden zum Beispiel, saß ich vier Jahre zusammen im Unterausschuß Abrüstung des Bundestages. Er ist ein eher linker Sozialdemokrat, aber ohne Schaum vor dem Mund, sachorientiert. Wir haben fabelhaft zusammengearbeitet, haben zu allen wichtigen Abrüstungsfragen gemeinsame Anträge von SPD, F.D.P. und CDU/CSU erarbeitet und im Bundestag durchgesetzt. Oder Hans-Ulrich Klose, mein Lieblingssozialdemokrat, Vorsitzender des Auswärtigen Ausschusses, Karsten Voigt, lange Zeit außenpolitischer Sprecher der SPD – das sind doch keine »Feinde«, ehrlich gesagt, nicht einmal wirkliche Gegner. Zumindest in außenpolitischen Fragen fällt es mir schwer, gravierende Unterschiede zu finden – und das ist auch gut so. Die Europa- und Außenpolitik kann nur gedeihen, wenn es einen Konsens in den wichtigen Fragen gibt.

Vielleicht hat meine Unfähigkeit, in der anderen Partei etwas Fremdes und Gefährliches zu sehen, auch mit Margarita Mathiopoulos, meiner Frau, zu tun. Sie ist parteilos und unterstützt nicht die CDU. Das fällt manchen in meiner Partei bis heute schwer: »Wie kann man da nur zusammenleben? Wie wollen Sie andere von der CDU überzeugen, wenn Ihnen das nicht einmal bei Ihrer Frau gelingt?« fragte mich bei meiner Nominierungsveranstaltung als Abgeordneter ein örtliches Parteimitglied. Ich fragte zurück: »Haben Sie, als Sie sich in Ihre Frau verliebten, nach ihrer Wahlpräferenz gefragt? Ist in Ihrer Ehe die Politik das Wichtigste? Wollen Sie Ihren Ehepartner, Ihre Geschwister oder Kinder zwingen, die gleiche Partei zu wählen wie Sie? Solange wir uns nur über Politik streiten ...«. Warum soll meine Frau nicht FDP oder SPD wählen? Bei der Landtagswahl in Schleswig-Holstein hätte sie Wolfgang Kubicki gewählt. Im übrigen kann ich mich nicht beklagen: Ihre Erststimme habe ich immer erhalten. Ich werde hart daran arbeiten, daß das auch in Zukunft so bleibt.

Über meine Frau und ihren Vater, Basil Mathiopoulos, habe ich Willy Brandt näher kennenlernen können. Er war ein guter Freund meines Schwiegervaters, und so habe ich mehrmals die Ehre und Freude gehabt, Brandt an langen Abenden im Hause meiner Schwiegereltern in Bonn zu erleben. Ein großer Mann, der viel für Deutschland getan hat. Wahrlich kein Feind.

Wenn ich am Samstagmorgen in Hannover-Kirchrode Brötchen hole und sehe einen Stand von SPD, FDP oder Grünen, dann ärgere ich mich nicht darüber. Im Gegenteil: Ich freue mich über die ehrenamtliche Arbeit, die hier Mitglieder anderer Parteien leisten. Der Verlust, den die CDU durch dieses Engagement hat, ist gering. Der Gewinn durch solche Aktivitäten für die Demokratie ist groß. (Natürlich freue ich mich noch mehr, wenn auch ein CDU-Stand am »Klönschnack« in Kirchrode aufgestellt wurde.)

Eine Volkspartei kann sich nicht nach außen abschotten. Im Gegenteil: Sie muß in offenem und flexiblen Austausch mit ihren politischen Gegnern und der Gesellschaft leben, sonst hat sie keine Zukunft. Auch das muß die CDU wieder lernen.

Ich bin der festen Überzeugung, daß einer der nötigen Korrekturen in der politischen Grundstimmung der Partei liegen muß. Politik als Krieg ist eine Deformation der Demokratie.

Politik muß wieder das werden, was sie in ihrer demokratischen – und lebendigsten – Form sein kann: der offene Wettstreit um politische Kompetenz und Konzepte. Ein Regierungswechsel ist kein Weltuntergang: Im Kern geht es dabei darum, wie die Vielfalt konkurrierender Vorstellungen und Interessen in eine »Konzeption des Ganzen« (Kielmansegg) integriert werden kann. Dabei haben die Parteien ihre dienende Funktion gegenüber den Problemen wiederzuentdecken. Der Streit unter den Parteien ist nötig und heilsam, er kann oft auch scharf und sogar polemisch werden: Aber die Parteien bleiben die Instrumente zur besseren Lösung der Probleme – und nicht umgekehrt, wie es so leicht in der kriegerischen Kampfstimmung geschehen konnte, die Helmut Kohl wie kein anderer zu schüren wußte: nämlich die Probleme zu instrumentalisieren, um die Ziele der Partei, das heißt die Macht, besser erreichen zu können.

Ein Teil der Entspannung, die ich der deutschen Politik wünsche, läge auch darin, daß allen Politikern (und damit meine ich nicht nur die Christdemokraten) ihre eigene Relativität wieder ein Stück bewußt werden muß. Die Gefahr der »Arroganz der Macht« liegt doch vor allem in einer chronischen Selbstüberschätzung und der Überbewertung der eigenen Bedeutung und Unverzichtbarkeit. Dabei haben gerade die letzten Monate gezeigt, daß niemand, wirklich niemand in der Politik unverzichtbar ist. Hat die SPD nicht seit dem Abgang von Oskar Lafontaine mehr Fortüne denn je? Auch die CDU lernt bereits, ohne das »Denkmal« Kohl zu leben. Und so schmerzlich der Rücktritt von Wolfgang Schäuble war: Nur er konnte den Weg frei machen für die überfällige Erneuerung der CDU. Zu Recht hat Bundeskanzler Schröder im Lauf der gegenwärtigen Auseinandersetzungen die Politiker gemahnt, die Formel von der »auf Zeit geliehenen Macht« ernster zu nehmen. Allerdings verriet mir ein junger sozialdemokratischer Kollege seinen Unmut über Wesen und Ton der Schröder-Kanzlerschaft: »Nach nur etwas über einem Jahr ist der Kanzler und Vorsitzende selbstgerecht und autoritär geworden. Nun hat er auch noch Erfolg. Da hat dann bald niemand mehr etwas zu sagen, außer ihm. Wir sind dabei, die gleichen Fehler zu machen wie ihr mit Kohl.«

Der beste Weg, um Wiederholungsfehler zu vermeiden, liegt zweifelsohne in einer zeitlichen Begrenzung der Machtausübung. In der Öffentlichkeit scheint sich bereits ein Konsens gebildet zu haben, daß die Amtszeit des Bundeskanzlers auf zwei Legislaturperioden begrenzt werden sollte. Gerade die CDU, die diesem Land zwei »ewige Kanzler« gestellt hat, sollte hier mutig vorangehen. Damit drängt sich auch die Frage auf, die Legislaturperioden auszuweiten, etwa auf fünf Jahre. Auch dafür spricht vieles: Die Regierenden könnten regieren, ohne sofort wieder den nächsten Wahlkampf vor Augen zu haben. Auch dies würde dazu beitragen, der Politik für die notwendigen gesellschaftlichen Reformen einen breiteren Handlungsspielraum zu schaffen.

Mehr direkte Demokratie?

Nicht wenigen Kommentatoren der Skandalereignisse im deutschen Winter 1999/2000 erscheinen neue Möglichkeiten direkter Demokratie als das Wundermittel gegen die Parteien- und Politikverdrossenheit. Der Bürger sei mündig und müsse deshalb mehr Möglichkeiten haben, direkt auf die politischen Belange Einfluß zu nehmen als nur über seine gewählten Repräsentanten. Was man von denen zu halten habe, sehe man ja... So gibt es viele entsprechende Vorschläge wie die Direktwahl des Bundespräsidenten oder die Einführung von Volksbegehren und Volksentscheid auch auf Bundesebene.

Was die Direktwahl des Bundespräsidenten angeht, so ist die Forderung populär, aber unsinnig, jedenfalls dann, wenn man nicht gleichzeitig bereit ist, die Kompetenzen des Präsidentenamtes zu erweitern. Ohne neue Zuständigkeiten würde eine Direktwahl nach kurzer Zeit eher das Gegenteil von dem bewirken, was die Befürworter erwarten: Frust statt Freude – wenn nämlich die Wähler spüren, daß das von ihnen direkt gewählte Staatsoberhaupt so gut wie keine eigenen Rechte hat, nur ein bißchen mehr ist als ein Staatsnotar, in jedem Fall aber über so gut wie keine wirkliche Macht gegenüber Regierung und Parlament verfügt.

Wenn man aber andererseits dem Präsidenten mehr Rechte gibt, dann muß man sie anderswo herholen: Wollen wir den Kanzler schwächen, die Regierung oder gar das Parlament? Wollen wir neben dem Bundesrat eine weitere potentielle Veto-Instanz gegen Beschlüsse von Exekutive und Legislative einräumen? Wir sind mit unseren Bundespräsidenten bisher im großen und ganzen gut gefahren, sie haben jeweils auf ihre Weise das Amt in Würde und Anerkennung ausgefüllt, den Grundkonsens der Gesellschaft gefördert und zur Orientierung in grundsätzlichen politschen Fragen jenseits der Tagespolitik mehr oder weniger wichtige Beiträge geleistet. Warum die bewährte Institution verändern, nur weil Herr Kanther über Geheimkonten in Liechtenstein verfügte?

Seit langem ist ferner die Frage in der Debatte, ob wir nicht endlich, wie andere europäische Länder auch, auf Bundesebene Volksbegehren und Volksentscheid einführen sollten. Während ich gegen das Volksbegehren, also die durch Unterschriften der Bürger geforderte Beschäftigung des Parlaments mit bestimmten Sachfragen oder Forderungen, keine grundsätzlichen Einwände habe, bin ich strikt gegen die Einführung von Volksentscheiden. Nach meiner Auffassung sprechen folgende Gründe dagegen:

Kein einziges wichtiges Problem in unserer komplexen Welt läßt sich heute noch auf eine Ja-Nein-Frage zuspitzen. Ein Plebiszit würde etwa fragen: Sind Sie für oder gegen den Atomausstieg? Aber damit würden die eigentlich zu klärenden Probleme gar nicht behandelt, denn fast immer bedarf es zusätzlicher Informationen: Um welchen Zeitraum geht es? Was soll zum Beispiel derjenige ankreuzen, der entschieden für den Atomausstieg ist, ihn aber wegen des Treibhauseffektes durch herkömmliche Energieträger und die noch nicht ausreichend zur Verfügung stehenden alternativen Energien erst für 2050 für möglich hält? Was sind die zur Verfügung stehenden Alternativen? Wieviel Geld wird demnächst für die Förderung alternativer Energien wie Wind- oder Sonnenenergie ausgegeben? Welche Sicherheitsstandards sollen die Kernkraftwerke haben, wenn sie am Netz bleiben? Wieviel würde ein Sofortausstieg den Steuerzahler kosten? Wie würden sich die Strompreise unter welchen Ausstiegsszenarien entwickeln, und was wären die Auswirkungen auf die internationale Verläßlichkeit und Konkurrenzfähigkeit der deutschen Wirtschaft? Da sich solche Fragen nicht mit Ja oder Nein in einer Volksabstimmung klären lassen, haben wir ein Parlament, das nach Zwischenlösungen und gangbaren Kompromissen sucht, dann entscheidet und sich mit seiner Lösung dem Wähler zu stellen hat.

In meiner Heimatstadt Hannover gab es im Juni 1992 eine Bürgerbefragung zum Thema Expo 2000: dafür oder dagegen? Abgesehen davon, daß eine solche Befragung und ihre entsprechenden Modalitäten, Gültigkeitsquoren etc. in keiner Verfassung festgelegt waren und die Befragung nur durchgeführt wurde, weil die rot-grüne Ratsmehrheit im Rat der Stadt Hannover nicht wußte, was sie wollte: Es war geradezu grotesk, eine solche Frage zu stellen. Ich war immer für die Weltausstellung in Hannover, aber doch nicht unter jeder Bedingung. Voraussetzung für eine sinnvolle Expo mußte zum Beispiel der Ausbau der Straßen- und Schienennetze um Hannover sein. Auch hätte ich einer Expo nicht zugestimmt, wenn nicht gleichzeitig neue Wohnungen entstanden wären, man das Messegelände nicht für die Ausstellung mitbenutzen könnte oder das Motto »Mensch-Natur-Technik« nicht ernst genug genommen worden wäre. Mit anderen Worten: Die gestellte Frage konnte nicht annähernd meiner komplexen Meinung zu diesem Thema gerecht werden. So wird es tausenden Hannoveranern gegangen sein.

Die Bürger der Stadt entschieden sich schließlich mit 51,5 Prozent der abgegebenen Stimmen bei einer Wahlbeteiligung von 61,7 Prozent für die Durchführung der Weltausstellung. Hätten Wirtschaft und CDU weniger dafür geworben, hätte es am Tag der Abstimmung geregnet oder wäre zufällig eine Woche vor dem Bürgervotum ein Gutachten über die enorme Müll- und Verkehrsbelastung während der Expo veröffentlicht worden, die Sache wäre schiefgegangen. Ist es nicht doch besser, solche komplexen Fragen gewählten Volksvertretern, also hier dem Rat der Stadt, anzuvertrauen? Zugegeben, auch hier können irrationale

Momente einen Ausschlag geben. Aber vielleicht ist die Chance für eine vernünftige Entscheidung, unabhängiger von aktuellen Stimmungslagen, doch etwas größer.

Gegen einen Volksentscheid spricht ferner die Tatsache, daß letztlich fast immer aktive Minderheiten die Entscheidung zu ihren Gunsten beeinflussen werden. Es kann von keinem Bürger erwartet werden, daß er sich neben seinem Beruf und seinen privaten Herausforderungen mit den jeweils aktuellen Fragestellungen intensiv beschäftigt. Manches, was da zur Abstimmung stehen mag, wird vielen relativ gleichgültig sein, und sei es nur aus dem Grund, daß man keine Zeit hatte, sich wirklich mit der betreffenden Thematik zu beschäftigen. Das Ergebnis ist dann, daß eine kleine, von ihrer bestimmten Sache in hohem Maße überzeugte Gruppe ihre Auffassung per Volksabstimmung durchsetzen kann.

Selbst in Ländern mit ausgeprägter Tradition in direkter Demokratie wie der Schweiz liegt die Abstimmungsbeteiligung selten viel höher als 30 Prozent. Das war auch bei den ersten direktdemokratischen Experimenten der Geschichte nicht viel anders. Die Pariser Kommune scheiterte hoffnungslos: Am 26. März 1871 wählten immerhin noch 47 Prozent, am 16. April des gleichen Jahres nur noch 12,5 Prozent. Als in Bayern im Februar 1998 über die Abschaffung der Zweiten Kammer, des Senats, abgestimmt wurde, gingen ganze 39,9 Prozent zur Wahl. Die absolute Mehrheit dieser Wähler votierte für die Auflösung des Senats, was aber letztlich nur 27,6 Prozent der bayerischen Wahlberechtigten entsprach. Die direkte Demokratie macht nur Sinn, wenn man eine permanente Politisierung der Bevölkerung unterstellt. Diese ist aber nicht realistisch. Ob sie wünschenswert ist, wage ich auch zu bezweifeln.

Ein weiteres Argument gegen den Volksentscheid liegt darin, daß auf diese Weise mächtige Lobbygruppen bestimmte Entscheidungen »kaufen« können. In den USA, wo die Bürger über Kläranlagen, Bauplanungen oder Umweltschutz in mehr als zwanzig Bundesstaaten traditionell direkt abstimmen, hat es sehr unterschiedliche, im Ganzen eher problematische Erfahrungen mit Volksabstimmungen gegeben. Einer der »Systemfehler«: Mit mehreren Millionen Dollar lassen sich bei der zu erwartenden geringen Wahlbeteiligung in den meisten Fällen Ergebnisse durch massive Werbekampagnen quasi nach Belieben erzwingen. Ein Beispiel dafür ist die 50-Millionen-Dollar-Kampagne für die Zulassung indianischer Spielkasinos im Jahre 1998. Die Abstimmungen über die *propositions* sind in Amerika stets *high-noon* für teure Werbung, aber auch für Demagogen, Populisten und Vereinfacher, die dann »im Namen des Volkes«, obwohl nur eine Minderheit, die gewollten Entscheidungen erkaufen.

Schließlich bin ich gegen Volksentscheide, weil sie die Institution schwächen, die gestärkt werden muß: das frei gewählte Parlament. Wenn es Volksentscheide gibt, was sind dann eigentlich noch die Entscheidungen des Parlamentes wert? Es gäbe zwei Klassen von Entscheidungen, die wirklich bindenden durch das Volk und die dann mit weniger Legitimation entstandenen des Bundestages. Letztere wären vor allem nie endgültig, da es ja ein Mittel gäbe, sie durch Anrufung des Volkes auszuhebeln. Das würde auch die Berechenbarkeit und Kontinuität von Regierungshandlungen erschweren, endgültige Entscheidungen noch weiter hinauszögern und zentrale Zukunftsentscheidungen polarisierten Stimmungsdebatten übereignen.

Außerdem muß gegen die Volksentscheide eingewandt werden, daß sie die Durchsetzung unpopulärer, aber notwendiger Entscheidungen zusätzlich erschweren. Schon in der repräsentativen Demokratie tun sich die Politiker bekanntlich schwer, unbequeme Maßnahmen zu beschließen. Sie fürchten die nächste Landtags- oder Kommunalwahl, die sicher wieder als »Testwahl« interpretiert wird. Die Legislaturperioden sind zu kurz, als daß sich die Vorteile etwa von umfangreichen Sparprogrammen bereits spüren ließen. Also schiebt man die schwierigen Angelegenheiten lieber vor sich her. In einer Demokratie mit Volksentscheid dürfte es noch schwerer sein, in einer bestimmten Phase etwa eine Steuererhöhung oder die notwendigen Kürzungen im Gesundheitssystem durchzusetzen. Wer wird sich schon bei einer direkten Abstimmung gegen die eigenen (kurzfristigen) Interessen aussprechen? Ist die Chance nicht vielleicht ein wenig größer, daß die Einsicht der Volksvertreter in bestimmte Maßnahmen etwas besser sein kann?

Und schließlich muß gegen Plebiszite eingewandt werden, daß sie sich kaum in das gewaltenteilige Gefüge eines modernen Rechtsstaates einbauen lassen. Was ist zum Beispiel mit einem Volksentscheid auf Bundesebene, dessen Ergebnisse fundamental Länderrechte beeinflussen? Wird auf diesem Umweg der Föderalismus ausgehebelt? Was ist, wenn das Volk direkt abgestimmt hat, dann noch die Autorität des Bundesverfassungsgerichtes wert? Kann es sich wirklich über ein direktes Votum des Souveräns hinwegsetzen, oder wird hier die Gewaltenteilung nicht zumindest tendenziell in Frage gestellt? Was ist ferner, wenn das Volk bestimmte ausgabenträchtige Programme in direkter Wahl beschließt? Dann droht die Gesamtverantwortung des Parlamentes für einen stabilen Gesamthaushalt zur Makulatur zu werden, ganz zu schweigen von der besonderen verfassungsrechtlichen Verantwortung des Bundesfinanzministers.

Nein, direkte Demokratie ist kein Wundermittel zur Behebung von Politikfrust. Sie hat nach meiner tiefen Überzeugung sogar gravierende Nachteile. Ich plädiere dafür, direktdemokratische Elemente innerhalb der Parteien zu installieren, auf der staatlichen Ebene damit jedoch sehr vorsichtig umzugehen. Unsere Verfassungsväter und –mütter hatten gute Gründe, fast ganz auf die repräsentative Demokratie zu setzen.

Innerparteiliche Demokratie

Wenn wir schon von Demokratie sprechen, so muß die CDU hier wohl als erstes mit ihren »Lehnstrukturen« (wie sie zu Recht genannt werden) aufräumen. Es muß für immer Schluß sein mit höfischen Verhältnissen. Daß wir uns am Anfang des 21. Jahrhunderts mit einem Vorsitzenden auseinandersetzen müssen, der lange nach dem Prinzip agierte: »Die Partei bin ich«, ist beschämend genug. Aber die Förderung und Manipulation des unabhängigen Berufspolitikers zur Absicherung der Macht eines Vorsitzenden (Kerssenbrock) darf es nicht mehr geben. Wir müssen zurück zu einem Parteileben, das interne Willensbildung und individuelle Verantwortung nicht unterdrückt, sondern frei entfaltet. Dabei wird folgendes zu berücksichtigen sein:

Wahrlich nicht alle in der CDU waren Untertanen und Statisten im System Kohl, nicht alle ließen sich dazu mißbrauchen, jede Sachfrage zunächst als »Ableitung der großen Loyalitätsfrage« des Vorsitzenden zu begreifen, wie mein Kollege Eckart von Klaeden es so treffend in der *F.A.Z.* bezeichnet hat. Aber eine innerparteiliche Ordnung, die alle Widersprüche verschleift, alle Kontroversen als Schwäche abtut (»wer den Kopf rausstreckte, dem wurde er abrasiert«), verkommt nach und nach zu einem patriarchalischen und feudalen System, in dem alles der Machterhaltung untergeordnet ist. Die interne Diskussionskultur verkommt. Wenn wir ehrlich sind, war es doch bis vor kurzem so, »daß diejenigen, die etwas Neues vorschlagen, gern als unpolitisch und unrealistisch diskreditiert werden, während die Sachwalter des Bestehenden als diejenigen gelten, die mit beiden Beinen im Leben stehen«(Klaus Escher, der frühere Vorsitzende der Jungen Union).

Dabei lebt eine moderne Volkspartei – wie die ganze demokratische Gesellschaft – vom offenen Wettbewerb der Ideen und nicht von geschlossenen Hierarchien. Wie jede andere Partei ist die CDU auf Innovation und Kreativität angewiesen, um in der Welt von morgen zu bestehen. Mutige Vordenker, originelle Ideen und neue Visionen müssen gefördert werden – und nicht durch Mißtrauen und hierarchische Reflexe blockiert werden! Innovation in Politik und Gesellschaft ergibt sich immer wieder aus der »Durchsetzung neuer Kombinationen« und der »Verlebendigung von Möglichkeiten« (Joseph A. Schumpeter). Durchbruch und Fortschritt werden auch in demokratischen Systemen in der Regel nicht von Scharen angepaßter Funktionäre und Statisten erbracht, sondern oft durch die Initiative von wenigen, manchmal absonderlich aus der Reihe tanzenden Querdenkern! Hier muß der Neuanfang der Partei ansetzen. Es geht um eine Öffnung nicht nur bei den oberen Hierarchien der Partei, sondern auch im »betonierten Mittelbau« (JU-Vorsitzende Hildegard Müller).

Klaus Escher hat in Anlehnung an Kurt Tucholskys Satire »Ratschläge für einen schlechten Redner« aus dem Jahre 1930 in der *ZEIT* vom 11. November 1994 einen ironischen Text »Ratschläge für die sichere Karriere« verfaßt:

»...Sobald du Mitglied in einer politischen Partei geworden bist, hast du dir das Recht erworben, fortan dich mit den Parteifreunden im Kreis zu drehen. Suche nicht mehr nach richtigen Antworten in der Sache, sondern nach klaren Mehrheiten für dich. Vermeide es dein Leben lang, dich für mehr als vierzehn Tage und weiter als fünfzig Kilometer von deinem Kreisverband zu entfernen. Bevor du die Welt regierst, lerne sie bloß nicht kennen ... Nimm möglichst viele Termine wahr. Sei während der Sitzungen schweigsam, wirke nachdenklich und beschäftigt. Du mußt lernen, durch ein Übermaß an Gremienarbeit deine eigene Faulheit zu kultivieren; schelte aber die Abwesenden ob ihrer Pflichtvergessenheit ... Suche den Kontakt zum Volk nur in den Versammlungen der großen Volksparteien ...«

Klaus Escher gehörte nicht zu den Lieblingen von Helmut Kohl, wie man sich nach diesen Passagen unschwer vorstellen kann. Er wehrte sich vor einem Parteitag der CDU vor dem geplanten »Hochamt« für den Kanzler und forderte immer wieder kritische Sachdebatten. Kohl schimpfte öfter über den »unreifen« Escher und bediente sich einer beliebten Technik: Er lobte den Vorgänger des Bundesvorsitzenden der JU. 1998 – Kohl war schon nicht mehr im Amt – tat Escher freilich des Guten zuviel, er forderte in Sabine Christiansens Talkshow den Rücktritt Norbert Blüms aus Altersgründen. Escher verlor sein Amt als Mitglied des CDU-Bundesvorstandes. So ging der Partei ein brillanter, hervorragend formulierender, origineller Kopf verloren. Übrigens nicht zu Eschers Schaden: Heute ist er Kommunikationschef bei der BASF, verdient viel mehr als jeder Bundestagsabgeordnete und hat ein interessantes und forderndes Aufgabengebiet. Hoffentlich gelingt es uns, ihn einmal zurück in die Politik zu holen!

Konkret müssen folgende Dinge verbessert werden:

- Parteitage müssen für die Delegierten spannender werden. Sie müssen die wirklich in einer Partei strittigen Fragen behandeln und dürfen kontroversen Sachauseinandersetzungen nicht länger aus dem Wege gehen. Parteitage werden so auch für die Öffentlichkeit interessanter. Der verbreitete Glaube ist falsch, daß nur Jubelparteitage »Rückenwind« vor Wahlen bringen. Im Gegenteil: Ein Parteitag, der ernsthaft und mit unterschiedlichen Meinungen sich mit den großen Fragen der Zeit beschäftigt, wird das Zutrauen in Politik und Parteien stärken.

Um genug Raum für die Diskussion zu schaffen, sollten die Rechenschaftsberichte des Vorsitzenden gegenüber der Kohl-Ära zeitlich um die Hälfte gekürzt werden. Die verbleibende Stunde reicht voll aus, das Wesentliche zu sagen. Die Aussprache zu den Rechenschaftsberichten von Vorsitzendem und Generalsekretär sollte durch die Parteitagsregie nicht künstlich kurz gehalten werden (um die Möglichkeiten für kritische Stellungnahmen einzuschränken). Je mehr Vertreter aus den Kreisverbänden sich hier zu Wort melden, desto mehr werden die Delegierten den Parteitag als den ihren empfinden. Man fährt dann nicht mehr zum Parteitag, um einmal den Kanzler der Einheit zu »erleben«, sondern weil man wirklich über Grundsatzfragen wie die Zukunft Europas, die Chancen und Risiken der Gentechnologie oder die Tragfähigkeit der sozialen Sicherungssysteme debattieren und eigene Vorstellungen durchsetzen will. Wichtig ist auch, daß Vertreter mit Meinungen, die von der Mehrheit der Delegierten abweichen, nicht durch Unmutsbekundungen entmutigt werden (»Nestbeschmutzer, der sich jetzt vor den Kameras profilieren will«), sondern daß man sich gegenseitig »ertragen« lernt.

Vor den Parteitagen muß den Untergliederungen der Partei genügend Zeit bleiben, sich mit den vorliegenden Anträgen zu beschäftigen bzw. eigene zu fertigen. Vorbildlich war das zum Beispiel im Vorfeld des Ludwigshafener Parteitages 1978 zum Grundsatzprogramm der Union, als wirklich fast die ganze Partei über Menschenbild, Grundwerte, Chancengleichheit oder Chancengerechtigkeit, europäischen Bundesstaat oder Staatenbund etc. diskutierte.

- Die satzungsmäßig bereits seit dem Karlsruher Parteitag der CDU im Jahre 1995 verankerte Möglichkeit zu Mitgliederbefragungen in Sach- und Personalfragen müssen in geeigneten Situationen auch in der Praxis angewandt werden. Anfang März 2000 habe ich mich mit einer Reihe von Kolleginnen und Kollegen für eine Mitgliederbefragung eingesetzt, welche Persönlichkeit die CDU als neuen Vorsitzenden auf ihrem Bundesparteitag im April 2000 wählen soll. Eine solche Befragung ist zwar *de jure* nicht bindend, stellt aber *de facto,* zumal bei einem eindeutigen Ergebnis, eine von den Parteitagsdelegierten schwer zu ändernde Meinungsäußerung der Basis dar. Unsere Forderung lautete wie folgt:

Für eine stärkere Beteiligung der Mitglieder

1. *Die CDU befindet sich in einer schweren – existentiellen – Krise. Diese Situation kann die Partei nur selbst bewältigen: mit personellen Konsequenzen, mit strukturellen innerparteilichen Reformen und mit einer Weiterentwicklung ihrer inhaltlichen Zielsetzungen.*
2. *Die Mitglieder der CDU haben bislang große Solidarität und Loyalität zu ihrer Partei bewiesen. Solidarität und Loyalität werden aber nicht nur einseitig geschuldet. Die Mitglieder haben gerade in der krisenhaften Situation ihrer Partei Anspruch auf Diskussion und Mitwirkung. In diesem Sinne ist die Entscheidung des Präsidiums zu begrüßen, auf den Regionalkonferenzen die Diskussion mit den Mitgliedern zu führen und ein Stimmungsbild zu erfahren.*
3. *Die Satzung der CDU Deutschlands ermöglicht aber darüber hinaus – nach Beschluß des Vorstands –, Mitgliederbefragungen zu Personalentscheidungen durchzuführen. Jetzt, in der Situation des notwendigen Neuanfangs, ist eine Mitgliederbefragung zur Wahl der/des Parteivorsitzenden ein richtiges Signal zum Aufbruch. Wir sind sicher, daß dieses Angebot auf eine aktive und breite Beteiligung der Mitglieder stoßen und die CDU in ihrem inneren Zusammenhalt stärken würde.*

Unterschrieben von Ulla Heinen, Annette Widmann-Mauz, Martina Krogmann, Ilse Falk, Norbert Röttgen, Thomas Rachel, Peter Hintze, Ralf Brauksiepe, Ronald Pofalla, Peter Weiß, Norbert Hauser, Hermann Gröhe, Peter Altmaier und Friedbert Pflüger.

■ Eine weitere Möglichkeit, die Basis an Entscheidungen der Führung zu beteiligen, liegt in den von Wolfgang Schäuble und Angela Merkel zu Beginn des Jahres 2000 ins Leben gerufenen »Regionalkonferenzen», die ursprünglich nur das Ziel verfolgten, über die Spendenaffäre aufzuklären. Die erste dieser Konferenzen im niedersächsischen Wolfenbüttel erwies sich, wie oben geschildert, als voller Erfolg. Zahlreiche Redner aus den Orts- und Kreisverbänden konnten der Bundesführung, vertreten durch Angela Merkel und Christian Wulff, ihre Anliegen und Auffassungen direkt vortragen. Es entstand in einer für die Partei schwierigen Situation so etwas wie ein »Wir-Gefühl« und zwar gerade weil es möglich war, ungestraft unterschiedliche, ja gegensätzliche Standpunkte zu beziehen. In solchen Situationen weiß plötzlich die CDU-Ortsvorsitzende aus Hannover-Süd, warum sie Abend für Abend für die Union auf Veranstaltungen unterwegs ist und auch am Sonnabend noch einen Werbestand der Partei betreut.

■ Grundsätzlich sollte gelten, daß Kandidaten für die Stadt- und Gemeinderäte, für die Landtage, den Bundestag und das Europaparlament in direkter Wahl bestimmt werden, also in einer Wahl, an der sich jedes Parteimitglied in dem bestimmten Wahlbezirk beteiligen kann. Ich bin 1990 noch von etwas über vierzig Delegierten für den Bundestag nominiert worden, 1994 und 1998 gab es dagegen eine offene, lange vorher angekündigte Veranstaltung, an der mehrere hundert Parteimitglieder teilnahmen, den Abgeordneten befragen und eigene Vorstellungen artikulieren konnten. Sicher, solche Veranstaltungen bergen auch Risiken, zum Beispiel, daß sich in Anwesenheit der Presse und so vieler Mitglieder eine radikale Einzelstimme wortgewaltig in den Vordergrund drängt und zu pöbeln beginnt. In einer solchen Veranstaltung kann nicht immer alles geplant werden. Aber es gab doch jedes Mal im ganzen eine gute Diskussion, und die Mitglieder nahmen zu Recht den Eindruck mit nach Hause, daß sie Einfluß nehmen können.

Natürlich gibt es auch Nachteile dieser Regelung, etwa in großen Flächenwahlkreisen. Dort kann dann nämlich von der Wahl des Tagungsortes auch das Resultat der Abstimmung abhängen. Wenn die Wahl etwa im Heimatort des Amtsinhabers durchgeführt wird und der Herausforderer aus einer 80 Kilometer entfernten Gemeinde kommt, dann wird letzterer eindeutig benachteiligt sein. Dennoch: die Urwahl sollte die Regel werden; meistens lassen sich im geschilderten Fall nämlich mit etwas gutem Willen tragfähige Kompromisse finden.

- Die Parteien sollten satzungsmäßig überall Ämterhäufung unterbinden, indem man die Höchstzahl der Parteiämter zum Beispiel auf drei begrenzt. Wer Ortsvorsitzender ist, dem Kreisvorstand als Schriftführer angehört und im Bezirksvorstand Beisitzer ist, der sollte nicht gleichzeitig auch Vorsitzender der Mittelstandsvereinigung der CDU am Ort sein. Eine Funktion mindestens sollte er dann aufgeben. So kommen mehr Menschen in verantwortliche Positionen, Machtanhäufung wird bereits auf lokaler Ebene verhindert, die Arbeit wird auf viele Schultern verteilt, wovon die Partei letztendlich profitiert. In Hannover haben wir bereits eine solche »Empfehlung«.

Auch sollte es die Regel werden, daß der jeweilige Parteivorsitzende nicht gleichzeitig Fraktionsvorsitzender auf derselben Ebene ist. Das heißt, es ist wünschenswert, daß der Vorsitzende einer Stadtratsfraktion nicht gleichzeitig Vorsitzender der Stadtpartei, der Bundesvorsitzende der CDU nicht gleichzeitig Vorsitzender der CDU-Bundestagsfraktion sein sollte. Das sollte die Regel sein, von der es aber Ausnahmen geben muß. Oft fehlen die geeigneten Persönlichkeiten für beide Ämter, oft macht es auch Sinn, beide Ämter in eine Hand zu geben – gerade für eine Oppositionspartei, deren Kandidat sich weniger profilieren kann. So haben wir in Niedersachsen mit Christian Wulff als Partei- und Fraktionsvorsitzendem gute Erfahrungen gemacht.

Außerdem sollte ernsthaft geprüft werden, ob es sich nicht ausschließen sollte, daß ein Bürgermeister, Ministerpräsident oder Bundeskanzler gleichzeitig auch Chef der entsprechenden Parteigliederung ist. Das Gegenargument lautet: Der Kanzler, Ministerpräsident, Bürgermeister müsse auch die Partei »im Griff« haben, sonst könne er nicht lange regieren. Helmut Schmidt habe den Fehler gemacht, als Kanzler den Parteivorsitz nicht zu beanspruchen. Helmut Kohl habe nur deshalb so lange regieren können, weil er immer auch unumstrittener Parteichef war.

Ich würde dem entgegenhalten: eben! Weil wir zukünftig Machtzusammenballungen verhindern, eine Partei als eigenes Macht- und Kontrollzentrum auch gegenüber einer von ihr gestellten Regierung erhalten bzw. schaffen wollen, sollte es zur Regel werden, daß die Nummer 1 in Bund, Land oder der Kommune nicht gleichzeitig die Nummer 1 in der entsprechenden Parteigliederung wird. Vielleicht würde eine solche Regelung die SPD und den Staat ja davor bewahren, die gleichen Fehler wie der Vorgänger zu machen! Allerdings: Auch der eine oder andere CDU-Ministerpräsident müßte sich dann von seinem CDU-Landesvorsitz trennen. Tut mir leid!

Der Bundestag – Zentrum des öffentlichen Diskurses

Außer einer Kurzdebatte zur Einsetzung eines Untersuchungsausschusses im Dezember 1999 und einer »Aktuellen Stunde« Mitte Februar 2000 hat sich der Bundestag – zumindest bis Mitte März 2000 – nicht mit den Finanz- und Parteiskandalen beschäftigt. Und die beiden Kurzdebatten waren alles andere als »Sternstunden« des Parlaments, eher das Gegenteil. Hier wurde nicht ernsthaft über die Gründe und Hintergründe der Affären diskutiert, nicht die strukturellen Schwächen und Fehler der Parteiendemokratie erörtert und keine ernsthafte Auseinandersetzung über notwendige Reformen geführt. Diese Debatte blieb den Fernsehmagazinen, Talkshows und vor allem den Zeitungen vorbehalten.

Im Parlament dagegen gab es nur parteitaktischen Schlagabtausch, selbstgerechte Beschönigungen, vordergründige Polemik und gegenseitige Schuldzuweisungen. Und viel Schweigen. Ein Trauerspiel! Das Parlament droht in dem Moment zu versagen, in dem es seine elementare politische Bedeutung beweisen müßte, wenn sich die elementare Frage nach dem Mißbrauch von Macht stellt. Man stelle sich vor: Die demokratische Ordnung der Bundesrepublik Deutschland schlittert in ihre schwerste Krise, und der Bundestag zeigt sich gelähmt. Sind die »Stimmen des Volkes« zu »Stummen des Volkes« *(Süddeutsche Zeitung)* verkommen? Wollen wir es den Wissenschaftlern und Laien überlassen, Konsequenzen aus den Affären zu fordern? Soll Aufklärung, Analyse und Aufbruch vornehmlich *Spiegel* und *Focus* oder den Feuilletonseiten der *F.A.Z.* oder der *Welt* vorbehalten bleiben?

Aber diese Situation ist nicht neu. Nicht wenige der großen Debatten der Republik sind in den letzten Jahren fast ganz am Parlament vorbeigelaufen: der Historikerstreit etwa oder die Goldhagen-Debatte. Wenn man sich als gewählter Volksvertreter daran beteiligen möchte, dann muß man in Zeitungen publizieren. Im Parlament findet die Debatte nicht statt oder nur so, daß es anstelle einer ernsthaften Diskussion einen vordergründigen Schlagabtausch der Spitzenpolitiker gibt, gerade recht zur Fernsehzeit, gerade recht, um vor der nächsten Landtagswahl noch ein paar Punkte zu machen (oder sich das zumindest einzubilden). Warum versammelt sich der Bundestag nicht einmal im Jahr zu einer großen Grundsatzdebatte zu einem Thema von allgemeiner politischer Bedeutung, aber jenseits der bloßen Tagesaktualität? Hildegard Hamm-Brücher, die große Dame der F.D.P. und Vorsitzende der Theodor-Heuss-Stiftung, verwendet sich schon seit Jahren für diese Sache.

Ohne Zweifel: Ich habe in den letzten zehn Jahren auch wirkliche Sternstunden der parlamentarischen Demokratie erlebt. Die ganztägige Bonn-Berlin-Debatte im Juni 1991 gehört dazu, das Ringen um den § 218 im Jahre 1992, der Schlagabtausch über den ersten Einsatz der Bundeswehr außerhalb des Bündnisgebietes 1995 oder auch die Schlußdiskussion über das Holocaust-Mahnmal 1999. Bei diesen grundsätzlichen Debatten spielte die Fraktionsdisziplin eine untergeordnete Rolle, auch kompetente und engagierte Abgeordnete aus der zweiten Reihe konnten sich äußern, und es gab mehr Zeit als normalerweise üblich. Die Vielfalt des Bundestages wurde deutlich, und vielleicht gewann dadurch so mancher Bürger ein Stück Identifikation mit seiner Volksvertretung zurück. Aber ich habe immer wieder auch »Aktuelle Stunden« erlebt, in denen es eine Redezeitbegrenzung auf fünf Minuten gibt, in denen das Parlament rhetorisch und inhaltlich zu Hochform auflief.

Das Parlament muß das Heft gerade in den Zeiten der Krise des Selbstverständnisses von Parteien und Politikern selbst in die Hand nehmen. Ich plädiere für eine ausführliche Bundestagsdebatte über die Fragen von Macht und Recht, demokratischer Kontrolle und Bürgerdemokratie, über innerparteiliche Strukturen und die Chancen und Risiken direktdemokratischer Modelle. Ist das nicht das mindeste, was die Bürger von ihren Abgeordneten verlangen können? Für die Unionsfraktion ist es natürlich auf den ersten Blick schwer, vielleicht gar nicht ratsam, eine solche Debatte zu führen. Wird nicht dadurch einmal mehr der Blick auf Schwarzkonten, »jüdische Vermächtnisse« und Lügen gelenkt? Ich glaube, daß gerade in einer solchen öffentlichen Aufarbeitung vor dem Forum der Nation eine große Chance zur Rückgewinnung von Glaubwürdigkeit liegt. Sich der Wahrheit zu stellen, sie offen auszusprechen – das ist die Voraussetzung für jeden politischen Neuanfang. Genauso wie die schonungslose Analyse des Arztes die Vorbedingung für eine gute Therapie und die anschließende Gesundung ist.

Der Bundestag sollte sich sobald wie möglich an die Spitze der Debatten und des Reformprozesses setzen. Man könnte sich eine Grundsatzdebatte etwa vor der Einsetzung der oben vorgeschlagenen »Erneuerungskommission« vorstellen, in der die großen Linien für die Arbeit der Wissenschaftler und Politiker vom »Hohen Haus« vorgezeichnet würden, natürlich ohne jede Bindungspflicht für die Kommissionsmitglieder. Wenn dann die Kommission nach einem Jahr Arbeit ihren Bericht vorlegt, sollten wir erneut umfassend im Plenum über diese Fragen diskutieren. Das Parlament muß sich gerade in der Situation der Krise selbst behaupten, nicht selbst beschneiden. Dabei muß sich der Bundestag nicht nur der offenbar gewordenen Konten- , Kartell- und Klientelpolitik in den betroffenen Parteien zuwenden, sondern auch ein bewußtes Zeichen gegen die selbstverschuldete

Entmachtung des Parlaments durch die fortschreitende »Boulevardisierung der Politik« in der modernen Mediengesellschaft setzen.

Drei Vorschläge zur Stärkung des Parlaments erscheinen mir darüber hinaus in die richtige Richtung zu weisen:

- Erstens muß die rechtliche Grundlage der parlamentarischen Untersuchungsausschüsse gestärkt werden. Sie bleiben das schärfste Kontrollinstrument des Parlaments. »Instrument des Mißtrauens« werden sie in der Rechtssprache genannt. Und wirklich: Kaum etwas könnte das Ansehen des Bundestags mehr stärken als eine effiziente Arbeit der Untersuchungsausschüsse. Aber solange die entscheidenden Rechtsgrundlagen fehlen, kann die politische Mehrheit eine effektive Aufklärungsarbeit systematisch hinauszögern und behindern. Die Folge: die Untersuchungsausschüsse arbeiten zu langsam, die Medien übernehmen die investigative Arbeit, der Bundestag verliert weiter an Einfluß und Macht.
- Zweitens: Wenn schon Mediendemokratie, dann mit dem und im Bundestag! Nichts spricht dagegen, daß vor allem die Sitzungen der Untersuchungsausschüsse, die die Öffentlichkeit besonders interessieren, im Fernsehen übertragen werden. Es ist wirklich so, wie der junge CDU-Obmann im Düsseldorfer Untersuchungsausschuss (Michael Breuer) sagt: »Eine schlechte Ausschußsitzung ist eine, über die nicht berichtet wird.« Dasselbe trifft im Grund für die Öffentlichkeit aller Ausschüsse des Bundestags zu. Dort findet ja ein großer Teil unserer Arbeit statt. Auch wenn sich seit Mitte der neunziger Jahre, als öffentliche Ausschußberatungen erstmals möglich wurden, einiges verändert hat, findet die Mehrheit der Sitzungen immer noch hinter verschlossenen Türen statt. Dabei ist durch die gute Arbeit des *Phoenix*-Kanals längst ein ideales Medium entstanden. Durch etwas mehr »gläsernes Parlament« würden alle gewinnen – die Öffentlichkeit, aber auch wir Abgeordneten!
- Drittens möchte ich anregen, die Legislative personell besser auszustatten. Wenn wir wirklich effiziente Kontrolle gegenüber der seit Jahrzehnten immer weiter angewachsenen Regierungsbürokratie ausüben sollen, dann müssen die Fraktionen und die

Abgeordneten mehr personelle Unterstützung erhalten. Wie sieht es denn in der Praxis aus? Wenn die Haushaltsberatungen in den Ausschüssen beginnen, dann treffen sich die Berichterstatter der Fraktionen mit den Beamten aus den entsprechenden Ministerien. Von diesen erhalten sie dann Tips für Initiativen des Parlamentes. Einmal zum Beispiel war ich Berichterstatter für die Bundeswehrhochschulen. Da kann man ohne Zweifel eigene Erfahrungen von Besuchen der Universitäten in Hamburg oder München einbringen. Aber die wichtigsten Anregungen erhielt ich von dem zuständigen Beamten der Hardthöhe. In einem Fall ging es um die notwendige bessere Ausstattung der Bibliothek, in einem anderen um die seit langem anstehende und immer wieder verzögerte Anhebung des Gehalts des Universitätspräsidenten. Ich stellte im Ausschuß einen entsprechenden Antrag, der mir in Wahrheit von der Administration vorgeben war. So sind viele der kleinen Änderungsanträge, die zumal die Regierungsfraktionen einbringen, in Wahrheit in der Ministerialbürokratie entstanden. Es macht sich halt etwas besser, wenn die Forderung nicht von »oben«, sondern zumindest für die öffentliche Wirkung aus der Mitte des Parlaments erhoben wird.

Bei Oppositionsfraktionen gibt es eine andere Form der »Zuarbeit« aus den Ministerien: Ein Referatsleiter ist zum Beispiel mit seinem Vorschlag für ein Entwicklungsprojekt in Bangladesh bei der Spitze in seinem Haus nicht durchgedrungen. Also versucht er es über einen ihm bekannten Abgeordneten. Man verabredet sich, und der Beamte erzählt von seinen Vorstellungen, so lange bis der Plan entsteht, daraus eine parlamentarische Initiative zu machen. Natürlich wird das Projekt ein wenig verändert, damit kein Verdacht entsteht. So wird auch die Opposition nicht selten von der Regierungsbürokratie »gespeist«. Im übrigen: Wir haben zwar als Abgeordnete einen »Wissenschaftlichen Dienst« und jeder auch seinen eigenen »wissenschaftlichen Mitarbeiter«. Aber: Sie mögen noch so gut sein, ein Gegengewicht zu hochspezialisierten Spitzenbeamten können sie nicht darstellen.

Im amerikanischen Kongreß ist so etwas undenkbar. Dort

haben die Fraktionen und die Abgeordneten bzw. Senatoren eigene hochqualifizierte Mitarbeiter, die der Administration wirklich eigene Vorstellungen, Gesetzentwürfe und Statistiken vorbereiten. Die wissenschaftlichen Mitarbeiter von uns Abgeordneten sind zumeist voll damit beschäftigt, die vielen Wünsche der Bürger aus dem Wahlkreis zu bearbeiten. Wie viele Gesetzentwürfe sind auf der Parlamentsseite vorgedacht und formuliert worden? Wenn wir wirklich effiziente Kontrolle und eigenständige, qualifizierte Beiträge der Abgeordneten wollen, dann müssen wir sie auch in die Lage versetzen, vor einer Ausschußsitzung von den eigenen Mitarbeitern eine Vorlage zur Vorbereitung zu bekommen, die derjenigen des im Ausschuß vortragenden Regierungsbeamten nicht unterlegen ist, vielleicht die Schwächen des Regierungsberichtes bereits antizipiert und mit eigenen Gegenvorstellungen konfrontiert. Oft ist es in der Praxis demgegenüber leider so, daß wir Abgeordneten uns lächerlich machen mit unseren Fragen und Anmerkungen, die meistens aus einem Zeitungsartikel gespeist sind, den auch der betreffende Beamte gelesen hat und für die er die entsprechende Antwort parat hat.

Wie sollen wir auch mithalten? Der Beamte hat sein eng umrissenes Arbeitsfeld, wir aber viele Sachgebiete gleichzeitig, auch noch den Wahlkreis und die Parteiarbeit und schließlich immer zu wenige Mitarbeiter. Wenn diese nicht besonders motiviert und aus Idealismus und Freude an der Aufgabe zu Überstunden bereit wären, könnte man eigentlich gar nicht sinnvoll arbeiten! Wenn wir wirklich ein starkes Parlament und gute Abgeordnete wollen, dann müssen wir den entsprechenden »Unterbau« verbessern. Aber ich sehe schon die Schlagzeile angesichts dieser Forderung: Abgeordneter will noch mehr Geld für noch mehr Mitarbeiter! Natürlich sind dann alle dagegen, was niemanden daran hindert, sich anderntags wieder über das schwache Parlament auszulassen.

Transparenz bei Spenden und persönliche Haftung

Erst im Rückblick wird verständlich, warum die 1993 von der Weizsäcker-Kommission zur Reform des Parteiengesetzes geforderte »persönliche Haftung« in der Parteiengesetznovelle von 1995 keinen Niederschlag fand! Nun, da die »Leichen« aus dem Keller geholt sind, sollte einem Passus, der die Abgeordneten bei Verstößen gegen das Parteiengesetz persönlich haftbar macht, nichts mehr im Wege stehen. Es ist nämlich schwer verständlich, warum ausgerechnet ein Abgeordneter, der gegen Gesetze verstößt, die er selbst mit verabschiedet hat, dafür nicht belangt werden soll. In einer Umfrage, die im Februar 2000 im Auftrag der ARD erstellt wurde, sprachen sich 91 Prozent der Bürger dafür aus, daß im Falle eines Verstoßes gegen das Parteiengesetz nicht nur die Partei mit Geldstrafen belegt werden solle, sondern auch der verantwortliche Politiker. Es wäre eine wichtige Aufgabe für die Erneuerungskommission, die dazu erforderlichen Einzelheiten einer Regelung zu erarbeiten.

Ferner sollte die Kommission vorsehen, Übergangsgelder bei Verstößen gegen das Parteiengesetz völlig zu streichen und Pensionen für Politiker zu kürzen. Die Nachteile von ungesetzlichem Verhalten müssen für Politiker genauso wie für alle anderen Menschen spürbar sein. Ferner sollte die vorsätzliche Verschleierung einzelner Spenden und die damit verbundene Verletzung des Parteiengesetzes zukünftig als Straftatbestand unter das Strafgesetzbuch fallen. Grundlage für die persönliche Haftung könnte – dem Beispiel Schleswig-Holsteins folgend – ein Eid der Bundestagsabgeordneten auf die Verfassung sein.

Dringend erforderlich ist eine öffentliche Debatte – am besten im Parlament – über das Thema Parteifinanzierung. Offenbar waren die bisherigen Reformen noch nicht weitreichend genug. Zwar kann immer argumentiert werden, daß auch das beste Gesetz nicht vor kriminellem Handeln einzelner schützt. Aber die vorgeschlagene Erneuerungskommission sollte es möglichen Gesetzesbrechern so schwer wie möglich machen. Allerdings darf auf der anderen Seite nicht aus dem Blick geraten, daß starke und funktionsfähige Parteien in der Demokratie unverzichtbar sind.

Als Mittler zwischen Volk und Staat, als Instrument zur Sammlung und Bündelung von Meinungen und Interessen gibt es zu ihnen keine Alternative, wie auch die schärfsten Kritiker zugeben. Weil der Staat die Parteien braucht, fließen ihnen jährlich 245 Millionen DM aus der Staatskasse zu. Die Summe setzt sich aus zwei Berechnungswerten zusammen: Im Rahmen der Wahlkampferstattung fließt an die Parteien pro erhaltener Wählerstimme in einer Landtags-, Bundestags- oder Europawahl eine Mark. Außerdem schießt der Staat seit 1994 pro Mitgliedsbeitrags- oder Spendenmark den Parteien 50 Pfennige zu.

Andererseits soll die Abhängigkeit zwischen Parteien und Staat so gering wie möglich sein. Die Bezuschussung durch den Staat darf deshalb höchstens 50 Prozent der Parteifinanzen ausmachen. Letztendlich sollen die Mitglieder die Stoßrichtung ihrer Partei bestimmen und sind deshalb auch aufgefordert, ihre Interessensvertreter finanziell zu unterstützen. Die Mitgliederbeiträge reichen allerdings nicht aus, um die Kosten für Wahlkämpfe, Mitarbeiter, Bildungsarbeit und Informationswesen zu decken. Also benötigen die Parteien weitere Finanzierungsquellen. Spenden zum Beispiel. Spenden zu erhalten ist verfassungskonform, da jeder Bürger beliebig viel Geld verschenken und ein Forum, das seine Interessen vertritt, wenn nicht mit Zeit, so eben mit Geld unterstützen kann. Bei der Beurteilung der gegenwärtigen Lage ist es deshalb wichtig, »das Kind nicht mit dem Bade auszuschütten« und Spenden, Spender und Empfänger per se als halbkriminell abzustempeln. Im Gegenteil: Wer eine Partei im Rahmen der Gesetze Geld spendet, handelt ehrbar.

Allerdings: Die Spendenpraxis muß transparenter werden, um das im Grundgesetz geforderte Recht auf Gleichheit der Bürgerinnen und Bürger in der Ausübung ihrer demokratischen Rechte zu wahren und gleichzeitig die Parteien nicht zu begünstigen oder zu benachteiligen. Wichtig ist, daß wir die Bereitschaft zeigen, alles zu unternehmen, um gar nicht erst den Verdacht von privater, parteipolitischer und staatlicher Interessenverschränkung aufkommen zu lassen.

Die Erneuerungskommission sollte bei ihrer Arbeit weniger in Richtung neuer Verbote und Gebote denken; vielmehr geht es um Transparenz, Transparenz, Transparenz. Solange diese in vollem Umfange gewährleistet ist, scheinen auch hohe und sehr hohe Spenden von natürlichen und juristischen Personen vertretbar. Interessenverquickungen wären stets offenkundig. In einigen Bereichen allerdings wird man auch um Verbote nicht herumkommen. So sollte als Folge der Affären in Nordrhein-Westfalen ein bundesweites Verbot von Zuwendungen aller Art seitens öffentlich-rechtlicher Unternehmen an Parteien ausgesprochen werden.

Auch hinsichtlich der Prüfung der Bücher durch unabhängige und wechselnde Kanzleien, hinsichtlich der Einrichtung von Auslandskonten einer Partei und dem Umgang mit Barspenden sind klare Regelungen gefordert, die die Kommission vorlegen sollte. Schließlich gehört auch das Thema der sogenannten »Parteisteuern« dazu, also von Beträgen, welche die Bundestagsabgeordneten Monat für Monat an ihre Parteien bezahlen. Ich bin dezidiert der Meinung, daß ein Abgeordneter sich mehr als die ehrenamtlich tätigen Parteimitglieder an der Finanzierung der Aktivitäten des eigenen Landes-, Bezirks- oder Kreisverbandes beteiligen sollte. Ich zahle etwa 12000 DM pro Jahr an die verschiedenen Untergliederungen und Vereinigungen meiner Partei, viele Abgeordnete werden noch mehr geben. Das ist auch richtig, solange nicht eine »Pflicht« dahinter steht. Das aber ist in der gängigen Praxis in allen Parteien der Fall. Wer nicht von seinen Diäten einen bestimmten Betrag abtritt, dem wird man zwar in der laufenden Legislaturperiode nicht zu nahe treten, ihn aber mit großer Wahrscheinlichkeit nicht noch einmal aufstellen. Die Partei erwartet einfach, daß der gewählte Mandatsträger einen bestimmten Betrag abgibt. Noch einmal: Diese Erwartung einer Partei, vor allem der vielen unbezahlten Aktivisten in ihr, halte ich für verständlich. Aber andererseits wirkt natürlich dieser freiwillig-unfreiwillige Betrag als eine Art versteckter Parteienfinanzierung. Vielleicht gelingt es ja der Erneuerungskommission, dieses seit langem diskutierte Problem zu lösen.

Diäten und Trennkost

Was die Höhe der Bezahlung der Politiker angeht, so hat der Chefredakteur des *Stern,* Andreas Petzold, am 25. November 1999 eine Erhöhung gefordert mit der Begründung: »Ins Kabinett gehören die besten Leute. Ihre Jobs sind Leistungsjobs, die mit den Anforderungen in der Wirtschaft leicht konkurrieren können.« Auch wenn man die Gehälter von Politikern entsprechend erhöhen würde, würde wohl niemand alleine des Geldes wegen in die Politik gehen: »Selbst bei Spitzengehältern gehört immer noch viel Idealismus dazu, die Ochsentour durch den Parteiapparat anzutreten.« Petzold räumt ein, daß erst bei besserer Bezahlung die Politik auch für Seiteneinsteiger interessant werden würde. Im Vergleich mit den Gehältern der Vorstände großer Unternehmen sind Kanzler, Minister oder der Bundestagspräsident wirklich unterbezahlt. Und im Verhältnis zu den Generalbevollmächtigen oder Direktoren in größeren Banken und Firmen sind die Abgeordneten des Bundestages ziemlich auf Diät gesetzt. Ein MdB erhält im Monat 12 875 DM steuerpflichtige Entschädigung (kein dreizehntes Gehalt). Davon bleiben nach Abzug der Steuern 9 092,88 DM netto, also ein reales Jahreseinkommen von 109 114,58 DM.

Hinzu kommt eine steuerfreie Kostenpauschale von monatlich 6 520 DM für jeden Abgeordneten zum Ausgleich von Bürokosten, Mehraufwendungen am Sitz des Bundestages (Zweitwohnung mit allem, was dazu gehört), Fahrtkosten für Fahrten in Ausübung des Mandats und »sonstige mandatsbedingte Kosten«. Pauschale heißt, daß die festgesetzte Summe unabhängig von der tatsächlichen Verwendung ist; ich brauche also keinen Nachweis darüber zu führen, wie ich dieses Geld im einzelnen verwende.

Das ist vielfach heftig kritisiert worden. Herbert von Arnim meint sogar, daß die Pauschale gegen das Gleichbehandlungs- und Angemessenheitsgebot des Grundgesetzes (Art. 3 bzw. Art. 48) verstößt. Dafür gibt es durchaus Argumente, denn ein Abgeordneter, der seinen Wahlkreis in oder um Berlin herum hat, erhält die Pauschale in gleicher Höhe, obwohl er keine Zweitwohnung, keine langen Anfahrten etc. hat. Ein Abgeordneter in einer Großstadt mit relativ geringen Fahrtwegen erhält sie genauso wie der MdB in einem Flächenwahlkreis, der an einem einzigen Wochenende nicht selten drei- oder vierhundert Kilometer mit dem eigenen Wagen fahren muß, um die Termine in den Städten und Dörfern seiner Region wahrnehmen zu können. Andererseits ist zu bedenken, daß die Pauschale dem Steuerzahler eine größere Bürokratie erspart, da auf Einzelabrechnungen und komplizierte Erstattungs- und Kontrollverfahren verzichtet wird. Es ist zwar nicht auszuschließen, daß die Aufwandspauschale von einigen Kollegen vielleicht wirklich als eine Art steuerfreies Zweiteinkommen benutzt wird. Aber rechtfertigt der Mißbrauch im Einzelfall oder die vergleichsweise eher geringe Ungleichbehandlung einzelner Abgeordneter wirklich den enormen Verwaltungsmehraufwand, den das Belegverfahren erfordern würde? Im Falle von Einzelrechnungen würden sich vor allem unzählige Fälle ergeben, bei denen man nicht ganz sicher ist, was eine mandatsbedingte Mehraufwendung ist und was nicht. Also müßte man wieder Prüfungskommissionen einsetzen: Wie groß und teuer darf die Zweitwohnung sein? Sind die geltend gemachten Heizungskosten für das Haus nicht überhöht? Darf der Abgeordnete den Pokal, den er dem örtlichen Schützenverein gestiftet hat, abrechnen, oder ist das sein Privatvergnügen?

Im Kreuzfeuer der öffentlichen Kritik stehen immer wieder die Übergangsgelder, die die Abgeordneten nach Ausscheiden aus dem Bundestag erhalten. Ich verstehe, daß es die Gemüter erregt, wenn bekannt wird, daß Manfred Kanther trotz seiner rechtswidrigen Handlungen mit Versorgungsbezügen um DM 28 000 rechnen kann. Auch um Gerhard Glogowski muß sich niemand Sorgen machen. Neben angeblich zehn Aufsichtsratsmandaten und Beraterjobs erhält er eine monatliche Pension von ungefähr 20 000 Mark, da er auch seine acht Jahre als niedersächsischer Innenminister geltend machen kann. Außerdem vertritt der wegen privater und öffentlicher Interessensverquickungen Zurückgetretene, wie gesagt, seit Januar 2000 wieder die Interessen des Landes im Aufsichtsrat der NordLB.

Ich bin für eine Streichung der Übergangsgelder, wenn ein politischer Funktionsträger sein Amt niederlegen mußte oder wenn der Abgeordnete nach dem Ausscheiden aus dem Bundes- oder Landtag aus einem neuen Arbeitsverhältnis ein Gehalt empfängt. Hier kann man wirklich Steuergelder sparen.

Dennoch muß man die Regelung der Übergangsgelder differenziert sehen. Kann der Abgeordnete nicht nahtlos in die Wirtschaft wechseln, sind Übergangsgelder gerechtfertigt. Mit Ruhestandsversüßungen zum Beispiel von Klaus Esser von Mannesmann (60 Millionen) sind unsere »Abfindungen« ohnehin nicht zu vergleichen. Noch dazu sind die Übergangsgelder bei der Diätenreform 1995 drastisch gekürzt worden. Wenn ein Abgeordneter nach einer Wahlperiode ausscheidet, erhält er nun statt vorher sieben Monatsentschädigungen (72 562 DM) nach der neuen Regelung pro Jahr ein Übergangsgeld von einer monatlichen Diät (d.h. derzeit 4 x DM 12 875 = DM 51 500). Bei Ausscheiden nach drei Wahlperioden erhielt ein Abgeordneter früher 217 686 DM, jetzt erhält er 154 500 DM.

Ich beklage mich nicht und weiß auch, daß direkte Vergleiche zur Privatwirtschaft einfach deshalb unzulässig sind, weil die Gelder, die wir empfangen, Steuergelder sind. Allerdings sollten Kritiker ebenfalls die richtige Perspektive nicht verlieren.

Großen Unmut in der Bevölkerung rufen Berichte über Nebenverdienste, Aufsichtsratsmandate und Beraterverträge von Abgeordneten hervor. Aber auch hier muß differenziert werden. Es ist wahr: Etwa jeder zweite Abgeordnete im Bundestag hat einen »Nebenjob«. Es gibt nicht wenige Abgeordnete, die dort sogar mehr verdienen als durch die Wahrnehmung ihres Mandates. Für manchen guten Rechtsanwalt und Notar ist es wahrscheinlich die Abgeordnetentätigkeit, die als Nebeneinkunft verbucht wird. Es gab und gibt Kollegen, die gleichzeitig Chefs von Wirtschaftsverbänden oder Gewerkschaftssekretäre sind.

Reinhard Göhner etwa ist nicht nur Bundestagsabgeordneter, sondern gleichzeitig auch Hauptgeschäftsführer des Bundesverbandes der Deutschen Arbeitgeberverbände (BDA); geschätztes »Zusatz«-Einkommen: 400 000 DM. Der Kollege Wolfgang Schultze(SPD) aus dem niedersächsischen Landtag erhält zusätzlich zu seiner Diät von ca. 122 000 DM eine Vergütung von 480 000 DM als Vorstand der Preussag AG. Auch gibt es Abgeordnete, die zu ähnlichen Nebenverdiensten durch die Wahrnehmung von Aufsichtsratsmandaten und Beiratsposten kommen. Otto Graf Lambsdorff (F.D.P.) brachte es auf 13 Mandate, nur noch übertroffen von Klaus Wiesehügel (SPD) mit 14 Mandaten. Der frühere Bundesminister Friedrich Bohl (CDU), nach wie Abgeordneter, ist gleichzeitig auch Generalbevollmächtigter der Deutschen Vermögensberatungs AG, SPD-Fraktionschef Peter Struck ist im Aufsichtsrat der Allgemeinen Hospital Gesellschaft und der Rockwool Beteiligungsgesellschaft. Bundestags-Vizepräsidentin Anke Fuchs (SPD) sitzt im Aufsichtsrat der Ruhrkohle AG, der frühere Außenminister Klaus Kinkel (F.D.P.) berät die Deutsche Telecom. Nicht wenige Abgeordnete sind Partner in renommierten Anwaltskanzleien. Dazu kommen Kollegen, die zum Teil erhebliche Einkommen durch den Besitz landwirtschaftlicher Betriebe, kleiner und mittlerer Unternehmen erzielen. Schließlich gibt es Nebenverdienste durch Vorträge oder publizistische Tätigkeiten. Hier liegen auch meine persönlichen »Nebenverdienste«: Ich habe zuletzt ca. 30 000 DM jährlich als Publizist verdient. Darüber hinaus habe ich keine Nebenverdienste. Ein Angebot für eine gutdotierte Beraterposition habe ich abgelehnt, nicht aus grundsätzlichen Erwägungen, sondern weil sie doch einen nicht unerheblichen Zeitaufwand erfordert hätte.

Wie kann es sein, so mag man fragen, daß jemand neben der angeblich so zeitintensiven Tätigkeit als Abgeordneter noch Zeit zu einem »Nebenjob« hat, der bei genauerer Betrachtung gar nicht so selten sogar die Hauptverdienstquelle darstellt? Es gibt Fälle, da ist diese Frage durchaus berechtigt. Aber es gibt auch Kollegen, die schaffen es eben durch Effizienz, kluges Delegieren, hervorragende Mitarbeiter, zwei Tätigkeiten zu vereinbaren und dabei zu überzeugen. Der erwähnte Kollege Göhner gehört dazu. Er sitzt in dem von mir geleiteten Europa-Ausschuß und gehört dort ohne jeden Zweifel zu den »Leistungsträgern«, nicht zuletzt deshalb, weil er aus seinen Einsichten und Erfahrungen in der Wirtschaft schöpfen kann. Göhners Arbeit im BDA kann ich nicht beurteilen, aber für den Bundestag ist er eine wirkliche Bereicherung.

Das gleiche gilt für eine Reihe meiner Kollegen, die neben ihrer Abgeordnetentätigkeit gleichzeitig ihr Unternehmen daheim führen. Es ist doch auch sinnvoll für die Arbeit des Parlaments, wenn auf diese Weise die praktischen Erfahrungen aus der Arbeitswelt in den Bundestag übertragen werden. Wenn man beklagt, daß es zu viele Beamte im Parlament gibt und zuviel Abgehobenheit – sollte man da nicht gerade für diejenigen dankbar sein, die diese Doppelbelastung auf sich nehmen, anstatt, blaß vor Neid, Klage über zu hohe Verdienste zu erheben? Ich bin dagegen, Nebentätigkeiten, Beraterverträge und Aufsichtsratsmandate zu verbieten. Allerdings plädiere ich genauso entschieden dafür, daß solche Engagements klar ausgewiesen werden, so daß sich die Medien, die Bürger im Wahlkreis und die Kollegen im Parlament jederzeit ein Bild über die Einkünfte eines Abgeordneten machen können. Seine Grenze erfährt diese Anzeigepflicht allenfalls bei kleinen und mittleren Unternehmen, die der Abgeordnete weiter führt. Hier könnte die Veröffentlichung der Vermögens- und Einkommenslage zu Wettbewerbsverzerrungen führen.

Im ganzen sollte die Erneuerungskommission sich auch ausführlich mit dem Bereich der Nebentätigkeiten befassen, allerdings nach meiner Einschätzung mit der Stoßrichtung, weniger durch Verbote als durch Transparenz die ethischen Erfordernisse zu erfüllen. Transparenz bedeutet im Zeitalter des *World Wide Web*, daß die entsprechenden Daten im Internet, zum Beispiel auf der *homepage* eines Abgeordneten, veröffentlicht werden müssen und nicht mehr nur als Bundestagsdrucksache. Die Offenlegungspflichten müssen aber auch für Minister von Landes- und Bundesregierungen gelten, die keine Abgeordnete sind, und ebenso für politische Beamte.

Eine Agenda 2050 erarbeiten

Zum Neuanfang gehört neben den strukturellen Reformen der Parteiendemokratie auch ein politisch-inhaltlicher Aufbruch. Neben der notwendigen Aufarbeitung des Fehlverhaltens in der Vergangenheit, neben der Reform der Institutionen und der Personalentscheidungen muß die Union sich wieder auf das besinnen, was Politik in ihrer demokratischen Form eigentlich ausmacht: auf den offenen Wettstreit um politische Kompetenz und bessere Konzepte. Letztlich geht es dabei darum, wie die große Vielfalt unterschiedlicher Vorstellungen und konkurrierender Ideen zu einem Gesamtkonzept zur Gestaltung des 21. Jahrhunderts gefügt werden kann. Dabei haben die Parteien ihre dienende Funktion gegenüber den Problemen wiederzuentdecken. Ihrem ursprünglichen Auftrag nach sind die Parteien vor allem Instrumente der Demokratie zur besseren Lösung der Probleme – und nicht umgekehrt, wie es zuletzt so oft erschien, daß nämlich die Parteien die politischen Probleme instrumentalisieren, und ihre Macht zu stärken.

An dieser Stelle kann ein solches Gesamtkonzept natürlich nicht vorgelegt werden. Aber vielleicht darf ich einige Gedanken vortragen, die andeuten, in welche Richtung die Union nach meiner Überzeugung denken muß.

CDU und CSU haben mit ihren Programmen die zweite Hälfte des 20. Jahrhunderts entscheidend geprägt. Von Adenauer bis Kohl gab es eine klare Agenda: Deutsche Einheit in Freiheit, Europäische Integration, Freundschaft mit den Vereinigten Staaten, Aussöhnung mit den Juden und den Nachbarn in Ost und West, Soziale Marktwirtschaft, wehrhafte Demokratie. Die Union hat in dem halben Jahrhundert von 1949 bis 1999 insgesamt 36 Jahre den Regierungschef gestellt und ihr Konzept von einem friedlichen, freiheitlichen und sozialen Deutschland in einem freien Europa weitgehend durchgesetzt. Keine Frage, daß auch SPD, F.D.P. und seit Beginn der achtziger Jahre auch die Grünen zum Erfolg des »Modells Deutschland« (Willy Brandt) viel beigetragen haben. Aber die prägende Kraft der »Bonner Republik« waren die Christlich-Demokratische und die Christlich-Soziale

Union. Beide Unionsparteien, ein breites bürgerliches Bündnis geboren vor dem Hintergrund der Uneinigkeit der Demokraten in der Weimarer Republik, haben durch ihr Zusammenwirken wesentlichen Anteil an der Stabilität der Demokratie in Deutschland nach dem Krieg.

Nunmehr geht es um eine Agenda 2050, die Tagesordnung für die Zukunft im nächsten halben Jahrhundert. Diese kann man nicht von einem Tag auf den anderen schreiben, auch wenn zum Beispiel Angela Merkel und der immer wieder originell denkende Kurt Biedenkopf dazu bereits Eindrucksvolles gesagt haben. Vielmehr gilt es, über diese Agenda einen breiten Diskussionsprozeß innerhalb und außerhalb der Partei zu organisieren. Vorstellbar ist eine Art Agenda-2050-Kommission nach dem Vorbild der Grundsatzprogrammdebatte der CDU von 1976–1978, als unter dem Vorsitz Richard von Weizsäckers die Gliederungen und Vereinigungen der Partei monatelang um die Politik der Union rangen und dabei immer wieder auch den Sachverstand von Experten außerhalb der Union hinzuzogen. Eine solche Debatte sollte allen Mitgliedern der Partei und allen interessierten Bürgern offen stehen, zum Beispiel durch einen *chat-room* im Internet, aber auch durch Regionalkonferenzen mit Kirchen, Gewerkschaften, Verbänden und sonstigen Organisationen. Wichtig sind auch Fachtagungen mit den besten Experten aus Wissenschaft, Wirtschaft, Medien usw.

Wie kann die Soziale Marktwirtschaft reformiert und für die Zeiten der Globalisierung fit gemacht werden? Wie können wir das System aufbrechen, diese »Geschlossene Gesellschaft und ihre Freunde« (Margarita Mathiopoulos), wie überkommene Denkweisen und starre Strukturen überwinden und eine wirklich moderne, zukunftsoffene und konkurrenzfähige Gesellschafts- und Wirtschaftsordnung schaffen? Hier wirkt noch immer Reformstau und Einfallslosigkeit der späten Kohl-Jahre nach, aber auch die Blockaden der Sozialdemokraten im Bundesrat, die zur Bewegungslosigkeit der Politik in den letzten Bonner Jahren ebenfalls beitrugen. Der »rheinische Kapitalismus« ist grundsätzlich überholungsbedürftig, wenn wir das Problem Nr. 1, die Bekämpfung der Arbeitslosigkeit, nicht weiter vor uns her schieben wollen. Die Forderung nach einer »Generalüberholung« gilt nicht zuletzt für die sozialen Sicherungssysteme, wo nach wie vor lediglich an Symptomen kuriert wird, anstatt die notwendige Reform grundlegend und im Zusammenhang anzugehen. An diesem Problem arbeitet seit einigen Monaten eine Sozialstaats-Arbeitsgruppe der Partei unter Christian Wulff. Ihre Ergebnisse könnten in die Agenda-2050-Kommission eingehen.

Ein weiterer Punkt auf der Tagesordnung ist der wissenschaftlich-technische Fortschritt: das Kommunikations- und Informationszeitalter mit seinen ungeheuren Chancen und Risiken, die Bio- und Gentechnologie mit dem Potential, durch Eingriffe in die menschliche Keimbahn Erbkrankheiten auszumerzen, aber auch den Menschen nach Wunschvorstellungen zu schaffen, »Gott« zu sein. Die neuen Forschungen auf diesem Gebiet tragen Fluch und Segen in sich, die alte Ambivalenz des Fortschritts zeigt sich hier in einer dramatischen Zuspitzung wie zuvor eigentlich nur bei der Erfindung der Kernspaltung. Gerade eine Partei mit dem »C« im Namen, verpflichtet auf das christliche Menschenbild, ist angesichts dieser Lage gefordert, die gewaltig klaffende Lücke zu schließen zwischen den technisch-wissenschaftlichen Möglichkeiten und ihrer ethischen und sozialen Umsetzung.

Überhaupt das »C«. Was bedeutet es in unserer Zeit? Ich glaube, daß es nach wie vor wichtig sein kann, wenn wir es als ethisch-moralische Leitschnur für uns selbst begreifen, es wirklich ernst nehmen und nicht nur als rhetorische Floskel oder Knüppel gegen Andersdenkende. Das »C« heißt zum Beispiel, die alte »Neue Soziale Frage« wieder zu entdecken, also die Zuwendung zu den besonders schwachen, nichtorganisierten Randgruppen unserer Gesellschaft. »C« heißt auch, daß wir als Union den ausländischen Mitbürgern anders als bisher gegenübertreten müssen: mit mehr Freundlichkeit und Offenheit (mehr Nächstenliebe?).

Das bedeutet wahrlich nicht, daß Deutschland mit gesinnungsethischer Schwärmerei sich nun daran machen sollte, alle Lasten und Probleme dieser Welt zu schultern und Tür und Tor für jedermann zu öffnen. Im Gegenteil, man muß entsprechend dem zitierten Lessing-Motto des CDU/CSU-Fraktionsvorsitzenden Merz verantwortungsethisch an diese Aufgabe gehen: eine aktive Entwicklungspolitik in der Dritten Welt mit dem Ziel, Hilfe zur Selbsthilfe zu leisten, damit der Auswanderungsdruck in diesen Ländern nachläßt, Begrenzung und Steuerung des Zuzugs von Ausländern nach Deutschland durch ein Einwanderungsgesetz, gekoppelt an eine im Zuge der europäischen Integration ohnehin erforderliche Ersetzung des Grundrechts auf Asyl durch eine institutionelle Garantie, und schließlich die Anerkennung des Nutzens eines modernen Staatsbürgerschaftsrechts, das diejenigen willkommen heißt, die sich für Deutschland als Heimat entscheiden und bereit sind, Verfassung und Recht in unserem Land anzuerkennen. Schon 1993 gab es durch den damaligen Bundesinnenminister Rudolf Seiters den Versuch, das Grundrecht auf Asyl durch eine institutionelle Garantie zu ersetzen und damit den Rechtsrahmen in Deutschland an andere westliche Länder anzupassen. Damals habe ich mich dagegen ausgesprochen, da es so ausgesehen hätte, als beugte sich die Bundesregierung dem Druck der Rechtsradikalen, die Asylbewerberheime anzündeten, Fremde tätlich angriffen, wobei in über zwanzig Fällen ausländische Mitbürger den Tod fanden. Außerdem war der damalige Versuch nicht an die Schaffung eines Einwanderungsgesetzes gekoppelt. Die Union muß einer modernen europäischen Rechts- und Asylpolitik den Weg bereiten. »C« heißt in diesem Zusammenhang auch, daß sich die Union von niemandem in der Ablehnung von Fremdenhaß und Antisemitismus übertreffen lassen darf.

»C« heißt tolerant zu sein, ohne jedoch indifferent zu werden. In diesem Sinne sollten wir alternative Lebensformen und gleichgeschlechtliche Beziehungen akzeptieren und uns gemäß dem Beschluß des Bundesausschusses der CDU vom 13. Dezember 1999 gegen deren Diskriminierung wenden.

Die Rolle der Frauen ist weiter zu stärken. Die Frauen sind in unserer Gesellschaft nach wie vor noch lange nicht gleichberechtigt. Dies zeigt sich vor allem in Wirtschaft, Wissenschaft, Medien – und nach wie vor auch in der Politik. Es muß ihnen geholfen werden, Familie und Beruf besser zu vereinbaren, vor allem durch vermehrte und bessere Kinderbetreuung und Ganztagsschulen.

Besonders die Kinder müssen geschützt werden. Als die Schwächsten unserer Gesellschaft haben sie nur eine sehr kleine Lobby, die sich dafür einsetzt, daß jedes Kind ein Recht auf optimale Entfaltung hat (so wie wir es jedem Erwachsenen zugestehen.) Wir, die Erwachsenen, sind in unseren Funktionen als Politiker, Eltern, Erzieher gefordert, unsere Gesellschaft kinderfreundlich auszurichten. Nach dem CDU-Beschluß ist die Familie »auch im 21. Jahrhundert die attraktivste Lebensform», vor allem ist sie der sicherste Raum für Kinder. »C« heißt deshalb ganz besonders, die Familie zu stärken. Bildung und die Heranbildung von Verantwortungsbewußtsein in den jungen Menschen ist die einzige Absicherung für das Fortbestehen einer freien und friedlichen Gesellschaft. Wieviel investieren wir jährlich in Zukunftssicherung (Altersversorgung, Rentenversicherung, private Zusatzversicherungen)? Die sicherste Zukunft sind unsere Kinder! Kinder, die es gelernt haben, schwierigen Situationen ins Auge zu sehen und sie zu meistern. Wir müssen es ihnen vorleben und die optimalen Rahmenbedingung dafür schaffen. Investitionen in Bildung scheinen oft im Sande zu versickern, weil man – im Gegensatz zu Stadtsanierungsprogrammen – keine unmittelbaren Resultate sieht. Das »C« sollte dafür stehen, daß es an öffentlichen Geldern zur Förderung unserer Kinder nicht fehlt. Wir brauchen exzellente Bedingungen in den Schulen, Unterstützung von lernschwachen Kindern, umfassende Angebote von Ganztagsschulen, Nachmittagsbetreuung und vieles mehr. »C« bedeutet auch eine scharfe Ahndung von Gewalt gegen Kinder und Kindesmißhandlung sowie, den Zugang zu Gewaltsendungen für Kinder in öffentlichen Medien und im Internet möglichst zu verhindern.

Wir brauchen Förderung in der Bildung, jedoch nicht nur, um »das Schlimmste zu verhindern«, sondern um das Beste zu erreichen. Wenn wir im europäischen und weltweiten Wettbewerb weiterhin mithalten wollen, müssen wir wieder Eliten in der Wirtschaft, der Technologie, den Universitäten heranbilden. Es wäre falschverstandene Bescheidenheit, wenn wir nicht den Ehrgeiz hätten, auf die kulturellen, sozialen und technischen Dimensionen unseres Kontinents zu bauen, und die Spitze von vornherein anderen überlassen würden. Wir müssen uns von dem negativen Beigeschmack des Elitebegriffs lösen. Jürgen Rüttgers hat recht: Die Bildungspolitik der Länder in den letzten Jahrzehnten hat diesbezüglich eine Lücke hinterlassen, die wir jetzt beispielsweise durch die Vergabe einer sogenannten *greencard* an höchstqualifizierte Computerfachkräfte aus Indien und Mittelosteuropa ausgleichen müssen, um so in einem wichtigen Bereich den Anschluß nicht zu verpassen. Wir müssen uns dafür einsetzen, daß in wenigen Jahren derartige Spitzenkräfte wieder von deutschen Universitäten abgehen.

Schließlich geht es um Deutschlands Stellung in Europa und der Welt. Die europäische Einigung war das große Friedens- und Freiheitswerk der zweiten Hälfte des 20. Jahrhunderts: ein Wunder vor dem Hintergrund des Kampfes der Nationalstaaten und Ideologien! Nun gilt es, dieses Wunder zu erhalten und andere Europäer in Mittel-, Ost- und Südosteuropa daran teilhaben zu lassen. Die Erweiterung der Europäischen Union, in Wahrheit die Wiedervereinigung Europas, ist die Voraussetzung dafür, daß unsere »alte Welt« sich in der Welt von morgen behaupten kann. Europa muß ein globaler Akteur, muß eine Weltmacht werden, wenn es sich im Wettstreit der Kontinente und Kulturen langfristig behaupten will. Dazu ist es erforderlich, die Institutionen der EU zu reformieren, um sie auch bei über zwanzig Mitgliedsstaaten handlungsfähig zu halten, sowie die Kompetenzen und Möglichkeiten für gemeinsames Handeln auf dem Gebiet der Außen-, Sicherheits- und Verteidigungspolitik sowie bei der Innen-, Rechts- und Asylpolitik entscheidend zu verbessern.

Gleichzeitig bedarf es einer entschiedenen Umsetzung des sogenannten Subsidiaritätsprinzips: Brüssel darf nicht alles an sich ziehen, vielmehr geht es darum, der jeweils kleineren Einheit nach Möglichkeit den Vorrang zu lassen. Ein zentralistisches, bürokratisches und bürgerfernes Europa gilt es zu verhindern und statt dessen für die Vision einer solidarischen Staatengemeinschaft zu werben, in der regionale und nationale Identitäten sich entfalten und mit europäischem Geist frei verbinden können. Dieses Europa hat nur Zukunft, wenn es an die enge Freundschaft mit den Vereinigten Staaten von Amerika, der auf absehbaren Zeit wichtigsten Macht auf der Welt anknüpft und diese Beziehung hegt und pflegt.

Europa kann ferner nur dann bestehen, wenn es zu Rußland ein geordnetes, stabiles Verhältnis findet, das die stolzen europäischen Wurzeln Rußlands anerkennt. Nur mit einem berechenbaren, starken und demokratischen Rußland können wir Stabilität und Frieden auf dem Kontinent bewahren. Nur gemeinsam mit den Freunden in Amerika und den Partnern in Rußland kann Europa den neuen Herausforderungen – zum Beispiel der Verbreitung von Massenvernichtungswaffen – trotzen. Mit diesen Fragen werde ich mich auch in Zukunft besonders intensiv beschäftigen. Ein Buchmanuskript ist in Arbeit. Wenn keine weitere Mega-Krise aufzuarbeiten ist, wird es wohl noch in dieser Legislaturperiode veröffentlicht sein.

Namenverzeichnis

Bildnachweis

Presse- und Informationsamt der Bundesregierung/Bundesbildstelle, Bonn: 14, 71, 72, 78, 82, 85, 93, 103, 120, 127, 180
Archiv des Autors: 16, 21 (dpa), 35, 62f., 78, 112, 134
Photo-Medien-Büro Nock, Hannover: 43